꿈꾸는 아이의
그림책 놀이

그림책 표지와 본문 이미지 사용을 허락해주신
출판사 관계자 여러분과 작가님들께 감사드립니다.

바른 교육 시리즈 ❹

생각하는 힘과 창의력이 쑥쑥 자라는 엄마표 책육아 가이드

꿈꾸는 아이의 그림책 놀이

우기윤(꿈책맘) 지음

서사원

PROLOGUE
'꿈꾸는 아이의 그림책 놀이'를 내면서

  엄마가 되어 읽은 그림책은 새로운 세상이었습니다. 아이에게 읽어주기 위해 보기 시작했지만, 제가 더 그림책에 빠져들었습니다.

  4세가 될 때까지는 집에 있는 그림책을 무한 반복해서 읽을 뿐 특별한 것이 없었습니다. 그러나 5세 무렵이 되니 집에 있는 책은 이미 다 읽었다며 새로운 책을 찾는 시기가 왔어요. 용기를 내서 동네 작은 도서관에 찾아갔습니다(도서관에서 대출증을 만드는 것도 용기가 필요했으니 정말 소심한 엄마였습니다.). 그렇게 가족 구성원 세 명의 대출증을 만들며 책육아의 영역을 조금씩 확장했습니다. 대출증을 만든 것에 화답하듯, 아이는 작은 도서관에서 빌린 책은 그날 모두 읽어버리는 엄청난 속도를 발휘했기에 용기를 낸 것에 큰 보람을 느꼈습니다.

  아이가 다닌 유치원 바로 앞에 작은 어린이 도서관이 있었는데, 하원 후에는 으레 도서관에 들르는 것이 일상이 되었어요. 매일 출근 도장을 찍으며 어린이 도서관에서 보유한 그림책의 대부분을 읽고 나니, 더 큰 용기가 생겨 구립 도서관까지 영역을 넓혔습니다.

이때부터 저는 관내에 있는 구립도서관을 두루두루 다니며 원하는 책을 모두 대출해오는 열정을 불사르기 시작합니다. 여러 도서관을 순회하며 다양한 그림책을 접하니 그림책을 고르는 안목도 높아졌습니다. 그림책의 매력에 빠져들다 보니 아이에게 골라주는 그림책에도 더욱 애정을 쏟게 되고 책육아도 즐거워졌지요. 도서관에서 빌려온 그림책들을 아이가 재미있게 보고 있으면 어깨가 아프도록 책을 짊어지고 온 고생이 하나도 헛되지 않았습니다.

도서관을 찾으며 본격적으로 접한 그림책의 세계는 무척 매력적이었습니다. 그림책의 일러스트에는 글로 표현하지 않은, 더 많은 이야기가 숨어 있습니다. 그림책의 글뿐만 아니라 그림을 읽으며 숨은 이야기를 찾는 묘미를 느끼기 시작했지요. 숨은 이야기는 엄마의 눈에 먼저 띄기도 하고 아이의 눈에 먼저 띄기도 합니다. 각자 발견한 이야기가 같으면 맞장구를 칠 수 있어 즐겁고, 발견한 이야기가 서로 달라도 각자의 생각을 이야기하고 공감할 수 있으니 좋습니다. 그림책은 이렇게 소중한 추억을 쌓아주는 매개체가 되었습니다.

　아이가 책을 읽을 때 엄마는 기대하는 바가 많아집니다. 감동과 교훈도 느꼈으면 좋겠고, 초등학생이 되면 논술과 글쓰기까지 욕심을 냅니다. 하지만 저는 책육아를 할 때, 아이가 재미있어 할 책을 고르는 것에 중점을 두었습니다. 재미보다 더 강력한 무기는 없으니까요. 다양한 분야에서 아이의 취향에 맞는 '재미있는 책'을 찾아내는 과정이 쉽지는 않습니다. 도서관 서가에서 긴 시간을 보내며 노력을 기울여야 하고, 인터넷을 검색하며 손품도 팔아야 하지요.

　그러니 아이가 좋아하는 책을 찾는 것은 보물찾기와도 같습니다. 수많은 책 속에서 진정한 보물은 그 가치를 아는 사람의 눈에만 보입니다. 또한 자신이 노력해서 찾은 보물이 더욱 큰 가치를 지닙니다. 도서관과 서점에서 아이들과 보물찾기를 해보세요.

　보물과도 같은 그림책들을 아이와 함께 읽고 즐기며 쌓은 추억을 책에 담아 많은 분들과 함께 공유하게 되니 행복합니다. 글을 쓸 수 있도록 용기

를 불어넣어주신 홍현주 박사님과 엄마표 책육아 동지들, 사랑하는 가족, 큰 믿음으로 격려해주신 도서출판 서사원 장선희 대표님께 고맙습니다. 적절한 무관심과 믿음으로 지지를 아끼지 않은 남편과 가장 큰 보물인 딸 원영이에게 사랑을 전합니다.

2019년 10월
꿈책맘 드림

이 책의 구성 미리보기

❶ 유아부터 초등까지 단계별 책육아 가이드라인
아이 성장 발달 단계별로 읽으면 좋은 책을 소개합니다.
_책육아가 처음 시작되는 영아기: 0개월부터, 2~3개월, 6~9개월, 9~12개월, 12개월 이후
_책 읽는 즐거움을 알기 시작하는 유아기: 3~4세, 5~6세, 7세, 8세 이후

❷ 아이가 재밌게 볼 수 있는 그림책 고르는 방법
초보맘을 위한 그림책 고르는 꿀팁을 소개합니다. 연령별 추천 그림책, 아동문학상 수상작, 베스트셀러, 스테디셀러 등 우리 아이가 좋아할 책을 고를 수 있는 지혜를 알려드립니다.

❸ 전집 고르기 노하우
다른 집에서는 '대박책'인 전집이 우리 집에서는 '쪽박책'이 되곤 합니다. 위험 부담을 줄일 수 있는 현명한 전집 선택 방법을 알려드립니다.

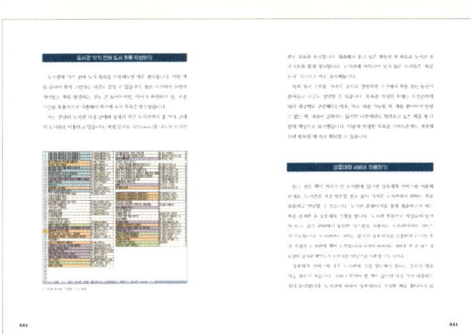

❹ 다독을 위한 도서관 이용 꿀팁
아이는 만 5세 이후부터 집에 있는 책으로 반복해서 읽기보다는 새로운 책을 읽고 싶어 합니다. 그런 아이를 위해 동네 도서관을 알뜰하고 풍성하게 이용할 수 있는 꿀팁을 알려드립니다.

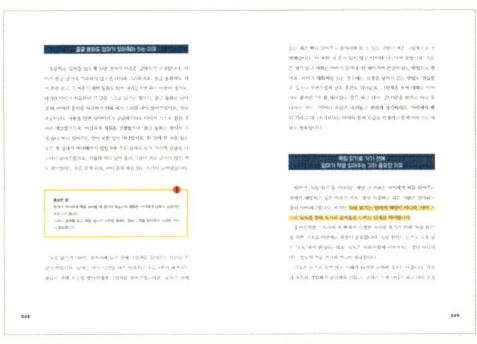

❺ 초등 입학을 앞두고: 독립 읽기로 이끌어주기
'언제까지 아이에게 책을 읽어주어야 할까?' 자연스럽게 독립 읽기가 가능해질 때까지 엄마가 아이를 어떻게 이끌어주면 좋을지, 엄마가 책을 꼭 읽어줘야 하는 이유 등을 소개합니다.

❻ 책놀이, 어떤 활동으로 시작할까?
0~12개월, 만 1세, 만 2세, 만 3~4세, 만 5세 이상 유아의 놀이발달 단계에 맞는 책놀이 방법을 소개합니다.

❼ 그림책을 읽으며 아이와 대화하는 방법
아이는 독서 지도사 선생님이 아닌 '나와 함께 재미있게 책 읽어주는 엄마'를 원합니다. 아이가 책 읽는 시간 자체를 즐겁고 행복한 시간으로 느끼게 하는 대화 방법을 알려드립니다.

❽ 그림책 놀이 기본 준비물
그림책 놀이하기 전에 꼭 필요한 기본 준비물부터 그림책 놀이를 위해 평소에 모아놓으면 좋은 재활용품, 만들기 재료를 고정하고 붙일 수 있는 준비물, 자르고 뚫는 도구 등을 자세히 알려드립니다.

❾ 꿈책맘의 꿈 가득 그림책 114권과 책놀이 38가지
아의의 창의력을 키우는 책 114권과 휴지심, 식재료, 종이, 물감, 자연재료, 재활용품 등으로 재밌게 즐길 수 있는 38가지 책놀이 방법을 소개합니다. 책놀이 별로 필요한 준비물과 만드는 방법도 상세하게 알려줍니다.

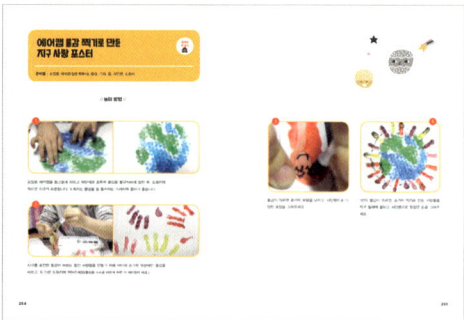

❿ 큐레이팅한 그림책의 매력 및 100배 활용법
왜 이 그림책을 선택했는지, 이 책의 어떤 부분에 주목했는지, 엄마로서 책을 읽으면서 느낀 점, 그리고 아이와 나눌 수 있는 알콩달콩 그림책 대화까지 매우 자세하게 소개합니다.

⓫ 함께 읽으면 좋을 그림책과 작가의 또 다른 그림책
메인 그림책과 같은 주제, 또는 같은 작가의 다른 그림책을 소개합니다.

⓬ 책육아를 하면서 부딪히는 여러 가지 고민 Q&A   **⓭ 꿈꾸는 아이를 위한 그림책 및 책놀이 목록**

011

 차례

PROLOGUE
004 '꿈꾸는 아이의 그림책 놀이'를 내면서
008 이 책의 구성 미리보기

PART 01
책육아 어떻게 시작할까

019 책 읽는 환경 조성하기
022 유아부터 초등까지 단계별 책육아 가이드라인
028 아이 그림책 어떻게 골라줄까?
033 전집 고르기 노하우
037 다독을 위한 도서관 이용 꿀팁
046 초등 입학을 앞두고 : 독립 읽기로 이끌어주기

PART 02
그림책 놀이 어떻게 시작할까

057 책놀이 어떤 활동으로 시작할까?
058 놀이의 조건
059 0~12개월 미만 영아의 놀이발달
061 만 1세 영아의 놀이발달(13~24개월)
063 만 2세 영아의 놀이발달(25~36개월)
065 만 3~4세 유아의 놀이발달
068 만 5세 이상 유아의 놀이발달
070 그림책을 읽으며 아이와 대화하는 방법
075 그림책 놀이 기본 준비물

01
엄마표 책놀이의 만능 재료
휴지심 책놀이

- **085 펭귄 랄랄라**
- 091 휴지심으로 만든 엄마 펭귄과 아기 펭귄
- **094 칙칙폭폭 동물 기차**
- 098 휴지심 동물 기차 만들기
- **102 아 진짜**
- 107 표정이 변하는 얼굴
- **110 작은 물고기**
- 115 물고기 먹이사슬 만들기

PART 03
꿈책맘의 꿈 가득 그림책 놀이

02
손으로 조물조물
클레이·찰흙 책놀이

- **120 박물관을 나온 긴손가락사우르스**
- 126 찰흙으로 화석 모형 만들기
- **128 똥친구**
- 132 찰흙으로 만든 똥친구와 휴지심 변기
- **135 고슴도치 X**
- 140 찰흙으로 만든 뾰족뾰족 고슴도치

03
먹을 때도 만들 때도 즐거운
식재료 책놀이

- **143 닥터 브라우니**
- 147 초콜릿 빵으로 닥터 브라우니 만들기
- **149 맛있는 구름 콩**
- 154 두부 촉감 놀이
- **156 빵 공장이 들썩들썩**
- 161 식빵으로 야옹이 얼굴 꾸미기

04
슥삭슥삭 자르고 붙이는
종이 책놀이

165 간질간질
170 분신 종이 인형 만들기

173 곰돌이 팬티
178 알록달록 편지 봉투 팬디 만들기

181 달이 좋아요
186 손바닥 모양 색지 올빼미

189 달토끼, 거북이, 오징어
194 색지 오징어 만들기

196 메리
200 편지 봉투로 메리 손인형 만들기

204 문장부호
210 색종이로 만든 입체 나비와 제비꽃

213 슈퍼 거북
217 색종이 모자이크 거북이

220 머리하는 날
224 꼬불꼬불 색종이 머리카락

227 양배추 행성 동물도감
231 채소와 과일 사진으로 나만의 동물 만들기

234 커다란 구름이
238 바람에 흘러가는 구름 만들기

05
보기만 해도 즐겁고 알록달록한
물감 책놀이

243 우리 가족 납치 사건
247 발바닥 물감 찍기로 만든 비치 샌들

250 청소부 토끼
254 에어캡 물감 찍기로 만든 지구 사랑 포스터

257 백 번째 양 두두
261 손바닥 물감 찍기로 양 만들기

263 오늘 해님이 안 나온다면
267 이글이글 불타는 해님 만들기

270 소방관 고양이 초이
274 손바닥 물감 찍기로 소방관 만들기

06
자연과 함께 해서 더 즐거운
자연 재료 책놀이

278 감귤 기차
285 귤껍질로 다양한 모양 만들기

287 나뭇잎 손님과 애벌레 미용사
291 낙엽으로 만든 나뭇잎 손님

294 숲 속 재봉사
298 콜라주 기법으로 만든 꽃잎 드레스

다양한 재료의 깜짝 변신
재활용품 책놀이

- **301** 딩동거미
  306 일회용 접시에 거미줄이 짠!
- **309** 문어 목욕탕
  315 말랑말랑 스펀지 문어 만들기
- **319** 수크를 찾습니다
  323 일회용 숟가락과 포크로 수크네 가족 만들기
- **327** 장갑나무
  332 스마일 장갑 만들기
- **335** 가방 안에 든 게 뭐야?
  340 종이컵으로 만든 개구리의 한살이
- **344** 외계인 친구
  349 재활용품으로 만드는 UFO
- **352** 으랏차차 꼬마 개미
  357 폼폼으로 개미 만들기
- **360** 오! 나의 달님
  364 달의 모양이 바뀌는 조작 놀잇감 만들기
- **368** 부릉부릉 치티가 간다!
  372 재활용 페트병으로 만든 자동차
- **375** 500원
  380 재활용 페트병으로 돼지 저금통 만들기

부록
책육아를 하면서 부딪히는
여러 가지 고민 Q&A

- **382** Q 단행본이 좋을까요 전집이 좋을까요?
- **384** Q 정독과 다독 어느 것이 좋을까요?
- **386** Q 특정한 주제만 좋아해서 편독이 걱정됩니다. 다양하게 읽어주어야 할까요?
- **387** Q 독서 기록 필요할까요?
- **389** Q 학습 만화만 읽어서 고민이에요.
- **391** Q 유아 누리과정 연계 독서는 어떻게 하나요?
- **392** Q 권장도서 꼭 읽어야 할까요?
- **393** Q 아직 어린데 글밥 많은 책을 읽어달라고 해요.

- **394** 꿈꾸는 아이를 위한 그림책 및 책놀이 목록

책육아 어떻게 시작할까

책 읽는 환경 조성하기

 어떤 이는 아이가 책과 친해지는 환경을 조성하기 위해서 거실에서 TV를 없애고 거실 전체를 책장으로 채워서 작은 도서관을 만듭니다. 아이들에게 모범이 되기 위해 엄마, 아빠가 먼저 책 읽는 모습을 보이기도 하지요. 저도 처음에는 그런 모습에 자극을 받고 '우리 집도 그렇게 해야 하나?' 싶었습니다. '우리도 거실에서 TV를 없애볼까? 거실 벽을 책장으로 두르고 책으로 가득 채워볼까?'

 하지만 TV로 영화 보는 것을 즐기는 남편의 취미생활을 무시할 수 없었습니다. 'TV만은 포기 못 한다'는 부모 덕분에 제 딸아이는 이미 아기 때부터 TV에 노출되어 있었어요. TV 시청을 좋아하는 엄마, 아빠를 만난 운명!(물론 어려서부터 영상물에 노출되는 것은 바람직하지 않아요. 지나치게 몰입해서 보는 것은 해롭지만, 엄마가 적절히 관리하고 조절해준다면 책육아에

방해가 크게 되지 않는다고 생각합니다.) 초등학생인 딸아이는 TV 시청을 좋아하지만 시청 시간은 자신이 알아서 적절히 조절합니다. 좋아하는 프로그램은 자유롭게 보고 그 프로그램이 끝나면 미련 없이 TV를 끕니다. 그 조절력이 어떻게 길러졌는지 미스터리이긴 해요. 추측이긴 합니다만, TV 말고 책도 재미있다는 것을 알기 때문이 아닌가 싶어요.

==집집마다 육아에 대한 기준과 철학이 있으니 이웃집의 육아 방법이 맞는 것은 아니며, 각자의 상황에 맞게 유연하게 조절하면 됩니다. 책육아도 마찬가지이지요.==

아이를 위해 내가 좋아하는 것을 포기할 것인지, 현재 상황에 맞춰 조율할 것인지 고민이 되었는데요. 책육아 환경 조성에 있어서 저는 후자를 택했습니다. 아이가 재미있는 책에 푹 빠지면 책 읽는 환경은 큰 문제가 되지 않기 때문이에요. 아이들이 만화책을 읽을 때는 장소를 따지지 않지요. 그저 책에 푹 빠져서 키득거리며 읽습니다. 엄마가 뭐라고 하든지, 아직 다 못 읽었다며 식사까지 미룹니다.

그렇기에 제가 아이에게 조성해준 '책 읽기 좋은 환경'은 바로 ==아이가 집중하며 읽을 수 있는 재미있는 책을 골라주며 '책 읽기 집중력'이 높아지도록 한 것이에요.==

아무리 책 읽기 좋은 환경이 마련되어도 책이 재미없으면 한 권을 온전히 읽기 힘듭니다. 하지만 재미있는 책은 몰입해서 읽다가 내려야 할 지하철역을 지나치기도 하지요. 제가 할 일은 재미있는 책들을 골라서 꾸준히 도서관에서 대출해오는 것이었어요. 그러면 아이는 엄마가 고른 책에 대한 믿음으로 집중해서 책을 읽어 나갔습니다(참고로 저는 거실 책장의 한 칸은 도서관 대출 도서 전용으로 사용합니다.).

외부 환경도 중요하지만, 그 환경을 바꿀 수 없으니 제가 할 수 있는 최선의 방법으로 독서 환경을 조성해주었습니다. 책육아를 성공으로 이끄는 비결은 '재미있는 책'을 골라야 한다는 것이고 재미있는 책을 고르려면 내 아이의 성향을 잘 알고 엄마도 책을 많이 알아야 합니다. 재미있는 책 고르기! 내 아이의 성향을 파악하는 것에서부터 시작해보세요.

 KEY POINT

1. 집집마다 부모의 성향도 다릅니다. 다른 집의 책육아 방법을 따라 하기보다 나만의 책육아 스타일에 따라 즐겁게 진행하는 것이 중요합니다.
2. 재미있는 책을 아이와 즐겁게 읽을 수 있으면 그것이 제일 좋은 독서 환경입니다.
3. 아이가 좋아하는 책을 알려면 아이의 성향을 먼저 파악해보세요.

유아부터 초등1까지
단계별 책육아 가이드라인

*아래에 열거한 책 읽기 순서에 비문학 장르는 포함되지 않았습니다.

영아기는 책과 친해지는 시기

책육아가 처음 시작되는 0개월부터: 시각 발달을 위한 초점책, 색깔 모양 인지 책, 사물 인지 보드북

흑백으로 된 초점책으로 시작해서 점차 색깔 인지 그림책과 사물 인지 그림책의 순서로 보여주세요. 두꺼운 합지로 만들어진 보드북 형태가 아기에게 안전하고 좋습니다. 모빌만 보여주란 법이 있나요? 모빌을 보여주듯 그림책을 보여주면 됩니다.

2~3개월부터: 촉감 발달을 위한 헝겊책, 촉감 놀이 보드북

아기가 물고 빨아도 안전한 헝겊놀이 책을 보여주세요. 마음껏 탐색해도 찢어질 염려가 없고, 바스락거리는 소리가 나서 호기심을 유발합니다. 여러 가지 다양한 소재가 붙어 있는 촉감 놀이책은 촉각을 통한 뇌 발달에도 도움이 됩니다.

6~9개월부터: 까꿍 놀이를 좋아하는 시기, 간단한 문장이 포함된 까꿍 놀이 보드북

아기의 언어 발달을 위해 의성어와 의태어가 풍부한 그림책을 골라서 과장된 행동과 표정으로 읽어주세요. 책 속의 그림과 하는 까꿍 놀이도 재미있답니다.

📚 **이런 책을 좋아했어요!**

《뭐하니?》 유문조 글 | 최민오 그림 | 길벗어린이 | 2001년

《달님 안녕》 하야시 아키코 글·그림 | 이영준 옮김 | 한림출판사 | 1990년

《사과가 쿵!》 다다 히로시 글·그림 | 정근 옮김 | 보림 | 2006년

《두드려 보아요》 안나 클라라 티돌름 글·그림 | 사계절 | 2007년

9~12개월부터: 구멍 뚫린 놀이책

이 시기에는 조작하며 가지고 놀 수 있는 책에도 흥미를 보이는데요. 플랩북이나 팝업북과 같이 흥미로운 책을 사주고 싶지만 망가뜨릴까 걱정된

다면, 보드북이면서 구멍이 뚫려 있는 책을 추천합니다. 책의 구멍에 아이가 직접 손가락을 넣으며 장난감처럼 가지고 놀다보면 소근육도 발달합니다.

📚 이런 책을 좋아했어요!

'고미 타로 아기 놀이 책' 시리즈 3권 고미 타로 글·그림 | 이상술 옮김 | 문학동네어린이 | 2003년

《모두 안녕?》《요술 손가락》《잡아 봐!》

12개월 이후: 사물에 대한 호기심이 왕성해질 때는 사운드북과 토이북

손가락으로 누르면 소리가 나오는 사운드북도 흥미를 자극하기에 좋습니다. 단, 소리에 민감한 아이들의 경우에는 스피커 부분에 테이프를 붙여서 소리가 작게 나오도록 조정하거나 아이의 반응을 살피며 보여주세요. 또한 손가락 인형이 함께 들어 있는 토이북도 활용하기 좋은 놀잇감입니다. 처음에는 엄마 혼자만의 공연으로 진행되지만, 아이의 언어가 점차 발달하면 엄마와 아이가 역할을 나눠서 하는 역할극도 가능해집니다.

책읽는 즐거움을 알기 시작하는 유아기

3~4세: 언어가 발달하기 시작하는 나이, 문장에 일정한 패턴이 있는 그림책

단순한 이야기 구조와 반복되는 문장에 운율까지 있다면 더욱 좋습니

다. '비슷한 상황이 반복되는 이야기가 재미있을까?' 싶지만 어린 아이들은 익숙한 상황 속에서 일어나는 작은 변화에 큰 즐거움을 느낍니다.

📚 **이런 책을 좋아했어요!**

《괜찮아》 최숙희 글·그림 | 웅진주니어 | 2005년

《누구 그림자일까?》 최숙희 글·그림 | 보림 | 2000년

'아기 물고기 하양이' 시리즈 하위도 판 헤네흐턴 글·그림 | 서남희 옮김 | 한울림어린이 | 2017년 개정판

5~6세: 또래 집단과의 교류가 시작되는 나이, 간단한 스토리 라인이 있는 그림책

'가족사랑', '친구와 우정'을 소재로 한, 간단한 스토리 라인이 있는 이야기를 좋아합니다. 기발한 유머 코드가 있는 그림책들도 재미있게 읽기 시작해요. 그림책을 보며 깔깔깔 웃게 되는 즐거움을 알게 됩니다. 이 시기에는 하나의 주제만 좋아하는 '편독'이 찾아오기도 하는데요. '편독'이라고 걱정하기보다 '집중 읽기'로 바꿔 생각해보세요. 아이가 좋아하는 주제의 책들을 모아 보여줄 수 있으니까요.

유아기에는 '책은 재미있는 것'이라고 느끼도록, 아이가 좋아하는 책을 마음껏 보여주는 것이 좋습니다(편독에 대한 내용은 386쪽을 참고해주세요.).

본격적인 책 읽기가 시작되는 아동기

7세: 다독이 시작되는 나이, 본격적인 독서 습관 기르기

기승전결이 있는 그림책과 읽기용 동화책으로 독립 읽기의 기초를 다져주세요. 아이에 따라서 한글을 깨우치는 속도에 차이가 있지만 제법 통글자를 읽기 시작합니다. 문자의 인지가 빠른 아이들은 능숙하게 책을 읽기도 하고요.

비룡소의 '난 책읽기가 좋아' 1단계와 같이 줄글 동화이지만 삽화의 비중이 높은 책을 선택하면 됩니다. 책의 사이즈만 작아졌을 뿐, 읽어야 하는 글밥은 그림책과 큰 차이가 없어서 엄마가 읽어주기에도 부담이 적고, 아이도 흥미롭게 읽습니다.

동화책 정보
https://blog.naver.com/kiyoon96/221211747125

8세: 독립 읽기를 시작하는 나이, 삽화가 많은 줄글책 동화 읽기

독립 읽기를 시작했지만, 아직 페이지가 많은 줄글 동화를 읽는 것은 힘들어하므로 삽화가 유머러스한 책을 선택해서 아이의 흥미를 끌어주세요. 초등 저학년은 아직 시각적인 면이 큰 영향을 미치는 시기라서 글보다는 그림으로 표현하는 것을 즐기며, 동화책을 선택할 때도 삽화의 스타일을 중요하게 생각합니다.

내용 면에서는 학교생활, 친구와의 관계, 일상생활 속에서 일어나는 엉뚱한 소동을 다룬 동화에 공감하고 몰입해서 읽습니다. 좋아하는 작가도 생기기 시작하므로, 같은 작가의 작품을 모아 읽으면 자연스럽게 읽기 확장이 됩니다. 아이가 좋아하는 작가를 파악해두면 엄마도 책을 고를 때 한결 수월합니다.

7~8세에 좋아했던 어린이 동화 소개
https://blog.naver.com/kiyoon96/221200405286

초등 저학년 아이에게 인기 있는 작가 Best 6
https://blog.naver.com/kiyoon96/221182928833

 KEY POINT

1. 아이의 신체와 정서 발달에 알맞은 책을 선택해주세요.
2. 유아기에는 '책은 재미있는 것'이라는 인식을 심어주는 것이 제일 중요합니다.
3. 본격적인 책읽기가 시작되는 7세부터는 다양한 책을 접할 수 있게 도와주세요.

아이 그림책
어떻게 골라줄까?

야심차게 시작한 그림책 육아! 초보맘은 궁금해집니다.

아이를 위한 그림책은 어떻게 골라야 할까?
어떤 책이 좋은 책일까?
아이는 어떤 책을 좋아할까?

여러 의문들로 머릿속은 복잡하기만 하지요. 초보맘을 위해 '아이를 위한 그림책 고르는 Tip'을 정리했습니다.

첫째, 연령별 독서 교육 지침서를 참고합니다.

아이의 나이, 신체발달과 정서발달 정도에 따라 읽어줘야 하는 책이 다르기 때문에 전문가가 집필한 '연령별 유아 독서 교육 지침서'를 읽으며 큰 가지를 파악하고 알아두는 것이 중요합니다.

아이가 이제 막 태어나서 책육아를 처음 시작하는 분들은 ==아이의 연령별 발달 단계에 따른 특징이 잘 설명되어 있는 지침서를 선택해주세요.== 또한 지침서를 참고할 때 ==나의 양육 환경이 육아 지침서에 나온 것과 동일한 조건이 아니라는 점을 인정해야 합니다.== 지침서에서는 '아기가 잠들 때 조명을 조금 어둡게 하고 잔잔한 내용의 베드타임 동화를 읽어주라'고 조언하고 있어요.

하지만 현실은 전혀 그렇지 않습니다. 아기를 재우기 위해 베드타임 동화를 읽어주는 것은 환상 속에서나 존재하는 일이었어요. 현실에서 아기는 잠이 오면서도 안 자겠다고 버티며 칭얼거립니다. 엄마도 아기를 빨리 재우고 혼자만의 휴식을 취하고 싶습니다. 그래서 할 수 없이 젖을 물리고 재웁니다. 빠르고도 편한 방법이거든요. 제가 그랬습니다. 밤중 수유를 끝낸 후에도 아기는 함께 놀자고 두 눈을 말똥말똥 뜬 채 잘 생각이 없습니다. 이런 현실에서 평화롭게 베드타임 동화를 읽어주는 것은 불가능했어요.

그래서 딸아이가 아기였을 때는 베드타임 동화를 한 번도 읽어주지 못했습니다. 그러나 독서력이 폭발한 5~6세에는 책을 더 읽고 싶다며 취침을 거부하는 사태에까지 이르렀습니다. 이런 모습을 보며 아이에게도 적당한 때가 있다는 것을 깨달았습니다. ==그러니 육아서를 참고하되 자신의 육아 환경에 맞추어 적용하는 것이 중요합니다.==

둘째, 아동문학상 수상작을 선택합니다.

유아 그림책을 대상으로 하는 해외 아동문학상으로는 '칼데콧 상'과 '케이트 그린어웨이 상', '볼로냐 아동도서전 라가치 상' 등이 있습니다. 이렇게 상을 받은 작품들은 표지에 금색 딱지, 은색 딱지가 붙어 있어서 눈에 잘 띕니다.

권위 있는 상을 받았다는 것은 좋은 그림책이라는 조건이 성립합니다. 하지만 수상작이라고 해서 모두 아이들의 흥미를 끄는 것은 아닙니다. 하지만 상을 받은 유명한 작품들을 읽어보는 것은 매우 중요합니다. 누가요? 바로 엄마가요!

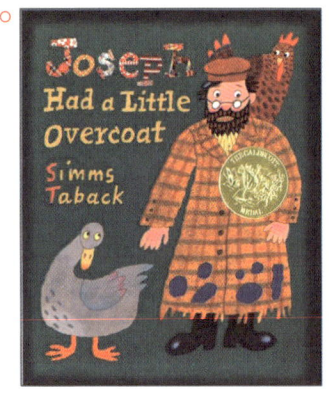

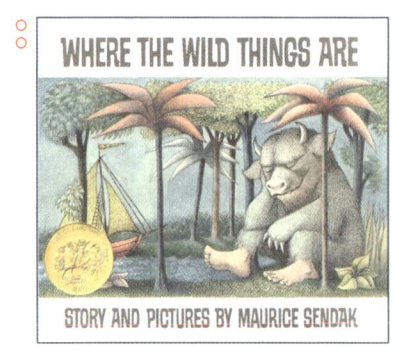

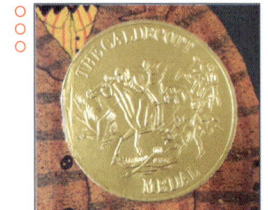

○ 《Joseph Had a Little Overcoat》(Simms Taback, 1999년) 2000년 칼데콧 메달 수상작(한글 번역서: 《요셉의 작고 낡은 오버코트가…?》(심스 태백 지음, 베틀북, 2000년)

○○ 《Where the Wild things Are》(Maurice Sendak, 1963년) 1964년 칼데콧 메달 수상작(한글 번역서: 《괴물들이 사는 나라》 (모리스 샌닥 지음, 시공주니어, 2002년)

○○○ 칼데콧 수상 작품 표지에 붙은 메달 이미지

상을 받은 유명한 작품들은 도서관에 많이 비치되어 있습니다. 그러니 엄마가 먼저 아름다운 그림책들을 읽으며 그림책에 대한 안목을 키우세요. 아이에게 그림책을 읽어주기 전에 엄마가 먼저 읽어보는 과정은 매우 중요합니다. 엄마 마음에 들었다면 아이에게도 슬쩍 읽어줍니다. 아이의 반응을 살펴보고 아이가 좋아하면 금상첨화겠지만, 혹시 아이의 반응이 별로라고 해도 실망하지는 마세요. 상을 받은 책이니 꼭 읽어야 한다고 강요하지도 마세요. 엄마가 그림책을 감상하며 안목을 기르는 것만으로도 충분히 가치가 있으니까요.

셋째, 유아 부문의 베스트셀러, 스테디셀러 책들을 살펴봅니다.

꾸준히 잘 팔리는 책은 그 이유가 있고 아이가 좋아할 가능성도 높습니다. 온라인 서점의 미리보기와 출판사의 책 소개를 통해 책 내용을 살펴보세요. 그림책의 표지를 눈에 잘 익혀두어야 언제 어디서든 그 책을 마주했을 때 망설임 없이 바로 데려올 수 있기에 온라인 서점에서 책을 미리 보면서 준비를 해두는 것이지요. 또한 이미 이 책을 읽어본 독자들의 서평을 읽으면 미처 발견하지 못한 그림책의 숨겨진 이야기를 알게 되는 재미가 있습니다.

그리고 베스트셀러의 경우, 도서관에 비치되어 있는지 검색해보고 미리 리스트를 만들어두면 도서관에서 책을 대출할 때 매우 수월합니다. 아이와 함께 대출해서 읽어본 후에 아이가 마음에 들어 하거나 갖고 싶어 하면 그때 구입해서 소장하면 됩니다.

온라인 서점의 신간 코너를 틈틈이 모니터하는 것도 매우 중요한데요.

마음에 드는 책은 따로 리스트에 기록해두었다가 희망도서로 신청합니다. 희망도서로 신청하지 못했어도 어느 정도 시일이 지난 후 검색해보면 이미 도서관에 비치되어 있기도 해요. 이때 작성해둔 도서 리스트를 보며 검색하면 편리합니다(리스트 작성 방법은 42페이지, 희망도서 신청은 44페이지를 참고해주세요.).

1. 엄마가 그림책을 많이 보고 즐기세요. 아이를 위한 의무감으로 그림책을 보고 고르는 것이 아니라 엄마가 흠뻑 빠져서 그림책 보는 것을 즐겨야 합니다. 그림책에 대한 애정이 있어야 좋은 그림책을 고를 수 있습니다.

2. 상을 받은 유명한 작품이고 작품성이 높다고 해도 아이가 좋아하지 않을 수 있습니다. 아이도 엄연히 취향이 있거든요. 아이가 재미있어 하는 그림책만 읽어도 다 못 읽을 정도로 그림책은 무척 많으니 조급하게 생각하지 않아도 됩니다. 지금 당장은 아이의 흥미를 끌지 못했던 그림책이 몇 년 후에 다시 빛을 발하는 경우도 있으니까요.

3. 엄마가 검색에 검색을 거듭해서 고른 그림책, 도서관에서 열심히 짊어지고 온 그림책들이 찬밥 취급을 당하면 속상합니다. 그러나 엄마는 단지 아이를 대신해서 골라왔을 뿐이라는 점을 기억해야 합니다. 그럼 아이가 좋아하는 책은 어떻게 고를까요? 엄마와 아이가 함께 책 읽는 시간이 쌓이고 쌓이면 엄마도 아이의 독서 취향을 좀 더 쉽게 파악할 수 있습니다. 단시간에 이뤄지는 것은 아니며, 시간과 경험이 쌓여야 수월해지는 부분입니다. 저 역시 10년 넘게 아이의 취향을 계속 파악해 가고 있는 중입니다. 시간이 흐를수록 성공률은 점점 높아지고 있으니 다행입니다.

전집 고르기 노하우

　도서관 이용이 자유롭지 못한 0~48개월까지의 유아기에는 전집의 활용도가 높습니다. 유아들은 반복을 좋아하므로 아이가 좋아하는 전집을 갖춰두면 알차게 활용할 수 있다는 장점이 있습니다. 하지만 전집 중에서는 아이의 관심을 크게 받아서 너덜너덜해질 때까지 반복해서 읽는 책이 있는가 하면, 한 번 본 후에는 거들떠도 안 보고 찬밥 취급을 받는 책도 분명 있기 마련입니다. 아이의 취향은 집집마다 제각각이라서 어느 집에서는 '대박 책'이라는 전집도 우리 집에서는 '쪽박 책'이 되기도 합니다. 그러니 '위험 부담'을 줄이기 위한 엄마의 현명한 선택이 더욱 중요해집니다.

리스크는 줄이고 가성비는 높이는 전집 선택법

처음 책육아를 시작할 때는 어떤 전집을 구입해야 할지 막막합니다. 저 역시 아이들에게 인기 있다는 전집을 찾기 위해 검색하고 또 검색하면서 열심히 손품을 팔았습니다. 하지만 정작 아이가 좋아해줄지 걱정되더군요. ==전집을 구입할 때 '리스크'는 줄이고 '가성비'를 높이는 방법은 바로 중고 전집을 구입하는 것입니다.== 저는 저렴한 전집도 값비싼 전집도 구입해봤는데요. 값비싼 전집의 가격에 대해서는 나름의 수긍할 수 있는 이유가 있었어요. 창작 그림책 전집의 경우에는 유명 그림책 작가들의 작품들이 포함되어 있으니 가격이 올라갈 수밖에 없겠다는 생각이 들었고, 자연관찰 전집의 경우에는 사진이 생생하니 이 또한 가격에 영향을 미칠 수밖에 없겠더군요. 하지만 결정적으로 가성비를 생각해볼 때 '그 가격의 값어치를 하느냐' 하는 부분에서 의문이 생겼어요.

제 경우에는 엄마들의 입소문이 좋은, 인기 있는 전집을 눈여겨 봐두었다가 중고로 구입했을 때 가장 만족도가 높았어요. 중고 전집을 구입할 때는 중고거래 카페, 지역 맘스 커뮤니티 카페, 개똥이네와 같은 중고전집 거래 사이트를 이용하면 됩니다. 인터넷 검색창에 '원하는 전집명+중고'를 입력한 후 판매 사이트를 검색해서 구입하는 방법도 있어요.

전집을 중고로 구입하면 가격의 부담이 줄어들고 아이의 관심이 덜 하거나, 그 반대의 경우로 알차게 활용해서 읽은 후에라도 다시 중고로 되팔 수도 있으니 현명한 소비를 할 수 있는 최선의 방법이었어요. 중고로 구입한 전집에 아이가 흥미를 보이지 않는다면 미련 없이 중고로 다시 팔면 됩니다. 만약 아이가 너무 좋아해서 책이 너덜너덜해져 중고로 되팔 수 없다 해도 그 책이 값어치 이상을 해준 셈이니 흐뭇한 마음으로 이웃 또는 가족에게 무료로 드려도 좋겠지요.

전집은 반드시 '개정판'이어야 할까?

중고가 아닌 새 책으로 전집을 구입하는 가장 큰 이유 중 하나는 '개정판'을 사기 위함인데요. 전집의 경우 개정되어 출간되면서 새로운 그림책 몇 권이 추가되고 총 권 수가 증간되기도 합니다. 개정판이라는 점에 엄마의 마음은 크게 휘둘립니다. 하지만 인기 있는 전집은 이미 기존의 구성만으로도 아이들의 마음을 사로잡기에 충분하므로 개정판 여부에 크게 신경 쓰지 않아도 됩니다. '개정판'이라는 타이틀은 엄마를 위한 것일 뿐, 구판이어도 충분히 재미있고 알차게 활용할 수 있습니다.

전집 구성에 CD가 포함되어야 할까? 음원펜 구성이어야 할까?

전집 구성 중에는 CD가 포함되어 있는 경우가 있는데요. 엄마는 책 읽어주는 것이 힘들고 꾀가 나서 CD를 활용하고 싶어집니다. 요즘은 음원펜이 보편화되어서 매우 편한 세상이 되었지요.

아름다운 성우의 목소리로 실감 나고 재미있게 읽어주는 동화 구연이 더욱 프로페셔널한 느낌을 주어서, 아이에게 더 좋을 것 같다는 생각을 하게 됩니다. 하지만 엄마들이 꼭 기억해야 할 포인트가 있습니다. 아이가 좋아하는 목소리는 바로 엄마 목소리라는 점이에요. 물론 아빠가 읽어주는 것도 더할 나위 없이 좋습니다. 엄마가 아프거나 감기에라도 걸린 날에는 음원을 들어주면 좋으련만, 아이는 엄마 목소리만 원하고 음원으로 듣는 것은 싫다며 끄라고 합니다. 아이들마다 차이는 있으나, 음원으로 듣는 것을 거부하는 경우도 심심치 않게 목격했습니다. 그러니 전집을 선택할 때 음원의 포함 여부에는 크게 구애받지 않으셔도 됩니다.

1. 반복을 좋아하는 유아기 때는 전집을 구입해서 마르고 닳도록 알차게 활용해보세요.
2. 리스크를 줄이고 가성비를 높이기 위해 '중고 전집'을 추천합니다.
3. 개정판의 유혹에 빠지지 마세요.
4. 전집 구성에 음원이 필수는 아닙니다. 아이는 엄마 목소리를 더 좋아합니다.

다독을 위한
도서관 이용 꿀팁

 반복을 좋아하는 4세 이전에는 집에 있는 단행본과 전집만으로도 아이의 책 읽기 욕구를 충분히 만족시킬 수 있었습니다. 그러나 5세 이후에는 새로운 책을 읽고 싶어 했고, 도서관을 개척해야 했어요. 도서관을 이용하면 알뜰하고 풍성한 책육아 환경을 조성할 수 있습니다.

도서관을 이용하면 좋은 점

1. 책을 구입하지 않아도 다독을 할 수 있다.
 유아기에 구입한 책들과 엄마, 아빠의 책으로 책장이 포화 상태가 되어 갈 무렵 도서관은 특히 고마운 존재가 됩니다. 아이가 원하는 새로운 책을 무한정 공급해주기에 가계 경제에도 큰 도움을 줍니다.

2. 시리즈별로 읽을 수 있다.

도서관의 책 분류는(도서관별로 차이는 있지만) 출판사별로 되어 있는 경우가 많아서 같은 출판사에서 출간된 다른 그림책들도 연달아 읽을 수 있어요. 전집으로 기획된 그림책이 아니고 단행본으로 출간된 그림책이라도 시리즈명이 있는데요. 시공주니어 '비룡소의 그림동화'라든지, 마루벌 출판사의 '마루벌의 좋은 그림책', 국민서관의 '국민서관 그림동화', 키즈엠의 '피리부는 카멜레온' 등입니다. 이렇게 같은 출판사에서 나온 시리즈를 묶어서 읽으면 아이의 연령대에 맞는 그림책을 쉽게 고를 수 있어요.

3. 다양한 분야의 책을 읽을 수 있다.

그림책뿐만 아니라 과학, 역사, 예술, 철학에 이르기까지 도서관에 있는 다양한 분야의 책을 보고 있노라면 마치 내 책장인 양 마음이 흐뭇해집니다. 수학이나 과학, 예술 분야의 책들은 같은 주제로 묶어 비슷한 청구기호를 부여하는 경우가 많습니다. 비문학 도서의 경우 특정 주제의 책을 찾고 싶다면 한 권을 검색한 후 서가에 가보세요. 비슷한 주제의 책들은 같은 서가에 나란히 꽂혀 있답니다. 원하는 주제의 책이 모여 있으니 서로 비교해보고 선택해서 고를 수 있어요.

엄마와 아이가 함께 책을 읽는 '모자 열람실'

대부분의 도서관은 아이와 엄마가 함께 책을 읽을 수 있도록, 신발을 벗고 들어가는 좌식 형태의 '모자 열람실'을 별도로 마련해두고 있습니다. 다른 서가와 분리되어 있어서 아이에게 소리 내어 책을 읽어줄 수 있어요. 하지만 규모가 작은 도서관에는 별도 공간이 마련되어 있지 않은 경우가 있으니 잘 살펴보시고 방문하면 좋겠습니다. 만약 모자 열람실이 마련되어 있지 않은 도서관이거나, 아이가 도서관에서 조용히 책 읽는 것에 익숙하지 않다면 원하는 책을 대출해서 집에서 읽는 것도 좋은 방법입니다.

도서관에서는 책만 읽을까?

도서관에서는 다양한 문화행사가 많이 열립니다. 공공기관에서 주최하기 때문에 저렴하기도 하고 프로그램의 질도 높습니다. 사서 선생님과 함께 봉사자들이 진행하는 독서 교실, 지역 프로그램 등등 유익한 문화행사가 많으니 부지런히 알아보시고 아이와 함께 참여해보세요. 아이가 도서관과 친해지는 좋은 계기가 됩니다. 단, 선착순인 경우가 많으니 서두르셔야 해요.

도서관에서 책만 읽는 것이 아니라 즐거운 경험도 할 수 있어서 아이의 마음은 들뜨기 쉽습니다. 그래서 도서관이 마치 놀이터인 양 뛰어다니곤 하는데요. 도서관은 많은 사람이 함께 이용하는 공공시설이라는 점을 반드시 아이에게 알려주세요.

동네 작은 도서관은 또래 사교 모임의 장

구립 도서관은 보유한 도서가 다양하고 많아서 좋지만, 동네의 작은 도서관도 그 나름의 매력이 있습니다. 동네 아이들의 사랑방 역할을 하거든요. 제 아이의 경우, 도서관에서 책을 읽는 것보다는 도서관에 찾아온 동네 언니들 혹은 친구들과 그림을 그리거나 도서관 앞마당에서 뛰어노는 것을 더 좋아했어요. 언니와 동생, 친구들을 만나 다양한 또래와 어울리며 사회성을 기르는 기회도 되었습니다. 아이가 도서관에서는 사교 모임을 하느라 책 읽을 시간이 없으니 원하는 책들은 모두 대출한 후 집에서 읽어야 집중을 잘 했습니다. 대출한 책을 들고 오기 무거우니 도서관에서 읽자고 해 봤지만, 아이는 한사코 모두 대출하겠다고 하는 바람에 책을 짊어지고 와야 하는 노동을 감수해야 했지요. 하지만 외동인 딸아이에게 또래 친구와 어울리는 시간은 중요했고, 아이가 또래와 어울리며 친목을 도모하는 동안 엄마는 그림책 보는 눈을 넓히는 시간을 만들었습니다.

엄마가 먼저 도서관과 친해지자!

처음 도서관에 갔을 때, 청구기호는 알 수 없는 암호처럼 느껴졌고, 책마다 붙어 있는 번호를 서가에서 찾는 것이 쉽지 않았어요. 하지만 도서관을 자주 이용하다 보니 서가 어디에 어떤 책이 있는지 그 위치까지 외울 수 있게 되었어요. 자신이 원하는 책을 척척 찾아주는 엄마의 모습을 보며 아이는 감탄하기도 했지요. 도서관에 익숙해지면 아이가 원하는 책을 찾으며 성취감을 느끼는 것이 중요하니 대략적인 위치만 알려주고 스스로 찾아보도록 해주세요.

<mark>다 읽은 책은 반드시 북트럭 위에 올려놓는 것도 잊지 마세요.</mark> 엉뚱한 곳에 꽂힌 책은 찾을 수 없어서 도서관에서 사라진 책이 되곤 합니다. 함께 이용하는 도서관이니 지킬 것은 지키는 작지만 큰 배려가 중요합니다.

아래 그림과 같은 도서관의 분류기호를 알아두면 책을 찾는 데 더욱 수월합니다.

○ 도서관 청구기호

도서관 가기 전에 도서 목록 작성하기

　도서관에 가기 전에 도서 목록을 작성해두면 매우 편리합니다. 어떤 책을 골라야 할지 고민하는 시간도 줄일 수 있습니다. 물론 서가에서 우연히 재미있는 책을 발견하는 것도 큰 묘미이지만, 아이가 하원하기 전, 오전 시간을 효율적으로 사용해야 하기에 도서 목록은 필수였습니다.

　저는 관내의 도서관 다섯 군데와 동네의 작은 도서관까지 총 여섯 군데의 도서관을 이용하고 있습니다. 엑셀 문서로 시트(sheet)를 나누어 도서관

○ 엑셀 문서로 작성한 도서 목록

별로 목록을 작성합니다. 대출해서 읽고 싶은 책들의 책 제목과 도서관 청구기호를 함께 정리합니다. 도서관에 비치되어 있지 않은 도서들은 '희망도서' 리스트로 따로 정리해둡니다.

특히 청구 기호를 '가나다' 순서로 정렬하면 서가에서 책을 찾는 동선이 줄어들고 시간도 절약할 수 있습니다. 목록을 작성한 후에는 우선순위에 따라 색상별로 구분해두는데요. 바로 대출 가능한 책, 대출 중이어서 빌릴 수 없는 책, 대출이 급하지는 않지만 나중에라도 빌려보고 싶은 책을 제 나름의 색상으로 표시했습니다. 이렇게 작성한 목록을 스마트폰에도 저장해두면 필요할 때 바로 확인할 수 있습니다.

상호대차 서비스 이용하기

읽고 싶은 책이 거리가 먼 도서관에 있다면 상호대차 서비스를 이용해보세요. 도서관을 직접 방문할 필요 없이 가까운 도서관에서 원하는 책을 대출하고 반납할 수 있습니다. 도서관 홈페이지를 통해 대출하고자 하는 책을 검색한 후 상호대차 신청을 합니다. 도서관 회원으로 가입되어 있어야 하고, 같은 관내에서 동일한 시스템을 사용하는 도서관이어야 서비스가 가능합니다. 도서관마다 차이는 있지만 상호대차를 신청하면 2~3일 후에 지정된 도서관에 책이 도착합니다(지역에 따라서는 지하철 역 및 버스 정류장에 설치된 예약도서 무인대출/반납기를 이용할 수도 있어요.).

상호대차 서비스의 경우 도서관에 직접 방문해서 빌리는 것보다 대출 가능 권수가 적습니다. 그러니 빌려야 할 책이 많다면 직접 가서 대출하는 것이 유리합니다. 도서관에 따라서 상호대차로 신청한 책을 찾아가지 않는 경우 패널티를 부여하니 직장맘인 경우에는 방문 가능한 날짜를 미리 확인하고 신청하는 것이 좋습니다. 상호대차 도서는 도서관에 따라 어린이 열람실이 닫힌 후에도 늦은 시간까지 종합자료실에서 수령할 수 있으니 도서관 이용 시간도 잘 확인해주세요.

읽고 싶은 책은 희망도서로 신청하기

관내 도서관에 읽고 싶은 책이 비치되어 있지 않다면, '희망도서 신청'을 통해 도서 구입을 요청할 수 있어요. 도서관이 정한 기준에 따라 고가의 도서이거나 절판인 도서, 출간 기일이 오래 전인 도서는 희망도서 신청이 불가한 경우도 있으니 미리 확인해야 합니다. 저는 주로 아이의 책을 희망도서로 많이 신청하는데요. 인터넷 서점의 신간 소개 코너를 수시로 보면서 재미있는 책이 보이면 리스트로 작성하고, 한 달에 한 번 도서관에 희망도서로 신청합니다. 제가 사는 지역 도서관의 경우 1인당 세 권까지 희망도서로 신청할 수 있어서 3인 가족인 저희는 도서관 한 군데에서 9권까지 가능하기에 감사한 마음으로 이용하고 있습니다.

다독상에 도전해보기

도서관마다 선정 기준은 다르지만, 대출 권수가 많고 문화행사 참여에 적극적이며, 연체 이력 없이 성실하게 도서관을 이용하면 다독상 후보가 됩니다. 그리고 1년에 한 번 '책 읽는 가족'으로 선정하여 시상도 합니다.

저는 아이의 다독이 정점을 이루었던 초등 1, 2학년 시절에 수상자가 되는 기쁨을 누렸습니다. 그림책은 유아들만의 책이 아니며 초등학교에 입학했다고 해서 줄글책만을 읽어야 하는 것은 아니랍니다. 아이의 연령이 어릴수록 그림책을 많이 읽으니 다독이 가능하고, 다독상 수상에 도전해볼 수 있습니다. 어른이 읽어도 좋은 그림책이 많으니 초등생이 되었다고 해서 그림책과 이별하지 마세요.

도서관과 친해지면 이렇게 유익한 점이 매우 많습니다. 도서관을 자주 이용하다 보니, 이제는 도서관 바로 근처에 사는 분들이 제일 부럽습니다. 아이가 읽은 많은 책들을 제가 모두 구입했다면 그 비용이 어마어마했겠지요. ==훌륭한 공공 시스템인 도서관을 잘 이용하면 안정적인 책육아가 가능해집니다.==

 KEY POINT

1. 반복을 좋아하는 유아기에는 누구의 눈치도 볼 필요 없는 집에서 편안하게 읽어주세요.
2. 아이의 다독이 시작되었을 때 도서관을 적극적으로 이용하고 도서관의 다양한 문화행사에도 참여해보세요.
3. 읽고 싶은 책이 도서관에 비치되어 있지 않으면, 희망도서로 신청하되 우리의 세금으로 구입하는 것이니 신중하게 결정해주세요.
4. 다독상에 도전하면 아이의 책 읽기에 훌륭한 동기부여가 됩니다.
5. 도서관에서 공공질서를 지키고 도서관의 책을 내 책처럼 아끼는 마음을 심어주는 것도 중요합니다.

초등 입학을 앞두고 :
독립 읽기로 이끌어주기

아이의 독립 읽기를 꿈꾸는 엄마

　엄마가 아이에게 책을 읽어주는 것은 분명 중요하고도 행복한 시간이지만 상당한 체력이 필요한 일이기도 합니다. 여러 권을 연달아 읽어줘야 할 때는 목도 많이 아프지요. 그래서 저 또한 아이 스스로 책을 읽는, 독립 읽기의 날을 손꼽아 기다렸습니다.

　소중한 저의 성대를 보호하고자, 음원 스티커에 한글 그림책 CD의 음원을 저장하고 그림책 위에 붙여서 음원펜의 도움을 받기도 했어요. 다행히 제 딸아이는 음원펜의 소리를 잘 들었지만 아이에 따라서는 CD 듣는 것을 거부하고 엄마의 목소리만 선호하는 경우도 있습니다. 그러니 음원펜이 만능은 아니랍니다. 물론 큰 도움을 받았지만 엄마가 직접 아이에게 책을 읽어주는 시간은 매우 중요하니까요.

그럼 과연 언제까지 아이에게 책을 읽어주어야 할까요?

정답은 바로 아이가 읽어달라고 할 때까지입니다.

답이 희망적이지 않아도 어쩔 수 없어요. 제가 '독서논술 지도사 과정' 수업을 들을 때, 강의하시는 선생님도 같은 말씀을 하시더군요. 아이가 원할 때까지 엄마가 읽어주는 것이 좋다는 것에 대한 제 생각이 틀리지 않았음을 확인하였답니다. 아이의 듣기와 읽기의 수준이 같아지는 나이는 보통 중학생 시기라고 합니다. 우리의 예상보다 훨씬 늦은 나이이지요? 그러니 아이가 싫다고 거부하지 않는다면 읽어주는 것이 맞습니다.

아이가 그림책을 보는 것은 매우 바람직한 일이지만, 탄력을 받으면 한두 권에서 끝나지 않고 자꾸자꾸 읽어달라고 하여 엄마의 목은 칼칼해지고 갈라집니다. 그러나 바꾸어 생각해보세요. 엄마가 그림책을 읽어주는데 아이가 조금의 관심도 없다면 그 또한 슬프지 아니한가요. 아이가 책을 읽어달라고 하는 때를 바로 아이의 독서력을 높이는 절호의 기회라고 생각하세요. 지금 당장은 힘들어도 함께 책 읽는 시간은 아이와 상호작용을 하며 차곡차곡 쌓는 추억이 될 것입니다. 조금 더 크면 읽어주겠다고 해도 아이가 한사코 사양하는 때가 분명히 찾아옵니다. 다양한 이야기를 나누며 오붓하게 대화를 나눌 기회는 다시 오지 않으니 맘껏 즐기세요.

줄글 동화도 엄마가 읽어줘야 하는 이유

초등학교 입학을 앞두게 되면 엄마의 마음은 급해지기 시작합니다. 아이가 한글 읽기에 익숙하지 않으면 더더욱 그러하지요. 줄글 동화책도 어서 줄줄 읽고, 두꺼운 두께의 동화도 읽어 내려갔으면 하는 바람이 생겨요. 하지만 아이가 처음부터 긴 글을 스스로 읽기는 힘드니, 줄글 동화로 넘어갈 때 아이의 흥미를 자극하기 위해 제가 소리를 내어 읽어주었어요. 일단 조금이라도 내용을 알면 뒷이야기가 궁금해서라도 아이가 스스로 읽을 것이라 예상했거든요. 야심차게 계획을 실행했으나, 줄글 동화는 페이지 수가 많다 보니 읽어주는 것이 보통 일이 아니었어요. 한 번에 한 권을 읽는 것은 제 성대가 허락해주지 않았기에 주로 잠자리 독서 시간에 분량을 나누어서 읽어주었지요. 이렇게 여러 날이 흘러 그림이 적고 글자가 많은 책도 재미있다는 것을 알게 되자, 아이 혼자 책을 읽는 시간이 늘어났습니다.

> **중요한 점!**
> 엄마가 아이에게 책을 읽어줄 때 엄마의 목소리와 행동은 아이에게 낭독의 모범적인 본보기가 됩니다.
> 그러니 글자를 읽고 독립 읽기가 시작된 후에도 엄마가 책을 읽어주는 시간은 반드시 필요합니다.

독립 읽기가 되어도 잠자리에 들기 전에 그림책을 읽어주는 시간을 꼭 갖기 바랍니다. 낮에는 따로 시간을 내기 어려우니 초등 4학년 때까지도 잠들기 전에 초등생 딸아이에게 그림책을 읽어주었는데요. 잠자기 전에 읽는 책은 빨리 읽어주고 잠자리에 들 수 있는 글밥이 적은 그림책으로 선택했습니다. 이 또한 저 혼자 읽지 않고 아이와 나누어서 읽었지요. 지문은 제가 읽고 대화는 아이가 읽거나, 한 페이지씩 번갈아 읽는 방법으로 했어요. 아이가 대화체를 읽는 경우에는 감정을 넣어서 읽는 방법도 연습할 수 있으니 자연스럽게 낭독 훈련도 되더군요. 그림책을 보며 대화로 이어가도 좋지만 "아 참 재미있다. 끝!" 하고 나서, 굿나잇!을 외치고 바로 꿈나라로 가도 그만이니 부담은 내려놓고 편하게 생각하세요. 아이에게 빨리 가라고 다그치기보다는 아이의 현재 모습을 인정하고 함께 머무르는 여유도 필요합니다.

독립 읽기로 가기 전에 엄마가 책을 읽어주는 것이 중요한 이유

엄마가 '독립 읽기'를 기다리는 제일 큰 이유는 아이에게 책을 읽어주는 것에서 해방되고 싶은 이유가 커요. 정작 독립하고 싶은 사람은 엄마라는 점이 아이러니합니다. 하지만 **독립 읽기는 엄마의 해방이 아니라, 아이 스스로 묵독을 통해 독서의 즐거움을 느끼는 단계를 의미합니다.**

흥미진진한 스토리에 푹 빠져서 진정한 독서를 즐기기 위해 '독립 읽기'를 위한 기초를 마련하는 과정이 중요합니다. 독립 읽기는 눈으로 글을 읽는 '묵독'에서 완성되는데요. 묵독은 하루아침에 이루어지는 것이 아니며 어느 정도의 적응 기간과 연습이 필요합니다.

그림은 눈으로 보면 바로 이해가 되지만 글자의 경우는 다릅니다. 자음과 모음을 결합해서 낱글자를 만들고, 글자가 모여 단어가 되고 다시 문장을 이룹니다. 문장을 읽으며 뇌에서 해독하는 과정을 거쳐야 책의 내용을 이해할 수 있지요. 그림책에는 그림이 있어 아이들은 그림을 통해 바로 상황을 이해합니다. 글자를 읽느라 애쓰는 시간을 그림이 단축시켜줍니다. 그러니 그림책이 얼마나 고마운 존재인가요. 하지만 줄글 동화는 이 모든 과정을 스스로 해야 하기에 연습이 필요합니다. 그림책을 보며 엄마가 글을 읽어줄 때 아이는 그림만 보면 되었지만, 이제는 그림도 보고 글도 읽어야 하니 버거워지는 것은 당연합니다. 글자를 배운지 얼마 안 되는 아이들은 특히 글자를 읽는 데 온 힘을 쏟느라 글자의 의미는 정작 파악하지 못하는 경우가 많습니다. 기계적으로 보이는 글자만 읽어내려 가는 것이지요. 글자를 읽으며 동시에 의미를 파악하는 것은 생각보다 많은 노력이 필요한 과정이기에, ==독립 읽기가 완성 되기 전 까지는 엄마가 읽어주는 시간을 갖는 것이 중요합니다.==

독립 읽기로 가는 중간 단계

유아기 때 읽었던 그림책 낭독하며 읽기

아이가 한글을 깨우쳤다면 '유아기 때 읽었던 쉬운 그림책'으로 읽기 연습을 조금씩 해봅니다. 한글을 깨우쳤다고 해서 성급하게 줄글책을 내밀면 아이는 질려버려서 책 읽기의 즐거움을 잃어버릴 수도 있으니 매우 조심스럽게 접근해야 합니다. 그러니 새로운 책으로 혼자 읽기를 시도하기보다는 엄마와 함께 여러 번 읽어서 익숙했던 책으로 낭독 연습을 하면 좀 더 수월합니다.

혼자 읽어도 소리 내어 읽는 것은 자연스러운 현상

묵독으로 가기 전, 중간 단계에서 아이는 책을 소리 내어 읽습니다. 그림을 볼 때는 소리를 내지 않고 조용합니다. 하지만 글자를 읽을 때는 혼자 있어도 소리를 내면서 읽으니 조용한 도서관에서는 민망한 상황이 연출되기도 하지요. 그러나 이는 자연스러운 현상입니다. 어른들도 어려운 설명서나 안내문을 읽을 때는 나도 모르게 조그만 소리로나마 소리 내어 읽게 되지 않나요? 묵독으로 가는 중간 단계에 있는 아이에게 이제 소리 내어 읽지 말고, 눈으로만 읽으라고 말한다면 지금도 최선을 다하고 있는 아이에게 더 잘해야 한다며 '버거운 짐'을 주는 것과 같다고 생각해요. 저 역시, 아이가 소리 내어 읽는 단계에서 조급함을 참지 못하고 소리 내어 읽지 말고 눈으로만 읽으라며 재촉했던 것을 반성합니다. 아이가 책을 소리 내어 읽고 있으면 더 잘하게 하려는 욕심은 잠시 내려놓으시고 '책 읽는 목소리가 참 듣기 좋다고, 어쩜 그리 잘 읽느냐고' 칭찬을 듬뿍해주세요. 또 한 가지 신기한 점은, 묵독이 완성되면 소리 내어 읽어보라고 해도 목이 아프고 귀찮다며 바로 거부합니다. 모든 것은 다 한때라는 것이지요. 조금만 참고 기다리시면 묵독을 하는 시기가 옵니다.

스스로 소리 내어 읽기에 담긴 뇌의 비밀

책을 읽는 동안 아이의 뇌에서는 많은 영역이 활성화됩니다. 그뿐만 아니라 이러한 움직임은 좌우 양쪽 뇌에서 동시에 나타납니다. 그러니 독서는 좌뇌와 우뇌를 동시에 활성화시키는 데 가장 효과적인 활동인 것이지요. 그중 소리 내어 책을 읽는 음독은 묵독에 비해 뇌의 영역을 더욱 활발하게 만든다고 합니다. 음독하는 동안 대뇌의 70%에 이르는 영역이 활발

해진다니 놀라운데요. 그 과정을 살펴보면 흥미롭습니다. 눈으로 문자를 보면 뇌에서는 문자의 모양을 인지하고 그 의미를 파악합니다. 그런데 여기에 자신이 소리를 내어 읽고 그것을 자신의 귀로 다시 듣는 행위가 더해지면 뇌의 활동이 더욱 활발해집니다. 소리를 내어 읽음으로써 묵독 과정에서는 활성화되지 않았던 뇌의 다른 부분들까지 일제히 활동을 시작하기 때문이라고 해요. '묵독'으로 읽는 것보다 '낭독'을 할 때 뇌의 활동이 3배 정도 활발해진다고 합니다(참고도서 | 《4~7세 두뇌 습관의 힘》, 김영훈 지음, 예담프렌드, 2016).

엄마와 역할 나누어 그림책 읽기

저는 아이와 '역할 나누어 읽기'를 자주 했습니다. 제 딸아이는 특히 대화 부분(입말) 읽기를 좋아했어요. 아무래도 감정과 등장인물의 성격이 잘 드러나는 부분이라서 더 재미를 느꼈나봅니다. 물론 '입말'을 딱딱하게 읽는 아이도 있습니다. 이럴 때는 아이의 잘못을 지적하지 말고, 엄마가 낭독의 좋은 본보기를 보여주면 됩니다. 그러면 아이는 자연스럽게 엄마를 따라서 등장인물이 처한 상황에 따라 감정이입을 하고 재미있게 읽어갈 것입니다. 엄마도 어려운 것을 아이에게 시키는 것은 반칙!

아이가 엄마에게 책을 읽어달라고 하는 이유

글자를 깨우치고 독립 읽기 할 준비가 된 것 같은데, 아이가 엄마에게 책을 읽어달라고 하는 이유는 다음과 같은 경우일 수 있습니다.

첫 번째, 글자를 읽을 수 있지만 글자 자체를 읽는 것에만 집중한 나머지 내용 파악이 안 되는 경우

두 번째, 엄마 목소리를 듣는 것이 좋고 엄마와 오붓한 시간을 갖고 싶은 경우

어느 상황이든 공통적인 부분은 엄마의 관심과 사랑이 필요하다는 것이에요. 독립 읽기로 빨리 넘어가는 지름길은 없습니다. 하지만 지금 아이가 위치한 단계에서 엄마가 최대한 칭찬과 지원을 아끼지 않고 퍼부어준다면, 좀 더 즐거운 마음으로 책육아를 진행할 수 있습니다.

아이에게 큰 힘이 되는 엄마의 칭찬과 지원은 바로!
○ 쉬운 그림책으로 천천히 읽기 시작하기
○ 아이가 소리 내어 읽을 때 칭찬 듬뿍해주기
○ 엄마가 함께 나누어 읽으며 도움 주기

==어서 빨리 책 읽어주는 것에서 해방되고 싶다는 조급함은 잠시 내려놓고 느긋한 마음을 가지세요. 육아는 언제나 '기-승-전-조급함 버리기'임을 기억하세요.==

그림책 놀이
어떻게
시작할까

책놀이
어떤 활동으로 시작할까?

아이와의 책놀이는 기본적으로 아이의 발달 단계와 성향을 고려해서 진행해야 합니다. 놀이의 개념과 아이의 연령에 따른 놀이발달 특징을 이해할 수 있도록 놀이지도 책을 기본으로 저자의 경험담을 더하였습니다. 그림책에 따른 실제적인 책놀이 방법은 본문에서 자세히 다루었으므로, 이 장에서는 각 연령에 맞춰 손쉽게 해볼 수 있는 기본적인 책놀이를 알려드리고자 합니다(참고도서 《놀이지도》, 안혜준·송승민·조형숙·권희경 공저, 파워북, 2016).

독후활동은 책을 읽은 후에 활동하는 놀이로 한정짓는 느낌이 있습니다. 그래서 '책놀이'라는 이름을 붙이고 책을 매개로 엄마와 아이가 함께 할 수 있는 놀이의 범주에 넣었습니다. 책을 읽기 전에 흥미를 돋우는 목적으로 활동해도 좋고, 책을 읽은 후에 추가로 활동해도 좋습니다. ==책놀이를 통해 아이가 그림책을 재미있는 것으로 인식하고 긍정적으로 받아들인다==

면 이 모든 시간이 추억이라는 저장고에 차곡차곡 쌓일 테니까요.

학습과 놀이의 차이점은 무엇일까요? 어떤 아이가 놀이를 시작하려고 합니다. 놀잇감은 꼭 장난감이 아니어도 됩니다. 빈 페트병을 아이가 놀잇감으로 정한 경우를 예로 들어보겠습니다. 페트병의 용도는 음료수나 물과 같은 액체 종류를 담는 것이지요. 하지만 놀잇감이 된다면 빈 페트병을 두드려 소리를 낼 수도 있고, 페트병에 작은 물건을 담아서 흔들며 마라카스처럼 소리를 내는 악기로 만들 수도 있습니다. 아니면 물 위에 둥둥 띄워 배처럼 가지고 놀 수도 있고, 단순하게 발로 뻥 차며 놀 수도 있습니다.

이처럼 아이가 물건의 본래 용도보다는 어떻게 하면 자신이 원하는 대로 사용할 것인지에 더 관심을 둔 경우, 아이의 활동이 놀이가 됩니다. 놀이를 할 때 아이는 물건의 원래 용도를 무시하고 자기가 원하는 방법으로 사용하는 것이지요. 이렇듯 놀이에서 중요한 점은 아이가 자신의 생각대로 활동을 주도해야 한다는 점입니다.

놀이의 조건

어떠한 활동을 아이가 놀이로 인식하려면 아래와 같은 조건이 필요합니다. 이는 책놀이에도 해당됩니다.

- 아이가 자발적으로 참여하고 스스로 시작하며 능동적으로 활동을 진행해야 합니다.
- 놀이는 학습과는 달리 결과에 대한 부담이 없기 때문에 결과보다는 과정이 중요합니다.

- 아이는 놀이 과정에서 다양한 변화를 시도하며 융통성을 발휘합니다. 따라서 결과물에 대해 평가해서는 안 됩니다.
- 놀이는 아이가 자유롭게 선택할 수 있어야 하며 부모가 시킨 경우에는 놀이라고 여기지 않습니다.
- 놀이를 하는 과정에서 기쁨과 즐거움을 느끼며 긍정적인 정서 상태를 유지해야 합니다.

0~12개월 미만 영아의 놀이발달

아기가 태어나서 12개월까지는 급격한 신체발달이 나타나는 시기입니다. 소근육 발달을 살펴보면, 4~5개월에는 사물을 이 손에서 저 손으로 옮겨 쥘 수 있고, 8~10개월에는 사물을 바닥에 떨어뜨리거나 던지면서 소리를 듣는 것에 흥미를 보입니다. 호기심이 많은 아기는 두드리는 악기, 소리 나는 딸랑이, 헝겊인형 등을 두드리거나 던집니다. 놀잇감을 가지고 놀면서 감각을 자극하고 탐색하며 쑥쑥 자라납니다.

엄마에게는 아이에게 무언가를 해주고 싶은 열정이 가장 많이 꿈틀거리는 시기이기도 해요. ==하지만 이 시기는 엄마와 애착을 형성하는 것이 가장 중요한 때입니다. 아기와 함께 오순도순 그림책을 보며 엄마와의 강한 유대감을 느끼도록 하는 것만으로도 충분합니다.==

0~12개월 아이와 함께하는 책놀이

의성어와 의태어가 풍부한 그림책을 운율과 감정을 살려 읽어주세요. 아기용 동시 그림책도 좋습니다. 헝겊책과 촉감책을 통해 아이가 책을 탐색할 수 있는 시간과 여유를 충분히 주면 소근육 발달에도 도움이 됩니다.

아기가 책에 집중하고 있을 때, 엄마는 옆에서 언어 자극을 주세요. 하지만 아이에게 어떤 행동을 해보자는 제안을 하거나 지시를 하는 것은 금물입니다. 아이가 탐색하는 모습에 관심을 갖고 지켜보면서 아기의 탐색을 도울 수 있는 '추임새'를 넣어준다는 생각으로 말을 걸어주면 됩니다.

- 꿈책이가 책 속의 예쁜 나비를 보고 있네. 나비가 팔랑팔랑 날아가는구나.
- 거울에 우리 꿈책이의 동글동글 예쁜 얼굴이 보여요.
- 올록볼록 오톨도톨 만져보니 촉감이 재미있네.

함께 책을 보는 시간, 그 자체를 즐기며 엄마와의 애착을 충분히 쌓아주세요. 아이의 시선이 책을 향해 있을 때 엄마의 목소리로 의성어와 의태어가 풍부히 들어간 부연설명을 들려주면 언어적으로 좋은 자극이 됩니다.

만 1세 영아의 놀이발달(13~24개월)

아기는 6~7개월 무렵이면 혼자 앉을 수 있고, 7개월 무렵에는 기기 시작하면서 탐색을 시작합니다. 8~10개월에는 가구를 잡고 일어서며, 12개월 무렵에는 드디어 역사적인 첫 걸음을 내딛습니다. 생후 1년간 급격한 대근육의 발달과정을 거친 아이는 18개월 무렵이면 '~인 척 하는' 상징놀이를 합니다. 다른 누군가의 행동을 모방하는 것이지요. 이때부터는 몸으로 하는 책놀이 활동이 가능해집니다.

만 1세 아이와 함께하는 책놀이

아이들을 위한 외국어 학습 교수법 중 'TPR(Total Physical Respond)'이라 불리는 '전신반응 교수법'이 있는데요. 책에 나오는 내용을 몸으로 직접 따라 하고 행동하며 익히는 교수법입니다. 한글 그림책을 읽을 때도 쉽게 활용할 수 있어서 효과적인 방법입니다.

책을 읽은 후에 책에 나오는 표정이나 동작들을 엄마와 함께 따라 해보면 쉽고 간단한 책놀이가 됩니다. 책놀이뿐만 아니라 일상의 모든 활동이 재미있는 놀이가 될 수 있습니다.

(인형을 업어주는 모방 놀이)
"뽀로로 어부바해주는구나."

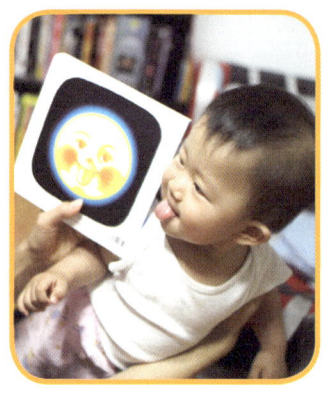

(《달님 안녕》 그림책을 보며)
"달님이 메롱하고 있네.
 우리 꿈책이도 메롱~~~
 하고 있네."

(《괜찮아》 그림책을 보며)
"꿈책이가 책 속의 언니를 따라하고
 있구나."

(유아용 퍼즐놀이 그림책)
"여기 전화기가 있네. 여보세요~
 꿈책이 바꿔주세요."

만 2세 영아의 놀이발달(25~36개월)

이 시기에는 넘어지지 않고 달리기, 음악에 맞춰 몸 흔들기, 위아래로 뛰는 것과 앞으로 점프하는 것이 가능합니다. 바퀴 달린 장난감이나 기구 등도 조정할 수 있게 되지요. 소근육이 발달하면서 책을 한 장씩 넘길 수 있고, 곡선이나 동그라미를 그리기 시작합니다. 이러한 신체발달을 통해 대소근육의 움직임이 자유로워지는 모습을 볼 수 있습니다. 사물의 모양이나 크기, 색에 관심을 갖기 시작하고 주변 세계의 탐색을 즐기며, 사물의 모양이나 크기, 색에 관심을 갖기 시작합니다.

만 2세 아이와 함께하는 책놀이

아이는 감각적 탐색에 큰 흥미를 보이므로 찰흙이나 밀가루 반죽을 이용한 촉감놀이, 모래놀이, 물놀이, 핑거 페인팅 등 다양한 감각을 경험하게 해주는 책놀이를 하면 좋습니다.

아직은 그림 그리는 것에 익숙하지 않지만 물감을 사용하는 활동을 할 수 있습니다. 물감을 손바닥에 묻혀 종이에 찍거나 손가락에 물감을 묻혀 그림을 그릴 수 있어요. 물감놀이는 번거롭긴 해도 아이가 참 좋아해서 욕실 벽에 큰 전지를 붙여놓고 하곤 했어요. 대용량으로 들어 있는 유아용 핑거 페인팅용 물감은 무독성이라 아이의 손에 묻어도 안전합니다. 전지를 욕실의 타일 벽에 투명 테이프로 붙여서 고정하고 물감놀이를 하면 좋습니다. 아이가 물감놀이를 하다가 욕실 타일에 물감이 묻어도 놀이가 끝난 후에 샤워기로 물을 뿌려 닦아내면 되니 청소도 간편합니다. 저녁 무렵, 목욕 시간 전에 하면 목욕까지 한 번에 할 수 있답니다.

만 3~4세 유아의 놀이발달

만 3세의 유아는 신체의 움직임이 더욱 활발해지고, 대근육의 운동조절 능력이 증진되어 계단 오르기, 세발자전거 타기, 달리기 등을 할 수 있습니다. 소근육의 사용이 아직 섬세하지는 않지만 운동 기능과 감각 기능의 발휘가 동시에 필요한 활동이 가능해집니다. 손과 눈의 기능이 동시에 협력해야 가능한 활동인 구슬 꿰기, 퍼즐 맞추기, 가위질하기, 그림 그리기, 쌓기 놀이 등을 즐겨합니다. 블록놀이를 할 때도 블록으로 구조물을 만들고 자신이 만든 구조물을 사용한 가상 놀이를 시작해요. 블록으로 의자를 만들고 아이가 직접 앉아보는 것을 예로 들 수 있습니다.

만 4세가 되면 눈과 손이 서로 협동하여 무언가를 만들 수 있는 능력이 정교하게 발달하고 소근육의 사용이 점차 섬세해져서 부품이 작은 장난감을 조립할 수 있으며, 그림 그리기와 가위질을 능숙하게 할 수 있습니다. 또한 대근육을 활용하는 활동적인 움직임과 운동을 할 수 있으며, 균형감이 발달해서 한 발로 서 있을 수도 있어요. 언어 발달에 있어서도 타인과 이야기 나누기를 즐기고 5~6개의 단어를 사용해서 완전한 문장을 만들어 이야기합니다. 어휘력이 증가하면서 재미있는 이야기 및 수수께끼 등을 즐기지요. 역할놀이가 양적·질적으로 발전하는 시기이기도 합니다.

만 3~4세 아이와 함께하는 책놀이

비교적 다양한 책놀이가 가능해지는 시기입니다. 스티커 붙이기와 스탬프 찍기, 블록과 가베 활동은 엄마의 개입이 적으면서도 아이 스스로 창의력을 발휘할 수 있는 활동이에요.

스티커 놀이
스티커를 활용한 다양한 활동을 해봅니다. 스티커를 붙여서 꽃 모양으로 만들거나 숫자 관련 그림책을 읽고 수의 개념을 익힐 수도 있어요.

 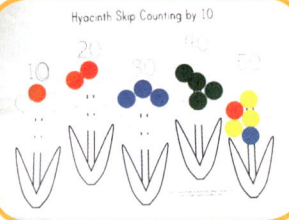 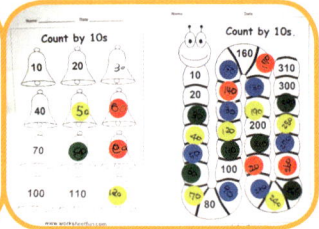

스탬프 놀이

구글에서 컬러링 페이지를 검색한 후 출력해서 스탬프를 찍거나 스티커로 꾸미는 활동도 재미있어요. 사실 아이들은 색칠하기를 은근히 힘들어 합니다. 유아는 아직 팔 힘이 약하기 때문에 큰 공간을 색칠해서 채우는 활동은 생각만큼 쉬운 일이 아니에요. 스탬프 찍기와 스티커 붙이기로 컬러링 페이지를 꾸며 보세요.

스탬프 여러 개로 모양을 조합해서 새로운 모양을 만들어낼 수도 있어요. 물방울 모양과 세모 모양 스탬프를 함께 찍으면 물고기 모양을 만들 수 있지요. 손가락도 크기에 따라 변화를 주면서 찍으면 더욱 재미있는 활동이 됩니다.

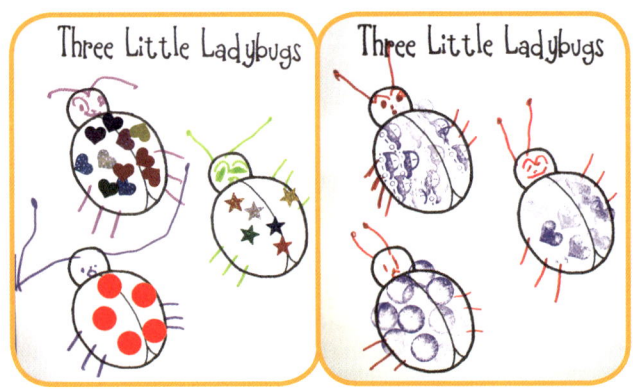

블록과 가베 놀이

블록이나 가베를 사용해 그림책에 나오는 탈 것이나 동물의 모양을 만들어 보는 것도 좋은 책놀이가 됩니다. 동그라미 눈 스티커를 블록이나 가베에 붙여주면 생명력을 불어넣는 느낌을 줄 수 있어요. 커다란 얼굴 모양을 그린 뒤, 가베를 이용해서 표정을 만들어주는 활동은 감정 그림책과 함께 하면 재미있습니다.

만 5세 이상 유아의 놀이발달

균형감각과 운동기술이 발달하여 계단을 뛰어다니고 한 발로 뛸 수 있으며, 적극적인 신체놀이를 하고 운동 경기를 즐기는 시기예요. 소근육의 사용도 정교해져서 능숙하게 가위질을 하고 색종이 접기도 할 수 있어요. 언어적인 측면에서도 완전한 문장으로 말하고, 문장에 대한 이해력이 성인과 유사해집니다.

만 5세 이상 아이와 함께하는 책놀이

언어가 발달해서 끝말잇기, 수수께끼 등을 즐겨 하며, 읽기와 쓰기, 그림 그리기에 흥미를 갖는 시기입니다. 그림책을 읽은 후, 스스로 이야기를 꾸미고 이야기를 짓는 활동을 통해 읽고 쓰기에 대한 흥미를 높여줄 수 있습니다.

색종이 접기
그림책에 등장하는 물건과 동물, 식물들을 색종이로 접으면, 소근육 발달에도 도움이 되고 무언가를 스스로 완성하는 기쁨도 느낄 수 있습니다. 아주 간단한 종이접기부터 시작해보세요. 아이의 종이접기가 서툴러도 칭찬을 듬뿍해주시고요.

그림 그리기

아직 손의 힘이 약해서 글자 쓰는 것은 힘들어 하지만 그림을 제법 그리기 시작합니다. 그림책을 읽고 마음에 드는 장면을 보고 그리거나 자신만의 상상을 추가해서 그리는 것도 좋은 책놀이가 됩니다. 아이의 성향에 따라 그림 그리는 것을 즐기지 않는 경우도 있으니 억지로 그리도록 강요하지는 마세요.

책놀이에서 엄마의 개입이 최소화되려면 아이가 스스로 할 수 있는 활동을 선택하는 것이 가장 좋습니다. 그렇기에 아이의 연령에 따른 발달 과정을 이해하는 것이 바탕이 되어야 합니다. 아이가 활동 과정을 힘들어 한다면 엄마가 개입할 수밖에 없고 아이의 놀이가 아닌 엄마의 숙제가 되어버립니다. 아이가 아직 서툴고 결과물이 만족스럽지 못할지라도 아이 스스로 자르고 붙이고 그릴 수 있도록 해주세요. 스스로의 활동이 될 때 아이는 가장 즐거워하며 진정한 놀이로 인식하게 됩니다.

그림책을 읽으며
아이와 대화하는 방법

책의 내용을 확인하는 무조건적인 질문은 금물입니다. 그림을 중심으로 이야기를 나눠보세요. 퀴즈놀이를 한다면, 엄마가 처음부터 정답을 이야기해주기보다, 때로는 일부러 틀린 답을 말하면서 아이의 자신감을 높여주는 것도 필요합니다.

> "저는 책을 읽으면서 아이와 대화를 나누고 싶어요.
> 하지만 아이는 책장만 넘기기 바빠요."

제가 활동하는 엄마표 영어 커뮤니티 게시판에서 접한 어떤 엄마의 고민이었어요. 제 딸아이도 어렸을 때 그림책을 제대로 안 읽고 휘리릭 넘기곤 했어요. 저는 그럴 때면 그저 아이의 속도에 맞춰주었는데요. 아이가 페이지를 빨리 넘길 때는 저도 덩달아 읽는 속도를 빨리하거나, 아이가 뭉텅이로 넘기는 페이지는 건너뛰고 아이가 펼친 페이지만 읽어주기도 했어요. 아이가 읽지 않은 페이지를 다시 펼쳐서 꼼꼼히 읽고 넘어가야 한다고 강요하거나 아직 다 못 읽었으니 천천히 넘기라고는 하지 않았습니다. 아이도 나름의 이유가 있을 것 같았고, 페이지를 빠르게 넘긴다 해도 이대로 그림책 보는 것을 즐기고 있으니 큰 문제가 되지 않는다고 생각했어요.

하지만 대부분의 엄마들은 책을 꼼꼼하게 읽으며 사고의 영역을 확장할 수 있는 심도 있는 대화를 나누고 싶어 합니다. 그래야 책을 제대로 읽은 것 같고, 책을 읽은 보람이 느껴지거든요. 물론 그림책을 읽으며 대화를 나누는 것도 필요합니다. 하지만 엄마가 진정한 의미의 대화를 나누려 했는지, 아니면 단순히 책 내용 확인을 위한 질문을 하려 했는지 솔직하게 판단해보세요.

==아이는 엄마가 나를 가르치는 독서 지도사 선생님이 되는 것을 바라지 않습니다. 아이는 '나와 함께 재미있게 책 읽어주는 엄마'를 원합니다.==

그렇다면 책장을 휘리릭 넘기는 아이의 마음은 무엇일까요? 아이가 처음 보는 책이라면 책의 뒷이야기가 궁금해서 결말 부분을 얼른 보고 싶기 때문이거나, 그 반대로 재미없어서 그냥 빨리 끝내고 싶을 수도 있겠죠. 만약 여러 번 반복해서 읽는 책이라면, 자신이 보고 싶은 장면을 얼른 보고 싶어서 그런 경우도 있어요.

그런데 이 타이밍에 엄마가 대화를 나누려는 목적으로 질문을 한다면 아이의 마음이 어떨까요? 아이는 엄마가 시간을 끄는 것이 답답할 거예요. 그리고 이런 상황이 지속되면 책을 읽을 때마다 엄마가 질문을 할까 봐 미리 선수를 쳐서 책장을 빨리 넘기게 될 수도 있지요.

이 세상에 재미있는 그림책은 많고 많습니다. 적당히 읽고 넘어간다고 해서 큰 문제가 되지는 않아요. 대신 아이가 재미있어 하고 반복하고 싶어 하는 그림책을 만났을 때, 아이가 원하는 만큼 충분히 반복해서 읽어주면 됩니다. ==저는 반복 읽기 또한 넓은 범위의 '정독'에 들어간다==고 생각하기에 더더욱 이 점을 강조합니다(정독에 대한 내용은 384쪽을 참고해주세요.).

그림책을 읽을 때 아이와 어떤 방법으로 대화를 나누면 좋을까요?

책 속의 재미있는 장면을 찾아서 '그림' 대화를 나눠보세요.

그림책의 그림 속에는 무궁무진한 이야기들이 숨어 있습니다. 작가님들은 미처 글에 담지 못한 이야기를 그림 속에 숨겨놓기도 합니다. 그러한 숨은 이야기를 찾으면 더욱 즐거운 그림책 대화를 이끌 수 있습니다. 글자로 전달되는 내용도 물론 중요하지만 아이들에게 친숙한 그림으로 이야기를 나눠보세요. 아이의 관찰력은 어른보다 좋아서 엄마가 미처 발견하지 못한 그림 속의 숨은 이야기를 더 잘 찾아내기도 하는데요. 아이가 숨은 이야기를 찾았을 때는 아낌없이 크게 칭찬해주세요.

본 책에도 아이들과 대화를 나눌 수 있는 그림책 속의 숨은 이야기를 대화체 예문으로 소개했으니, 참고해서 아이와 대화를 나눠보세요.

아이의 공감을 이끌어내세요.

책을 읽어줄 때는 책의 내용 파악에만 급급하지 말고 그림을 보며 아이의 일상과 공통점을 찾아보세요. '어머 나도 그래!' 하고 공감하는 순간 그림책이 더욱 재미있어집니다. 그림책의 내용과 비슷한 아이의 경험을 이끌어내면 더 즐거운 대화를 이어나갈 수 있어요.

그림책을 읽으며 느낀 엄마의 감정을 먼저 이야기해보세요.

엄마도 그림책에서 등장인물이 느낀 감정 상황과 동일한 경험을 떠올려보고 그 경험담을 아이에게 먼저 들려주세요. 그럼 아이도 "엄마 나도 그랬어요!"라든지, "엄마 나는 다른 생각이 들었어요!"와 같은 자신의 의견을 자연스럽게 이야기합니다. 언제나 엄마가 먼저 예시를 보여주는 것이 중요합니다.

궁금한 점을 질문하면, 그때를 기회 삼아 대화를 이어나가 보세요.

아이들은 궁금한 것이 늘어나고 질문이 많아지는 때가 있습니다. 유아기에는 무조건 "왜?"라는 질문을 반복하는 시기도 찾아오기 마련이에요. 이런 경우에는 우선 아이의 질문에 대한 엄마의 생각을 말해주고 나서 "엄마는 이렇게 생각했는데, 너는 어때?"라고 하면, 아이는 나름대로 자신의 생각을 이야기합니다. 그 대답은 참으로 터무니없을 수도 있고 사뭇 창의적인 대답이 될 수도 있습니다. 창의적인 대답을 한다면 칭찬을 해주세요. 때로는 "잘 모르겠어요."라고 대답한다 할지라도 실망하지 마시고, "그래

그럴 수 있어."라고 공감해주세요.

엄마가 엉뚱한 대답을 하며, 아이의 흥미를 높여주세요.

때로는 엄마가 그림책을 보며 엉뚱한 질문과 답을 해보세요. 그럼 아이도 나름의 창의력을 발휘해서 재미있는 질문을 하고 답을 하는데요. 그 과정 역시 상상력을 확장하는 기회가 됩니다. 아이가 아직 어려서 엄마의 유머를 이해하지 못한다면 조금 더 큰 후에 시도해보세요. 아직 어린 유아는 농담과 장난을 받아들이지 못하고 울음을 터뜨릴 수도 있습니다. 유머를 이해하고 받아들이는 것도 나이와 성향에 따라 차이가 있으니 기다려주세요.

그림책을 읽으며 대화를 나누는 것은 중요하지만 그렇다고 해서 반드시 대화를 해야 한다는 책임감과 사명감은 조금 내려놓아도 됩니다. 엄마가 부담을 느끼면, 아이도 똑같이 그 마음을 느끼고 책 읽는 시간을 즐기지 못할 수 있어요. ==아이가 책 읽는 시간 자체를 즐겁고 행복한 시간으로 느끼게 하는 것이 중요하며, 유아기부터 편안한 마음으로 책 읽는 시간을 즐겨야 꾸준히 독서를 이어갈 수 있습니다.== 책 읽는 동안 대화는 일상적으로 편안하게 이어가는 것이 제일 좋습니다. 혹여 대화가 없을지라도 함께 그림책을 보는, 그 시간 자체를 오롯이 즐기면 됩니다.

그림책 놀이 기본 준비물

그림책 놀이하기 전에 꼭 필요한 기본 준비물을 소개합니다. 재활용품들도 포함되어 있으니 평소에 아이와 그림책 놀이를 위해 모아놓으면 놀이가 훨씬 쉽고 즐겁답니다.

*본 책에 실린 책놀이에 사용하지는 않지만, 기본적으로 준비하면 좋은 준비물도 함께 소개했습니다.

그림책 놀이 기본 준비물

휴지심

두루마리 휴지를 사용한 뒤 남는 휴지심을 잘 모아두면 만들기 활동에 다양하게 사용할 수 있습니다. 색종이를 감싸서 다양한 동물 인형을 만들고

서로 이어붙여서 조형물을 만들 수도 있어요. 너무 많이 모아두면 보관이 곤란할 수 있으니 10~15개 정도의 적당한 양만 모아두세요.

모루

철사와 실을 함께 꼬아서 만든 공작 재료로, 영어로는 'pipe cleaner'라고 합니다. 빨대컵의 빨대를 닦는 솔과 비슷한 형태예요. 가위로 쉽게 잘리고 구부리기 쉬워서 다양한 모양을 만들 수 있어요. 가위로 자른 단면이 뾰족해서 다칠 수 있으니 유아와 사용할 때는 잘린 단면을 조심하셔야 해요.

빵끈

모루가 준비되지 않았을 경우 모루를 대체해서 사용할 수 있어요. 모루에 비해서 정교한 느낌을 줍니다.

원형 스티커(분류용 라벨)

여러 가지 사이즈와 색상의 원형 견출 스티커를 사두면 만들기 작품에 붙이며 장식할 수 있어요. 저는 흰색의 원형 견출 스티커에 다양한 눈 모양을 그려서 눈동자 스티커 대용으로도 사용했어요. 물론 시판되고 있는 스티커도 있지만 아이가 직접 그려 넣으면 개성이 담긴 눈을 만들 수 있다는 장점이 있지요. 또한 스티커를 모아 붙이며 꽃 모양으로 만들거나 숫자 관련 그림책을 읽고 숫자에 맞는 개수의 스티커를 붙이며 수학놀이로 활용할 수도 있습니다.

인형 눈

뒷면에 스티커가 붙은 것을 구입하는 것이 사용하기 편해요. 스티커 형태가 아니라면 글루건을 사용해서 붙이면 됩니다.

팬시 A4 용지(80mg)

큰 사이즈의 색종이 대신 사용할 수 있어서 색색으로 준비해 놓으면 좋아요. 흑백 도안을 컬러 종이에 출력하면 컬러 잉크로 출력하는 것과는 또 다른 선명한 느낌이 납니다.

폼폼

폭신폭신한 털 방울이에요. 여러 가지 색상과 크기가 있어 만들기 재료로 다양하게 사용할 수 있습니다.

포장용 에어캡

에어캡은 아이들의 좋은 놀잇감이 되는데요. 터뜨리면서 놀아도 좋지만, 물감을 바르고 도화지에 찍으면 오톨도톨한 돌기로 인해 독특한 효과가 납니다.

종이컵

일반 종이컵도 좋지만, 색상이 있는 종이컵이 있으면 따로 색칠할 필요가 없어 편리하고 더 예쁜 완성품을 만들 수 있어요.

만들기 재료를 고정하고 붙일 수 있는 준비물

할핀

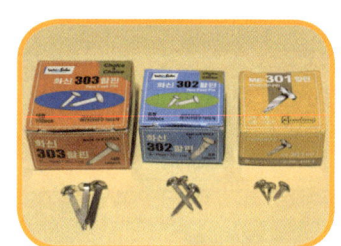

끝이 Y자 모양으로 벌어지며 종이를 고정하는 핀 형태의 클립이에요. 종이 인형의 팔과 다리를 움직이게 만들고 싶거나 빙글빙글 돌아가는 부분을 고정할 때 사용하면 유용합니다. 금속 재질이고 핀 끝 부분은 종이가 쉽게 뚫리도록 뾰족한 모양으로 되어 있어서 아이 손이 찔릴 수 있으니 조심해서 사용하세요. 핀을 벌려 고정한 후, 투명 테이프를 덧붙이면 좀 더 안전하게 사용할 수 있어요.

벨크로

우리가 흔히 '찍찍이'라고 부르는 '벨크로'는 붙였다 떼었다 하는 교구를 만들 때 사용합니다. 뒷면에 스티커 형태로 된 것을 구입하는 것이 편해요. 동그랗게 재단되어 있는 벨크로는 원형 스티커로 하나씩 떼어서 쓰니 편하지만 가위로 잘라서 쓰는 것보다 가격이 비싸요. 테이프 형태로 된 벨크로는 원하는 사이즈로 잘라서 사용할 수 있지만 가위 날에 끈끈한 성분이 붙기도 해요.

Tip! 벨크로를 자른 후에 가위 날에 붙은 접착 성분은 선크림으로 닦으면 잘 지워져요.

글루건(핫 멜트 접착제)

플라스틱, 목재, 헝겊 다양한 재료를 붙일 수 있어요. 건조가 빠르고 접착력이 강한 것이 큰 장점이지만, 글루건에 플라스틱 접착 심을 꽂고 높은 온도로 플라스틱을 녹여서 사용하는 전기 제품이라 조심하지 않으면 화상을 입을 수 있어요. 플러그를 뽑아도 접착제를 쏘는 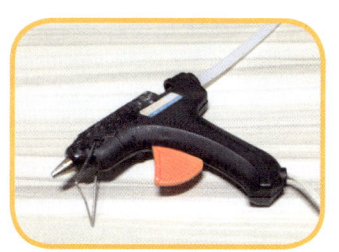 금속 노즐이 완전히 식을 때까지 오랜 시간이 걸리니 반드시 아이의 손이 닿지 않는 곳에서 식혀주세요. 유아와 함께 사용할 때는 특히 조심해야 하는 도구입니다.

투명풀

물풀보다는 투명풀이 사용하기에 좋습니다. 물풀은 종이가 젖으며 주글주글해지는 단점이 있고, 아이들이 힘 조절을 못해서 딱풀은 쉽게 으깨지는 단점이 있어요. 투명풀도 세게 누르면 으깨지지만 딱풀보다는 단단한 편이고 접착력도 좋아요.

목공풀

글루건 사용이 부담스러운 경우 대체용 접착제로 사용할 수 있어요. 나무와 헝겊을 붙일 때 좋아요. 단, 플라스틱 재질에는 접착력이 약해요. 마르기까지 오랜 시간이 걸리지만 일단 마르고 나면 접착력이 강합니다. 완전히 마르면 투명해지므로, 처음 풀을 발랐을 때 지저분해 보여도 크게 걱정하지 않아도 됩니다.

자르고 뚫는 도구

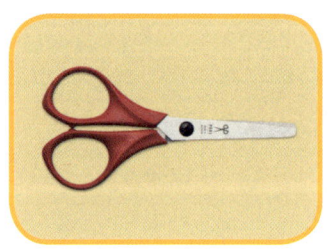

가위

아이들이 처음에는 가위질이 재미있어서 아무거나 자르려고 해요. 그러니 종이만 자를 수 있는 유아용 안전 가위를 사용하는 게 좋아요. 아무거나 자르면 안 된다는 것을 인지하게 된 이후부터 어린이용 공작 가위를 사용하면 됩니다.

펀치

기본적인 원형 펀치가 있으면 구멍을 뚫거나 장식을 할 때 유용하게 사용할 수 있어요. 구멍을 뚫으며 펀치에 모이는 동그란 종이 부스러기도 풀로 붙이면 예쁜 장식이 됩니다.

꿈책맘의
꿈 가득
그림책 놀이

꿈책맘의
꿈 가득 그림책 놀이
01

엄마표 책놀이의 만능 재료
휴지심 책놀이

펭귄 랄랄라

구신애 글 · 그림 | 반달(킨더랜드) | 2015

어떤 책일까?

흰 눈을 배경으로 펼쳐지는 펭귄 다섯 마리의 경쾌한 움직임이 재미있는 그림책입니다. 펭귄은 그림책의 주인공으로 인기 있는 동물 중의 하나인데요. 뭍에서는 뒤뚱거리며 걷는 것이 어설퍼 보여도 물속에서는 날쌔게 헤엄을 치는 반전 매력의 소유자이기도 합니다. 그림책의 펭귄 다섯 마리는 '랄랄라~' 즐겁게 걷고 있어요. 그런데 아뿔싸! 빙하의 갈라진 틈을 미처 보지 못한 펭귄 한 마리가 고꾸라지며 떨어지고 맙니다. 쿵! 하는 소리와 함께 펭귄은 네 마리가 되었어요. 페이지를 넘기니 빙하 사이로 떨어졌던 펭귄은 무용수가 리프트 동작을 하듯 우아하게 두 날개를 펼치고 바다사자의 머리 위에 사뿐히 올라가 있어요. 바다사자 덕분에 무사히 복귀한 펭귄은 다시 행렬을 계속해 나갑니다.

　흥겹게 걸어가던 펭귄들은 물범을 마주치자 납작 엎드립니다. 천적을 깨워서 좋을 것은 없으니까요. 무사히 물범을 지나친 후에는 눈덩이를 입고 뒤뚱거리는 오리의 모습으로 등장하며 웃음을 줍니다. 바다 속에서는 물고기와 어울려 헤엄치며 숨바꼭질을 하고, 커다란 고래와 마주치며 긴장감을 조성하기도 하는데요. 이 모든 과정에서 펭귄들은 사라졌다가 나타나는 시각적 즐거움을 반복적으로 선사합니다. 바다에서 뭍으로 올라온 펭귄들은 인원 점검을 하듯 차례대로 번호를 붙이기 시작하는데요. 우리 눈에 보이는 펭귄은 분명 다섯 마리인데 번호는 아홉까지 이어집니다. 줄어들기만 하던 펭귄의 숫자가 이번에는 어마어마하게 늘어났네요. 페이지를 넘기면 마지막 번호 '열!'을 외치는 펭귄이 등장하며 펭귄이 늘어난 비밀이 밝혀집니다. 열 마리의 펭귄은 신나게 눈 위를 미끄러져 내려오며 그림책의 대미를 장식합니다.

꿈책맘이 콕 짚어주는 이 책의 매력

이 책에 등장하는 펭귄들은 검정색과 흰색, 그리고 노란색의 세 가지 색으로 간결하게 표현되어 있기에 배경과 어울리며 착시 효과를 일으킵니다. 배경의 색에 따라 펭귄 신체의 일부만 보이도록 해서 독자가 자연스럽게 숨은그림찾기를 하도록 유도하는 것이지요. 페이지를 넘길 때마다 아이와 함께 펭귄을 찾고 하나부터 다섯까지 소리를 내어 차례로 세어보세요. 장면에 따라 펭귄이 사라진 것처럼 보여도 배경 색에 따라 우리 눈에 띄지 않을 뿐, 펭귄은 여전히 다섯 마리입니다. 펭귄은 우리 눈에 이미 익숙한 형태로 기억되고 저장되어 있기 때문에 펭귄 신체의 일부분을 생략해서 표현해도 아이들은 자연스럽게 펭귄의 모습을 완성할 수 있어요. 펭귄을 찾는 단서는 장면마다 달라지기에 숨은그림찾기의 난이도가 높아지는 묘미도 있습니다.

그림책으로 한 뼘 자라기

이 그림책에서는 펭귄의 움직임을 나타내기 위해 다양한 의태어를 사용했습니다. 책을 보며 눈으로만 즐기는 것이 아니라 재미있는 의태어를 직접 동작으로 따라 하면 더욱 재미있게 즐길 수 있어요. '엉금엉금' '살금살금' '뒤뚱뒤뚱' '휘영휘영' '첨벙첨벙' 등의 의태어를 동작으로 연결하면 말놀이와 동작놀이를 함께 할 수 있는 장점이 있답니다. 나와 다르게 움직이는 펭귄의 모습을 관찰하고, 또 따라 해보는 과정에서 동물과 사람의 움직임이 서로 다르다는 점을 인식하는 기회가 됩니다. 그림책을 보았던 기억을 떠올리며 놀이터 미끄럼틀을 탈 때는 펭귄과 같이 '휘영휘영'을 말해주고, 목욕할 때는 '첨벙첨벙'을 말해주면 일상에서도 자연스럽게 그림책 확장놀이를 할 수 있습니다.

엄마의 시선에서 그림책 바라보기

펭귄들이 랄랄라 신나게 걷다가 물범을 만나는 위기를 겪고 바다에서 헤엄도 치는데요. 마지막 도착점은 바로 알이 있는 곳이에요. 펭귄들은 암컷이 알을 낳으면 수컷은 알을 품은 채 2개월 이상 먹이를 먹지 않으며, 바다로 나간 암컷이 새끼가 부화할 때쯤 돌아오면, 이번에는 수컷이 1개월가량 바다로 나간다고 하지요. 수컷이 바다에 나간 동안에는 암컷이 아기 펭귄을 돌본다고 합니다.

이러한 펭귄의 생태를 알고 나니 '그림책에 출연한 펭귄들은 암컷이고 알을 낳은 후 신나게 외출하는 모습이었나?' 하는 생각이 들었어요. 그러나 암컷 펭귄도 마냥 신나지만은 않을 것 같아요. 알에서 태어난 아기를 돌봐야 하는 사명감이 본능으로 각인되어 있을 테니까요. 육아에 지쳐서 혼자만의 외출을 꿈꾸던 시절이 떠올랐어요. 하지만 정작 밖에 나가도 집에 있는 아이 생각이 머릿속에서 떠나지 않았지요. 자신의 아이에게 돌아오는 것은 엄마의 본능인 듯합니다.

출처 | 펭귄의 생태 설명: 《두산백과》 펭귄의 습성(http://www.doopedia.co.kr)

알콩달콩 그림책 대화

물범을 만난 펭귄들의 움직임을 보며 이야기 나누어 보세요.

- 펭귄들이 살금살금 기어가고 있네.
- 엄마 왜 그런 거예요?
- 펭귄들은 물범을 무서워한대. 물범이 펭귄을 공격하거든.
- 물범이 펭귄을 잡아먹는 거예요? 지난번에 본 그림책에서도 개구리가 파리를 잡아먹었잖아요.

> 자연관찰 그림책을 통해 먹이 사슬을 이해하고 있는 아이들에게는 포식자와 피포식자의 관계를 설명해주면 되지만, 아직 어린 친구들에게는 동물끼리 잡아먹는다는 사실이 충격으로 다가올 수 있으므로 '잠자고 있는 물범을 깨우기 싫어서'라고 둘러서 설명해주셔도 돼요.

물고기와 함께 헤엄치는 장면에서 숨어 있는 펭귄을 찾아보세요.

- 🧑 펭귄이 세 마리만 보이네. 그럼 두 마리는 어디로 갔을까?
- 👧👦 엄마 여기요. 물고기들 사이에 펭귄 발이 보여요.
- 🧑 우리 펭귄 발을 세어볼까?
- 👧👦 하나, 둘, 셋, 넷. 네 개요.
- 🧑 그럼 펭귄 발은 두 개니까. (발 두 개를 한 묶음으로 세며) 한 마리, 두 마리. 여기에 두 마리가 숨어 있었네.

휴지심으로 만든 엄마 펭귄과 아기 펭귄

준비물 | 휴지심 2개, 검정색 색지 혹은 색종이, 흰색 색종이, 노란색 색종이, 원형 스티커 또는 인형 눈, 풀, 가위

○ 놀이 방법 ○

휴지심을 감싸는 검정색 색지는 A4 용지의 4분 1 크기로 자르면 적당합니다. 날개를 만들 검정색 색지와 발과 부리를 만들 노란색 색지도 준비해주세요.

휴지심 겉면을 검정색 색지로 감싸줍니다. 검정색 색지로 양 날개를 만들어 붙여주세요. 색지로 종이심을 감쌀 때는 종이 전체에 풀을 바르는 것보다는 시작과 끝부분에만 풀칠을 해야 붙이기 쉽습니다.

흰색 색종이를 잘라 배 부분에 붙입니다. 노란색 색종이로는 부리와 발을 만들어주세요.
부리는 마름모 모양으로 자른 후, 반으로 접어 한쪽에만 풀칠을 해서 붙이면 됩니다. 원형 스티커에 눈 모양을 그려서 붙이거나 인형 눈을 붙여주세요.

아기 펭귄은 휴지심을 반으로 자른 후에 회색 색지로 감싸서 만들면 됩니다.
펭귄이 아기일 때는 털이 회색이지만 자라면서 검정색으로 변한다는 점도 알려주세요.

○ 펭귄이 등장하는 그림책 ○

난 남달라!

김준영 글·그림 | 국민서관 | 2012

남다른 펭귄이라서 이름도 '남달라'인 펭귄이 등장합니다. 다른 펭귄들은 모두 다양한 영법을 구사하며 수영을 배우지만 '남달라'는 수영 자체를 거부합니다. 대신 다른 재미있는 것을 하겠다고 결심하지요. 으레 해야 하는 것으로 여기는 획일적인 배움을 거부하고 자기만의 방식으로 새로운 길을 개척해가는 모습이 인상적인 그림책입니다.

쩌저적

이서우 글·그림 | 북극곰 | 2018

빙산이 쩌저적 갈라지며 본의 아니게 세계여행을 하게 되는 꼬마 펭귄의 이야기예요. 남극의 펭귄이 호주에 도착한 실제 이야기에 작가님의 상상력을 더해 만드셨다고 합니다. 글자 없는 그림책이지만 펭귄의 표정만으로도 펭귄이 각 상황에서 느꼈을 감정에 저절로 공감하게 만드는 매력이 있어요.

칙칙폭폭 동물 기차

시노다 코헤이 글·그림 | 강해령 옮김 | 북극곰 | 2017

어떤 책일까?

다양한 동물 기차가 등장하며 상상력을 자극하는 그림책이에요. 아프리카 기차역을 찾아온 하마와 사자는 더위를 피해 시원한 곳으로 가려고 합니다. 그러나 플랫폼에서 마주친 두 동물은 서로를 싫어합니다. 사자는 속으로 하마의 큰 엉덩이를 흉보고, 하마는 사자의 헝클어진 갈기를 흉봅니다. 최대한 멀찍감치 떨어져서 거리를 유지하며 기차를 기다려요. 드디어 두 동물 앞에 반가운 기차가 도착합니다. 첫 번째 기차는 '코끼리 기차'였어요. 그러나 출근하는 코끼리들로 가득 차 있어 하마와 사자가 탈 공간은 없었어요. 두 번째로 도착한 얼룩말 기차는 사자를 보더니 겁을 먹고 정차

하기 무섭게 출발합니다. 홍학 기차는 플랫폼에 서기는 했지만 바닥과 천장이 뚫려 있어서 날개가 없는 하마와 사자는 탑승할 수 없었어요. 마지막으로 북극곰 기차가 도착합니다. 하마와 사자는 기차에 무사히 탑승했으나 또 다른 난관에 부딪힙니다. 서로를 불편해 하는 두 동물이 여행의 동반자가 된 상황에서 과연 즐거운 기차여행을 즐길 수 있을지 마지막 장면까지 확인해주세요.

꿈책맘이 콕 짚어주는 이 책의 매력

우리가 흔히 떠올리는 기차가 아닌, 동물의 특성이 반영된 다양한 기차를 보는 재미가 있습니다. 특히 홍학 기차는 겉모습만 기차일 뿐 홍학들이 스스로 날아가야 하는 모습이라 웃음이 나옵니다. 인간 세계의 기차라 함은 먼 거리를 편히 가려고 타는 것인데 동물들에겐 그렇지도 않은가 봅니다. 이것이 바로 그림책 속 상상의 힘이겠지요. 북극에 사는 북극곰이 아프리카를 거쳐 남극에 도착하는 설정을 통해 다양한 동물을 만날 수 있는 점도 흥미롭습니다.

그림책으로 한 뼘 자라기

평소에 까불댄다고 안 좋아했던 친구지만 체육대회나 소풍의 장기자랑에서는 그 끼를 발산하며 큰 환호를 받습니다. 또한 말이 없어 진중하다고 칭찬했던 친구여도 단 둘이 있게 되면 숨 막히는 침묵을 안겨줄 수도 있습니다. 하마와 사자도 서로의 신체적 특징을 결점으로 생각했지만, 두 동물이 처한 환경이 달라지자 이러한 신체적 특징은 오히려 장점이 됩니다. 장점도 단점도 절대적인 것은 없는 셈이지요.

엄마의 시선에서 그림책 바라보기

하마와 사자는 서로를 싫어하는 것도 모자라서 기차에 타지 못한 것을 상대방의 탓으로 돌리기까지 합니다. 이렇게 앙숙이었던 두 동물이 북극곰 열차에서는 체온을 나눌 정도로 각별해집니다. 북극곰 기차에서 추위를 느끼는 동물은 하마와 사자뿐이었기에 서로를 의지하게 되었어요. 낯선 환경에서 서로의 마음을 이해하고 어려움을 함께 극복해나가면 없던 우정도 생깁니다. 같은 경험을 갖는다는 것은 우정을 쌓는 데 매우 중요한 요소라는 생각이 듭니다. 이것이 바로 남자들에게는 '전우애', 여자들에게는 '조리원 동기'와도 같은 것이 아닐까요.

알콩달콩 그림책 대화

아이만의 재미있는 기차를 상상해보세요.

- 꿈책이는 어떤 기차가 있으면 좋겠어?
- 음… 저는 물고기 기차가 있으면 좋겠어요!
- 와! 물고기 기차 재미있겠다.
- 날치 기차도 홍학 기차처럼 바닥과 천정이 없어요. 돌고래 기차는 정말 빠르고요. 전기뱀장어 기차는 찌릿찌릿 전기에 감전되어서 보통 물고기는 탈 수 없어요.
- 그렇다면 돌고래 기차에 타보고 싶은 걸.
- 돌고래 기차는 매끈매끈하니까 미끄러지지 않도록 조심하세요.

휴지심 동물 기차 만들기

준비물 | 휴지심 4개, 두꺼운 종이, 동물 무늬 프린트, 검정색 색종이, 두꺼운 종이, 플라스틱 뚜껑 여러 개, 풀, 가위, 색연필, 글루건, 송곳, 장식 끈

○ 놀이 방법 ○

구글 검색으로 동물 무늬 프린트를 검색해서 인쇄합니다. 구글 이미지를 검색할 때는 영문 검색어를 입력하면 쉽게 찾을 수 있습니다(얼룩말: zebra skin pattern, 기린: giraffe skin pattern, 치타: cheetah skin pattern).
A4 용지에 가로 2칸, 세로 2칸이 들어가는 사이즈로 편집해서 출력하면 휴지심의 사이즈와 딱 맞습니다. 동물 무늬 프린트를 준비하기 힘들면 단색 색종이 위에 손으로 무늬를 그려주어도 좋습니다.

프린터로 출력한 동물 무늬 프린트로 세 개의 휴지심을 감싸 주세요. 휴지심 한 개는 검정색 색종이로 감싸 기관차를 만들어줍니다.

휴지심을 감쌀 때는 종이 전체에 풀칠하는 것보다 첫 부분과 끝부분에만 풀칠을 해주어야 예쁘게 감쌀 수 있어요.

동그라미 모양을 그려서 기차 바퀴를 만들어줍니다. 바퀴가 튼튼하도록 검정색 색지에 두꺼운 종이를 붙입니다.

플라스틱 뚜껑을 기차의 바퀴로 사용해도 됩니다.

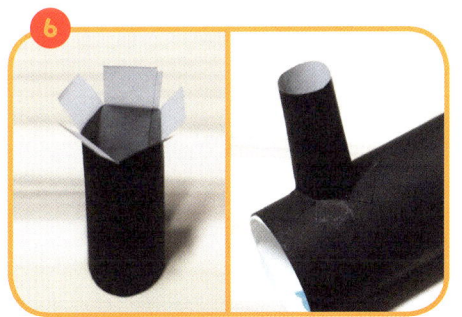

기관차에 연통을 만들어주세요. 색종이를 원통형으로 동그랗게 말고, 한쪽 끝부분을 5개 부분으로 살짝 잘라서 사진처럼 붙여주세요.

099

기관실도 만들어요. 색종이로 사각기둥을 만들어 붙이면 됩니다.

각 기차 칸마다 4, 5번에서 만든 바퀴를 붙여주세요. 플라스틱 뚜껑을 바퀴로 사용할 때는 편평한 면이 휴지심에 닿도록 해야 접착 면이 넓어서 잘 붙습니다.

송곳이나 펀치로 구멍을 뚫고 끈으로 묶어 기차 칸을 연결해주세요.

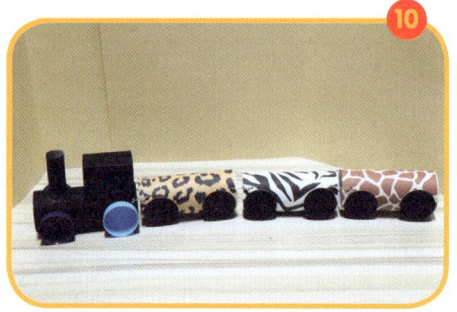

휴지심으로 만든 동물 기차가 완성되었습니다.

○ 기차가 등장하는 그림책 ○

꿈틀꿈틀 애벌레 기차

니시하라 미노리 글·그림 | 김영주 옮김 | 북스토리아이 | 2014

애벌레 기차를 타고 곤충 나라를 여행하는 그림책입니다. 곤충들이 사는 벽돌아파트, 땅속 마을의 두더지 지하상가, 높은 나무집까지 이어지는 여행은 흥미진진합니다. 천적인 거미가 등장하며 위기를 맞이하지만, 하늘소 특공대의 도움으로 마지막 역인 사과나무 역에 무사히 도착합니다. 곤충들의 삶을 보여주는 아기자기한 디테일이 살아 있어서 나눌 수 있는 이야기가 많은 그림책이에요.

기차를 타요

구도 노리코 글·그림 | 윤수정 옮김 | 책읽는곰 | 2018

기차 여행을 하는 펭귄 남매의 모습을 통해 기차 여행의 묘미를 느낄 수 있는 그림책이에요. 기차에서 맛있는 도시락을 먹고 어두운 터널을 지나면 어느새 목적지에 도착합니다. 기차표를 잃어버리는 실수를 하지만 무사히 할머니 댁에 도착한 펭귄 삼남매의 모습은 기특합니다.

아 진짜

권준성 글 | 이장미 그림 | 어린이아현 | 2018

어떤 책일까?

이 그림책에 등장하는 글자는 제목부터 본문까지 '아 진짜'뿐이에요. 하지만 그림을 보는 순간 '아 진짜' 세 글자에 담긴 아이의 마음이 고스란히 전해집니다. 표지에 보이는 아이의 표정에는 속상함이 가득한데요. 과연 어떤 일이 벌어진 것일까 궁금해하며 그림책을 펼치면, 자명종 시계는 7시를 가리키며 우렁차게 울리고 있어요. 하지만 아이는 자명종 소리를 무시하고 더 자고 싶었지요. 이럴 때 나오는 말이 바로 "아 진짜"랍니다. 간신히 일어나 아침 식탁에 앉았는데, 형이 빵을 다 가져가버렸어요. 이럴 때 하는 말도 "아 진짜"이지요. 목욕탕에 갔는데 열탕의 물이 많이 뜨거워요.

나도 모르게 나온 말이 "아 진짜"랍니다. 아이가 "아 진짜"라고 말하는 상황은 거의 형과 연관된 경우가 많아요. 주인공 소년은 나이도 어리고 힘도 약하다는 이유로 자신을 얕보는 형이 얄밉기만 합니다. 빵도 빼앗기고, 소파의 자리도 빼앗기고, 리모컨과 채널 선택권까지 빼앗겼지만, 절대로 빼앗길 수 없는 것이 있었어요. 바로 소중한 로봇 장난감이었지요. 형에게 빼앗기지 않으려고 실랑이를 벌이던 중 그만! 소중한 로봇의 팔 하나가 떨어져버렸고, 아이는 큰 울음을 티뜨립니다. 이처럼 "아 진짜" 세 글자 속에는 화남, 속상함, 분함, 슬픔까지 담겨 있어요. 다행히도 마지막에 아이는 신나는 감정을 담아 "아 진짜"를 외쳐요. 행복한 결말은 그림책으로 확인해보세요.

꿈책맘이 콕 짚어주는 이 책의 매력

그림으로 많은 상황을 설명해주는 그림책입니다. 상황을 설명하는 글이 없어도 이해가 되는 그림책의 매력을 느껴보세요. 글이 없으면 그림책 읽기가 더 어렵다는 분도 많은데요. 그림에 좀 더 집중하며 대화를 나누면 됩니다. 이 그림책은 "아 진짜" 세 글자가 있으니 그나마 다행스러워요. 페이지마다 등장하는 말은 같지만 다양한 감정을 넣어서 읽는 것이 매우 중요합니다. 엄마의 연기 DNA를 끌어올려주세요. 이렇게 몇 페이지만 읽으면 아이도 자연스럽게 여러 가지 감정을 넣어 엄마를 따라 읽는 모습을 볼 수 있어요.

그림책으로 한 뼘 자라기

이 그림책은 감정 그림책인 동시에 형제간의 우애를 나타내는 그림책이기도 합니다. 형제와 자매는 가장 좋은 놀이 친구이지만 동시에 치열한 경쟁 상대입니다. 주인공 소년도 형이 자신보다 빠르고, 많은 용돈을 받는 것이 못마땅하기만 합니다. 형이 로봇까지 망가뜨리자 그 원망이 더욱 커지지만, 결국 마지막에 자신을 가장 생각해주는 존재도 형이라는 것을 깨닫게 되지요. 미우나 고우나 형제와 자매가 가장 좋은 친구임에는 분명합니다.

엄마의 시선에서 그림책 바라보기

이 그림책에는 아직 감정 표현에 서툰 아이의 모습이 잘 드러나 있습니다. 자신의 감정이 무엇인지 몰라서 눈물부터 나기도 하고, 자신이 원하는 것을 얻기 위해서는 어떻게 해야 하는지 모르니 떼를 쓰기도 합니다. 자신의 마음을 가장 잘 드러낼 수 있고, 여러 가지 상황에서 만능으로 사용할 수 있는 말이 바로 "아 진짜"였던 것이에요. 아이에게 문제 행동이 나타났을 때 해결책을 알아보기에 앞서, 그 문제 행동을 하는 이유를 먼저 생각해 보세요. 이 그림책을 읽고 나면 '아이의 마음 읽기'가 얼마나 중요한지 느끼게 됩니다.

알콩달콩 그림책 대화

주인공 소년이 말한 "아 진짜" 뒤에 붙이면 좋은 말들을 생각해 보세요.

- 자명종 시계가 울리는데 정말 더 자고 싶나 봐. "아 진짜 졸려요. 더 자고 싶어요." 라고 말하고 싶었나보다.
- 형이 빵을 빼앗아가서 화가 났나 봐요. "아 진짜. 나도 배고픈데."
- 형이 소파를 다 차지하고 누워 있어서 앉을 자리가 없네. 뭐라고 말하고 싶었을까?
- "아 진짜. 나도 앉고 싶은데. 같이 앉자 형!"이라고 하고 싶었나 봐요.
- 꿈책이는 지금 하고 싶은 말이 있어?
- "아 진짜. 이 책 한 번 더 읽고 싶은데, 엄마 한 번 더 읽어주세요!"

표정이 변하는 얼굴

준비물 | 휴지심 2개, 칼, 가위, 유성 사인펜, 투명 테이프, 색연필

○ 놀이 방법 ○

동근 면에는 그림을 그리기 어려우니 휴지심 2개를 모두 세로로 잘라 펴줍니다.

겉에 감싸는 휴지심은 돌리며 조작하기 편하도록, 길이를 1cm 정도 짧게 잘라줍니다.

겉에 감싸는 휴지심에 얼굴 모양을 그리고 얼굴 부분에 구멍을 뚫어줍니다. 칼로 틈을 만들어준 후에 가위로 자르면 예쁘게 자를 수 있어요.

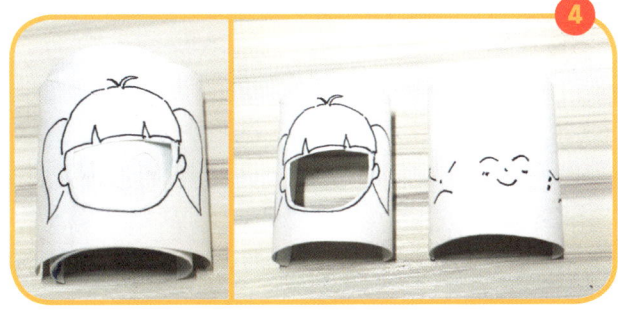

안쪽에서 돌아가는 휴지심에는 세 개의 표정을 그려줍니다. 겉에 감싸줄 휴지심을 겹쳐 올린 후, 연필로 얼굴 위치와 표정을 스케치하고 유성 사인펜으로 그리면 수월합니다.

머리카락을 색칠하고 원래 모양으로 말아서 투명 테이프를 붙여줍니다.

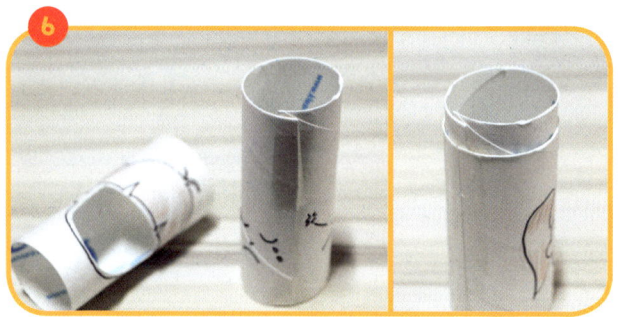

안에 들어가는 휴지심은 끝부분을 0.5cm 정도 겹쳐서 말아주세요. 안쪽에 끼워야 하므로 겉의 휴지심보다 지름이 작아야 돌리며 조작하기 쉽습니다.

두 개의 휴지심을 겹친 후 서로 반대 반향으로 돌려주면 표정이 바뀌는 놀잇감이 완성됩니다.

○ 감정을 주제로 한 그림책 ○

재미있는 내 얼굴

니콜라 스미 글·그림 | 마술연필 옮김 | 보물창고 | 2014

숲속에서 공놀이를 하고 있는 아이 앞에 커다란 곰이 등장합니다. 곰은 갑자기 아이의 공을 빼앗더니 다른 곰들과 함께 다가오기 시작하는데요. 그 과정에서 아이가 느끼는 감정이 표정으로 바로 드러납니다. 마지막 페이지에는 거울이 붙어 있어서 이 그림책에 나오는 표정을 따라하는 것도 재미있습니다.

기분을 말해 봐

토드 파 글·그림 | 마술연필 옮김 | 보물창고 | 2016

까닭 없이 울적한 날도 있고, 날아갈 듯 신나는 날도 있습니다. 자신도 모르게 엉뚱한 행동을 하고 싶은 날도 있지요. 아이들은 다양한 감정을 마주하지만 어떻게 표현해야 할지 몰라 당황하는데요. 기쁨은 나누면 배가 되고, 슬픔을 나누면 반이 되듯이 어떤 감정이든 사랑하는 사람과 함께 나누는 것이 가장 좋은 방법임을 알려주는 그림책입니다.

작은 물고기

문종훈 글·그림 | 한림출판사 | 2016

어떤 책일까?

작은 물고기 한 마리가 유유히 헤엄치고 있습니다. 바닷속 풍경은 평화로워 보여요. 하지만 입이 큰 물고기가 등장해서 작은 물고기를 위협합니다. 입이 큰 물고기가 작은 물고기를 잡아먹으려고 하자, 이번에는 입이 더 큰 물고기가 등장합니다. 연속해서 입이 더 큰 물고기들의 행렬이 이어지는데요. 결국 고래의 등장으로 먹이사슬은 끊어지고 맙니다. 크릴새우를 폭풍 흡입하며 지나가던 대왕고래의 입 속으로 물고기들이 모두 함께 빨려 들어가고 말았거든요. 이제 고래 뱃속에 갇힌 공동 운명체가 되었으니, 서로를 잡아먹으며 배를 채우는 것이 문제가 아닙니다. 그러나 고래의

머 입 큰 물고기 나타나
"너희를 잡아먹겠다, 으아아~!"

그런데 그때,

대왕고래 배 속에 풍덩 갔했지.

에에추!!

뱃속에 갇힌 물고기들은 각자의 방법으로 살길을 모색합니다. 어떤 물고기는 고래를 앙 깨물어보기도 하고, 또 다른 물고기는 고래 뱃속을 쿵쿵 두드리고 간질여보기도 하며 각자 할 수 있는 수단을 동원했어요.

하지만 작은 물고기는 다른 물고기들과 달리 침착한 모습을 유지합니다. 밖으로 나갈 방법은 무엇일지 곰곰이 생각했지요. 그리고 자신만의 방법으로 큰 활약을 합니다. 작은 물고기 덕분에 다른 물고기들 역시 고래 뱃속에서 탈출할 수 있었어요. 이를 고맙게 생각한 큰 물고기들은 작은 물고기를 잡아먹지 않겠다고 약속하며 바다에 평화가 찾아옵니다. 작은 물고기의 큰 활약이 아이들의 취향을 저격하는 귀여운 그림책이에요.

꿈책맘이 콕 짚어주는 이 책의 매력

고래가 물고기들을 한 입에 삼킨 후, 접혀 있던 페이지를 열어보세요. 페이지를 길게 펼치면 고래의 뱃속을 엑스레이로 투시해서 보는 듯한 장면이 나옵니다. 작은 물고기가 다른 물고기들을 고래 뱃속에서 꺼내주는 장면에서도 접혀 있는 페이지를 열면 그림이 길게 확장됩니다. 접혀 있던 페이지에서 새로운 그림이 등장하는 플랩 형식은 아이들에게 색다른 즐거움을 주는 고마운 장치입니다.

그림책으로 한 뼘 자라기

험악해 보이는 물고기들은 서로를 잡아먹는 약육강식의 관계였어요. 그림책 첫 페이지에서는 산호초 사이에 숨은 물고기들의 눈동자만 보입니다. 산호초를 벗어나는 순간 다른 물고기에게 잡아먹힐까 봐 두려움에 떨고 있는 것이었어요. 어떤 물고기도 산호초 밖으로 나올 용기가 없었습니다. 그러나 작은 물고기의 용기 덕분에 마지막 페이지에서 상황이 완전히 달라집니다. 물고기들이 모두 산호초 밖으로 나와 즐겁게 헤엄칠 수 있게 되었어요. 다른 이를 위해 베푼 선행은 자신에게 되돌아옵니다. 작은 물고기가 고래 뱃속에서 혼자서만 도망쳤다면 자신의 목숨은 지켰겠지요. 그러나 서로 먹고 먹히는 관계는 계속해서 이어졌을 거예요. 작은 물고기 덕분에 화합을 이룬 물고기들을 보며, 누군가의 작은 용기가 얼마나 중요한지 다시 한 번 생각하게 됩니다.

엄마의 시선에서 그림책 바라보기

작은 물고기가 활약하는 모습을 통해 덩치가 작아도 얕봐선 안 되며, 절대 강자도 없다는 진리를 알려줍니다. '호랑이 굴에 잡혀가도 정신만 차리면 산다.'는 속담처럼, 작은 물고기는 위기 상황에서도 냉정함을 잃지 않았어요. 먹이사슬에서 가장 약자로 보였지만 어떤 물고기보다 뛰어난 능력을 발휘했습니다. 제일 작다는 것이 오히려 장점이 되었지요. 작아서 아무 일도 할 수 없는 것이 아니라, 작은 몸집이기에 할 수 있는 일을 찾아냈습니다. 누군가는 부족하다고 생각하는 부분을 자신만의 장점으로 바꾸는 것은 누구에게나 필요한 삶의 태도입니다. 이러한 태도를 기르는 데 있어서 엄마의 응원과 격려가 필요한 것은 두말할 필요도 없겠지요.

알콩달콩 그림책 대화

첫 페이지와 마지막 페이지를 비교하면서 숨어 있는 물고기를 찾아보세요.

- 산호초 사이에 눈동자들이 보이네.
- 여기에 다 숨어 있나 봐요.
- 작은 물고기는 어디 있을까?
- 음… 찾았어요! 엄마 여기 있어요! 물고기들이 정말 많아요!
- 그림책에 나온 다른 물고기들은 어디에 숨었는지도 찾아보자.

물고기 먹이사슬 만들기

준비물 | 휴지심 2개, 편지 봉투, 인형눈, 풀, 가위, 색연필, 유성 사인펜

○ **놀이 방법** ○

제일 작은 물고기 만들기

휴지심을 손으로 눌러서 납작하게 만든 후에 반으로 잘라주세요 (다른 한 조각은 큰 물고기를 만들 때 필요하니 버리지 마세요.).

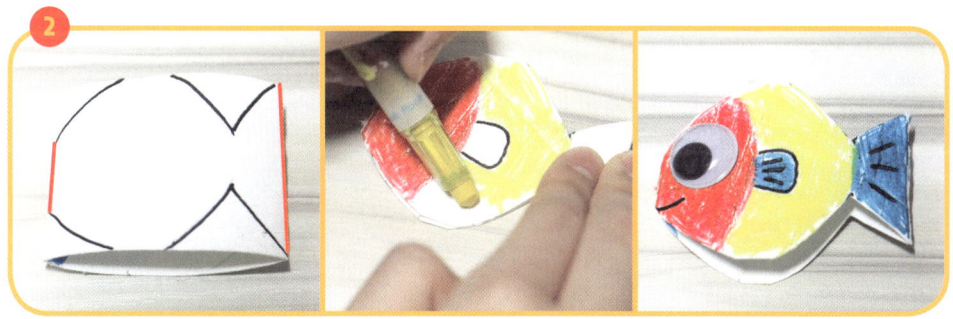

1번에서 반으로 자른 휴지심 위에 사진과 같이 물고기 모양을 그려주세요. 가위로 오린 후에 색칠을 하고 인형 눈도 붙입니다.
TIP 휴지심의 막힌 부분이 물고기의 입과 꼬리 부분으로 향하도록 해주세요. 물고기 모양을 오릴 때는 빨간색으로 표시한 입 부분과 꼬리 부분이 끊어지지 않고 막혀 있어야 입체적인 형태가 유지됩니다.

중간 물고기 만들기

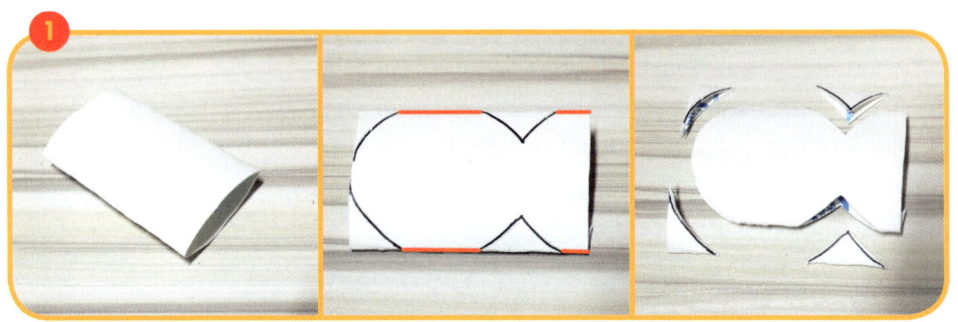

휴지심을 손으로 눌러서 납작하게 만든 후에 물고기 모양을 그리고 가위로 오려주세요.
중간 크기 물고기는 휴지심의 뚫린 부분이 머리와 꼬리 부분으로 향하도록 해주세요.
TIP 빨간색으로 표시한 부분은 끊어지지 않고 막혀 있어야 입체적인 형태가 유지됩니다.

원하는 색으로 색칠한 후에 인형 눈을 붙이고 꼬리 지느러미는 V 모양으로 잘라내어 지느러미 모양으로 만들어주세요. 입도 V 모양으로 잘라주세요.

큰 물고기 만들기

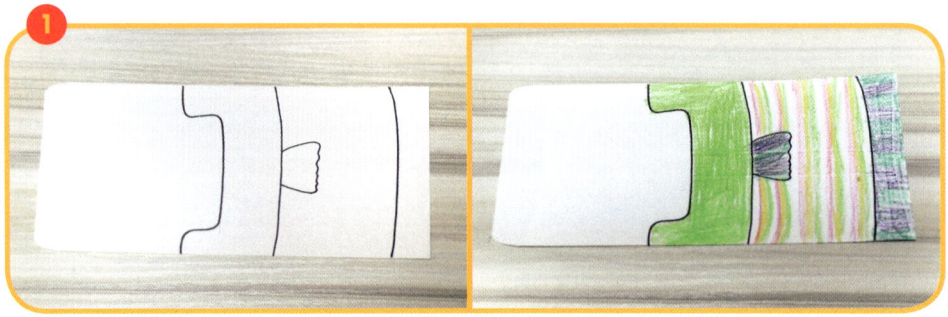

편지 봉투 입구가 물고기 입 방향으로 가도록 놓습니다. 물고기 모양을 그린 후에 색칠해주세요.

물고기 입 모양대로 봉투를 자르고 인형눈을 붙입니다.

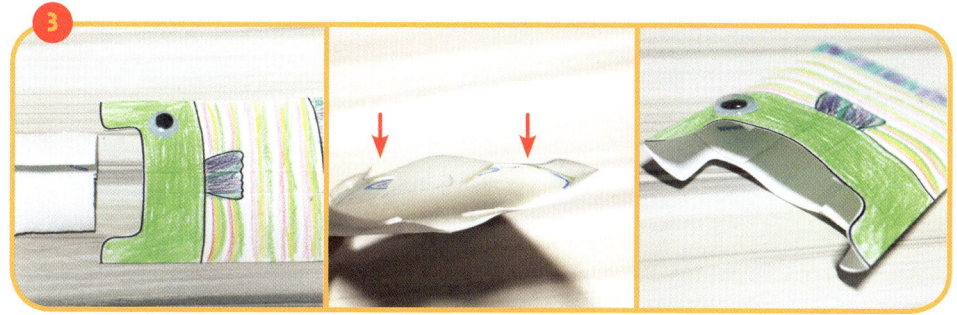

제일 작은 물고기를 만든 1번 과정에서 남은 휴지심을 길이 방향으로 잘라 봉투 안에
붙여주면 입체감이 유지되어서 조작하며 놀기에 좋습니다.

완성된 물고기로 먹이사슬 장면을 연출해보세요.

○ 먹이사슬을 재미있게 알려주는 그림책 ○

개구리의 낮잠
미야니시 타츠야 글·그림 | 한수연 옮김 | 시공주니어 | 2002

개구리가 나무에서 단잠에 빠진 사이 개구리를 위협하는 천적이 등장합니다. 하지만 그 천적들 역시 상위 포식자들이 등장하면서 겁을 먹고 차례로 줄행랑을 칩니다. 마지막에 등장한 최상위 포식자가 두려워하는 것은 아이러니하게도 개구리가 그토록 기다리고 좋아하는 것이었어요. 먹고 먹히는 치열한 생존의 사투가 벌어지는 줄도 모르고 평화롭게 낮잠에 빠진 개구리의 모습은 웃음을 짓게 합니다. 포식자와 피식자의 상대적인 관계를 살펴보는 것도 흥미롭습니다.

뛰어라 메뚜기
다시마 세이조 글·그림 | 정근 옮김 | 보림 | 2000

수풀 속에 살던 메뚜기는 천적에게 쫓기는 생활에 지쳐버렸어요. 잡아먹힐 것을 알면서도 자신의 모습이 아주 잘 보이는 바위에 앉아 볕을 쬐는 대담한 모습을 보입니다. 때마침 메뚜기를 노린 천적이 차례로 등장했고 메뚜기는 크게 뛰어올랐어요. 생각보다 그 파급력은 컸고 수풀에는 소동이 일어납니다. 메뚜기는 자신이 미처 깨닫지 못했던 날개를 쓰는 방법을 익히고 자유로운 날갯짓을 합니다. 자신의 운명을 개척하는 메뚜기의 큰 용기와 도전이 돋보이는 그림책입니다.

꿈책맘의
꿈 가득 그림책 놀이
02

손으로 조물조물
클레이·찰흙 책놀이

박물관을 나온 긴손가락사우르스

박진영 글·그림 | 씨드북 | 2016

어떤 책일까?

아이들이 자라면서 한 번쯤 깊이 빠져드는 분야에 '공룡'을 빼뜨릴 수 없는데요. 《박물관을 나온 긴손가락사우르스》는 박물관에 전시된 공룡 뼈가 살아 움직이는 모험 이야기라 더욱 흥미롭습니다. 창작 그림책이지만 과학 그림책의 성격도 동시에 갖고 있어요. 표지에는 도시의 밤거리를 배회하는 공룡뼈가 보입니다. 박물관에 있어야 할 공룡 화석이 왜 박물관 밖으로 나왔을지 궁금해 하면서 표지를 펼쳐보세요. 표지의 공룡 화석은 작은 몸집에 비해 긴 손가락을 갖고 있어서 '긴손가락사우르스'로 불려요. 바로 이 그림책의 주인공이랍니다. 긴손가락사우르스는 다른 공룡 화석들과 함께 놀고 싶었어요. 하지만 다른 공룡 화석들은 자신과 비슷한 생김새를 가진 공룡 화석하고만 논다면서 긴손가락사우르스를 무시합니다. 긴손가락사우르스는 혼자서 더 재미있게 놀겠다는 다짐을 하며 자신만만하게 박물관 문을 열고 밖으로 나갑니다. 바깥 세상이 처음이어서 모든 것이 어설프기만 한 긴손가락사우르스는 놀이터와 치킨집을 거치며 일대 소동을 일으키고, 결국은 멍멍이와 추격전까지 벌입니다.

만신창이가 되어 박물관으로 돌아온 긴손가락사우르스가 측은하기만 한대요. 엉망이 된 자신의 모습이 친구들에게 놀림거리가 될 것이라고 걱정했지만 다른 공룡 화석들은 오히려 그 이유를 궁금해 합니다. 따돌림을 당하던 상황은 이제 역전되었고, 긴손가락사우르스 덕분에 다른 공룡 화석들도 박물관 밖 세상 구경에 도전합니다.

네 마리의 공룡 화석들은 낯선 상황을 헤쳐 나가기 위해 서로 돕고 협력하기 시작해요. 지금까지 해본 적 없는 새로운 경험을 하며 돈독한 우정을 쌓아갑니다. 긴손가락사우르스도 친구들과 함께하는 바깥세상 탐험이 혼자 하는 탐험보다 더욱 즐거웠어요. 긴손가락사우르스 덕분에 즐거운 시간을 보낸 공룡 화석 친구들은 이제부터 모두 함께 놀자는 제안을 조심스럽게 합니다. 이 말을 들은 긴손가락사우르스의 귀여운 허세를 확인해보세요.

꿈책맘이 콕 짚어주는 이 책의 매력

작가 선생님은 이 그림책에 등장하는 공룡들에게 새로운 이름을 지어주었는데요. 우리가 흔히 알고 있는 공룡의 이름이 아닌 공룡의 특징을 부각시킨 우리말 이름입니다. 출판사에 문의해보니 실제로 작가님이 그림책을 만드실 때도 특정한 공룡을 염두에 두고 이야기를 쓰신 것은 아니라고 하네요. 그래도 궁금하니 원래의 이름을 여쭤보았어요. 작가님께서 알려주시길 큰이빨사우르스는 '티라노사우루스(Tyrannosaurus)', 목긴사우루스는 '디플로도쿠스(Diplodocus)', 세뿔케라톱스는 '트리케라톱스(Triceratops)'라고 합니다. 주인공인 긴손가락사우르스는 '데이노니쿠스(Deinonychus)'라는 생소한 이름의 공룡이었어요.

작가님이 창작한 우리말 공룡 이름이 더 재미있기도 하지만, 친근한 우리말 이름을 통해 공룡들이 서로 다른 신체적 특징을 가지고 있다는 점도 자연스럽게 알 수 있어요. 어려운 학명으로는 짐작하기 힘든 신체적 특징들도 우리말 이름을 듣는 순간 바로 인지되기 때문이에요. 그래서 공룡을 많이 접해본 적이 없는 아이여도 그림책 속의 이름을 통해 공룡의 특징을 바로 알아차릴 수 있답니다. 공룡에 대해 많이 아는 공룡 박사 수준의 아이

라면 자신이 알고 있는 공룡의 원래 이름을 맞추며 즐겁게 볼 수 있어요. 정확한 이름이 아니어도 같은 특징이 있는 다른 공룡의 이름을 말해볼 수도 있는데요. '목긴사우르스'의 이름에서는 목이 긴 또 다른 공룡 '브라키오사우르스'를 떠올려보는 것처럼요. 또한 아이 나름의 새로운 공룡 이름을 만들어보는 것도 좋은 놀이가 될 수 있습니다.

그림책으로 한 뼘 자라기

강하고 힘이 세 보이는 공룡 화석 중에서 박물관 밖으로 통하는 문을 열 수 있는 공룡은 아무도 없었어요. 큰이빨사우르스는 호기롭게 문을 열려고 했지만 팔이 짧아서 문에 닿지도 않았고, 문을 열려고 할 때마다 큰 머리를 벽에 부딪쳤어요. 세뿔케라톱스 또한 손가락이 짧아서 문고리를 잡을 수 없었고, 목긴사우르스도 목이 너무 길어서 팔이 문에 닿을 수 없는

신체 구조를 가지고 있었어요. 오로지 긴손가락사우르스만이 신체적 장점인 긴 손가락을 이용해서 문을 열 수 있었지요. 바깥세상은 흥미로운 모험이 가득했지만 혼자 모험하기에는 위험하고 낯선 장소였습니다. 그래서 긴손가락사우르스도 처음에는 시행착오를 겪었지요. 그러나 그 시행착오가 바탕이 되었기에 친구들이 모두 함께 바깥세상으로 나갔을 때는 어벤져스가 될 수 있었어요. 서로의 다름을 인정하며 함께 어울리는 법을 알게 된 공룡들의 모습을 통해, 각자의 장점을 잘 발휘하되 경쟁 관계가 아닌 서로가 보완하고 협력할 때 최강의 팀이 될 수 있음을 보여줍니다.

엄마의 시선에서 그림책 바라보기

우리 아이에게도 분명 잘 하는 것이 있고 조금 부족한 점도 있습니다. 그림은 잘 그리지만 몸을 움직이는 것이 서툴 수 있어요. 또한 언어적인 면은 뛰어나지만 수리적인 사고가 약할 수 있습니다. 하지만 부모에게는 늘 부족한 것이 먼저 눈에 띄기 마련이지요. 앞으로 우리 아이들이 살아갈 세상은 뛰어난 한 사람이 여러 명의 인력을 지휘하는 상하의 관계가 아닌, 각자의 특기를 가진 여러 명의 멤버가 팀이 되어 일하는 시스템으로 바뀔 것이라는 이야기를 들었어요. 각 팀원은 자신 있는 분야에서 뛰어난 능력을 발휘하면 되는 것이지요. 다른 팀원과 상호보완하며 협력하는 시스템은 정말 이상적이에요. 아이가 자라면서 사회의 일원으로 제 몫을 할 수 있도록, 못하는 것에 아쉬움을 두기보다는, 잘 하는 것에 좀 더 집중하게 도와주는 것도 부모의 역할이라는 생각이 듭니다.

알콩달콩 그림책 대화

긴손가락사우르스가 갔던 장소를 떠올리며 이야기의 순서를 정리해보세요(엄마가 처음부터 정답을 이야기해주기보다는 살짝 틀린 답을 말하면서 아이의 자신감을 높여주세요.).

- 긴손가락사우르스가 처음에 갔던 곳은 어디지? 치킨집인가?
- 아니에요. 엄마, 놀이터에 갔어요.
- 아, 그렇구나. 꿈책이 말처럼 놀이터였네. 놀이터 다음에는 어디에 갔더라?
- 치킨집에 갔어요.
- 아, 그러네. 치킨집에서 나와서 누굴 만났더라? 나방인가?
- 엄마, 나방이 아니라 멍멍이를 만났어요.

아이가 가진 장점과 특기를 발휘한 경험에 대해 이야기 나누어 보세요.

- 책 속의 공룡 친구들은 모두 한 가지씩 잘하는 것이 있구나. 우리 꿈책이는 그림 그리기를 무척 잘하는데.
- 지난번에 할머니 할아버지께 그림카드를 드렸더니 무척 기뻐하시고 칭찬해주셨어요. 나중에 또 그려서 선물해 드릴 거예요.

찰흙으로 화석 모형 만들기

준비물 | 찰흙, 조개껍질

○ 놀이 방법 ○

1 이 그림책에서는 '화석'이 돌로 변한 공룡이라는 점을 알려주고 있습니다. 그림책 놀이도 화석에 대해 간단히 알아보는 것으로 시작해 보세요.

참고 | 화석: 과거에 살았던 생물의 몸체나 흔적이 암석이나 지층 속에 남아 있는 것을 말한다. 즉, 옛날에 살았던 동물이나 식물이 죽어서 암석(퇴적암) 속에 그대로 남아 있는 것이다. 그러므로 유물이나 사람의 신발자국과 같은 것들은 화석이 될 수 없다.
출처 | 네이버 지식백과: 화석(《한 권으로 끝내는 교과서 실험관찰 3·4학년》, 2011. 3. 25, (주)북이십일 아울북)

2 어린 유아들의 경우 화석의 생성 과정을 알려주는 것은 복잡하고 어려울 수 있으니 동물이나 나뭇잎과 같은 생물이 찍힌 흔적이 화석이 된다는 원리를 알아보는 것만으로도 큰 의미가 있답니다.

3 집에 공룡 장난감이 있으면 좋겠지만, 공룡 장난감이 없어도 다양한 모양을 찍으며 화석 놀이를 할 수 있어요. 조개껍질이나 나뭇잎을 찍어서 모형 화석을 만들어보세요.

○ 공룡의 뼈가 등장하는 그림책 ○

세상에서 가장 큰 뼈

윌리엄 비 글 | 세실리아 요한슨 그림 |
정나래 옮김 | 사파리 | 2017

강아지들은 자신의 뼈를 땅에 묻는 습성이 있어요. 자신이 묻어둔 뼈는 냄새를 맡아서 기가 막히게 찾아내는데요. 이 그림책의 주인공인 푹푹이도 땅 속에 묻혀 있는 뼈를 찾아 파내기를 좋아하는 강아지랍니다. 푹푹이는 여느 때처럼 뼈를 찾아냈는데요. 이번에는 너무도 깊이 묻혀 있어서 굴삭기까지 동원해서 뼈를 빼냅니다. 그런데 사실 푹푹이가 파낸 뼈는 아주 커다란 공룡 화석의 일부였다는 반전이 있는 그림책이에요. 커다란 굴삭기가 등장하는 장면과 땅 속에 묻혀 있는 공룡 뼈를 보여주는 장면에서는 접혀 있던 페이지가 위아래로 길게 펼쳐지는 플랩 형식이라 더욱 흥미로워요.

공룡 엑스레이

경혜원 글 · 그림 | 한림출판사 | 2017

공룡을 진찰하는 '정형외과'와 '방사선과'가 있다는 상상을 바탕으로 한 그림책입니다. 몸의 불편함을 호소하는 공룡을 진료하기 위해 촬영한 엑스레이 사진을 통해 공룡의 신체 구조에 대해 알 수 있어요. 공룡의 진료 차트와 엑스레이 사진을 보는 것만으로도 무척 흥미롭답니다. 글밥은 제법 많은 편이지만 그림책의 내용이 공룡 의사 선생님과 공룡 환자의 대화체 형식으로 되어 있어 재미있게 읽을 수 있는 과학 그림책이에요.

똥친구

노부미 글·그림 | 고대영 옮김 | 길벗어린이 | 2017

어떤 책일까?

아이들이 좋아하는 '응가'를 소재로 한 것을 넘어서서 응가를 의인화한 그림책입니다. 주인공 건이는 똥을 누다가 '물을 내리지 말아 달라'는 목소리를 듣습니다. 건이가 방금 싼 똥덩어리가 말을 하는 상황에 당황한 건이는 똥덩어리의 말을 듣지 않고 황급히 물을 내립니다. 하지만 똥덩어리는 재빨리 변기에서 빠져나오더니 언제나 건이의 어깨 위에 앉아 있겠다며 붙임성 좋게도 친구가 되자고 하니 난감합니다. 냄새 때문에 싫어하는 건이 마음도 모르고 건이의 취향에 따라 모양까지 바꾸는 똥덩어리의 진심어린 노력을 보고, 건이는 결국 함께 지내는 것을 허락했지만 엄마에게 절대 들

켜서는 안 된다는 큰 숙제가 남아 있어요. 강한 냄새를 뿜어내는 똥덩어리를 숨기기란 쉬운 일이 아니었지요. 게다가 응가와 대화를 나누는 모습을 여동생에게까지 들켜버린 상황! 건이와 똥친구의 운명은 어떻게 될지 흥미진진합니다.

꿈책맘이 콕 짚어주는 이 책의 매력

선명하고 귀여운 일러스트가 시선을 사로잡고 페이지 곳곳에서 숨은 그림을 찾는 것도 재미있는 그림책이에요. 똥친구의 강력한 존재감은 아이들의 시선을 단숨에 사로잡아서 배변 훈련을 시작한 아이도, 이미 끝낸 아이도 흥미롭게 읽을 수 있어요. 또한 초등학교 입학을 앞두고 스스로 응가 닦는 연습을 하는 아이와 함께 읽어도 안성맞춤입니다. 어린 아이들에게 똥 이야기는 진리! 언제나 실패가 없는 법이지요.

그림책으로 한 뼘 자라기

친구가 되고 싶지 않은 누군가가 친구가 되자고 한다면 정말 난감한 일입니다. 주인공 건이는 똥덩어리의 냄새가 지독했지만 똥덩어리의 단점을 직설적으로 이야기하지 않아요. 상대방의 단점을 대놓고 지적하지 않으려는 배려였지요. 똥덩어리의 치명적인 단점을 거리끼지 않았을 뿐 아니라, 어느새 정이 들어서 헤어짐의 순간에는 폭풍 눈물을 쏟아내는데요. 그림책 마지막에 새로운 친구를 등장시키며, 돌고 도는 만남과 헤어짐의 과정을 유머러스하게 알려줍니다.

엄마의 시선에서 그림책 바라보기

그림책에서는 똥덩어리가 귀엽게 표현되어 있지만 실제 상황이라면 어떨지, 엄마 입장에서는 상상만 해도 끔찍한 일입니다. 아이는 땅에 떨어져 있던 물건이어도 자신의 마음에 들면 보물이라며 집에 들고 오는 일이 흔합니다. 순수한 아이의 시선에서는 쓰레기마저 보물로 보이는 것을 엄마 입장에서는 이해하기 힘들지요. 세균의 존재를 이해하기 힘든 유아들의 경우에는 더욱 설득이 어려운데요. 마음으로는 이해하기 힘들어도 엄마이기에 아이의 동심을 지켜주려는 노력을 보이기도 했습니다(일단은 허용하고 몰래 처리하기!).

알콩달콩 그림책 대화

'특이한 존재와 친구가 된다는 것이 과연 가능할까?'
'그림책 속에서는 귀엽게 표현된 똥이지만, 과연 나의 똥이 실제로 말을 걸어온다면 어떤 느낌일까?'
여러 가지 질문으로 이야기를 나누며 나와 다른 존재와 친구가 된다는 것에 대해 다시 한 번 생각해보는 시간을 가져보세요.

- 꿈책이의 응가가 살아 움직이면 어떨까?
- 저도 건이처럼 처음에는 싫어할 것 같아요. 그런데 정말 재미있을 것 같아요. 응가랑 밖에 나가서 놀면 냄새가 덜 나지 않을까요?
- 아, 그런 방법이 있었네!
- 강아지 응가, 고양이 응가랑 친구가 될지도 몰라요.

찰흙으로 만든 똥친구와 휴지심 변기

준비물 | 찰흙, 인형 눈, 휴지심, 연필, 풀, 가위, 흰색 종이, 사인펜, 투명 테이프

○ 놀이 방법 ○

똥친구 만들기

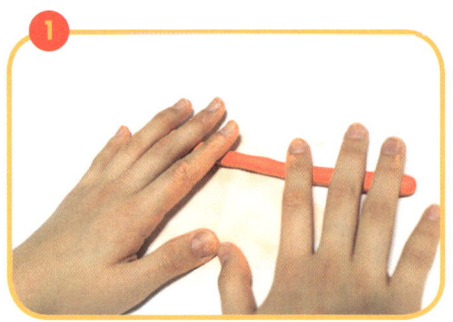

찰흙을 적당량 떼어서 원통형으로 길게 늘여주세요.

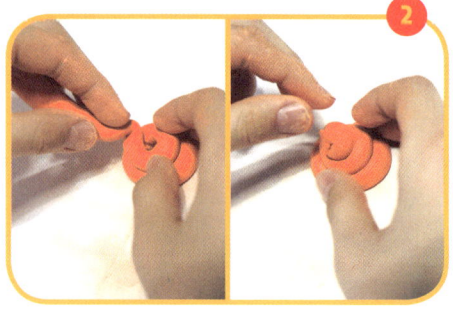

똬리 모양으로 동그랗게 말면서 적당한 지점에서 손으로 끊어줍니다.

끝부분은 뾰족하게 다듬어 준 후에 인형 눈을 붙여주세요. 서로 다른 사이즈로 여러 개 만들어 보세요.

휴지심으로 변기 만들기

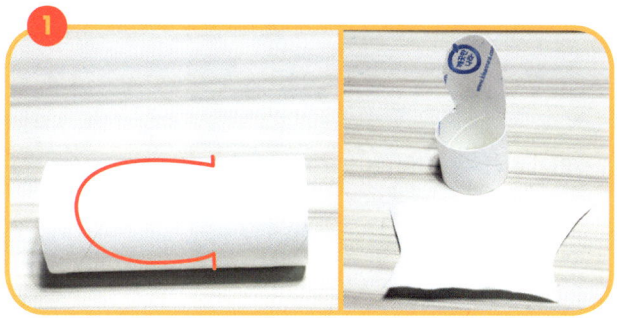

휴지심 위에 연필로 변기 모양을 그려주고 가위로 자릅니다. 잘라낸 부분으로는 변기 시트를 만들어야 하니 최대한 넓게 잘라내면 좋아요.

변기 시트를 만들기 위해 휴지심을 대고 타원형 동그라미를 그려주세요. 타원형 동그라미 안쪽에 작은 타원형을 그린 다음, 도넛 모양으로 안쪽 구멍을 오려냅니다. 등받이 부분의 상표를 가리기 위해 흰색 종이를 등받이 모양을 따라 그리고 잘라줍니다. 물을 내리는 레버를 그린 후, 휴지심에 붙여주세요.

도넛 모양으로 오려서 준비한 변기 시트를 투명 테이프로 고정합니다. 작게 만든 똥친구는 변기 안에 쏙 넣어보세요. 다양한 모양의 똥을 만들어서 변기 안에 넣으면 재미있는 놀이가 됩니다.

○ 인기 만점 '똥' 그림책 ○

아이스크림 똥

김윤정 글·그림 | 살림어린이 | 2013

어느 날 숲속 한가운데 떨어진 의문의 물체! 동물들은 무엇에 쓰는 물건인지 맞추기 위해 상상력을 발휘합니다. 의문의 물체는 아이스크림으로 변신하기도 하고, 버섯과 소라게의 등껍질이 되기도 합니다. 똥 모양의 구멍은 호기심을 자극할 뿐만 아니라 다양한 모양으로 변신해서 더욱 재미있어요. 마지막 페이지에서 장난기 가득한 똥의 표정을 보면 웃음이 절로 나온답니다.

똥호박

이승호 글 | 김고은 그림 | 책읽는곰 | 2014

시골에 사는 동이랑 동순이 남매는 마실을 나갔다가 무섭기로 소문난 호통 아저씨를 만납니다. 아저씨는 남매를 보더니 다짜고짜 밭에 파 놓은 구덩이에 똥을 싸라며 호통을 칩니다. 아저씨의 불호령에 못 이겨 똥을 싸긴 했는데, 아저씨는 왜 그렇게 똥을 싸라고 한 것일까요? 가을이 되자 남매의 똥을 먹고 자란 호박이 탐스럽게 영글었어요. 호통 아저씨가 나누어준 호박으로 동이와 동순이네 가족은 맛있는 호박 요리를 만들어 실컷 즐깁니다. 똥이 식물을 자라게 하는 거름의 역할도 한다는 점을 알려주는 그림책이에요.

고슴도치 X

노인경 글 · 그림 | 문학동네 | 2014

어떤 책일까?

모든 것이 완벽하게 통제된 안전한 도시 '올'의 규율을 깨뜨리고 자신의 자아를 찾은 용감한 고슴도치 이야기입니다. '부드러운 가시, 세련된 시민'이라는 캠페인 구호를 내걸고 있는 도시 '올'의 시민이라면 꼭 지켜야 할 수칙이 있어요. 아침에 일어나자마자 뻣뻣한 가시를 물에 불려 부드럽게 만든 후 정갈하게 빗질을 하는 것이지요. 고슴도치라면 삐죽삐죽 솟은 가시가 가장 큰 특징인데 이상한 일입니다. 가시를 얌전히 빗질해야 한다니 말이에요. 도시 '올'의 시민들은 거리를 걸을 때도 언제나 질서 정연하고 우아한 태도를 유지합니다. 그러나 주인공 고슴도치는 다른 고슴도치와는 달라요. 안전속도 규율쯤은 가뿐하게 잊어버리고 거리에서 스피드를 즐겼지요. 또한 머리에 삐죽하게 솟아 있는 세 가닥의 빨간 가시 때문에 등굣길 정문에서 실시하는 용모 검사에서 늘 지적을 받았어요. 게다가 학교에서 시끌벅적하게 떠들며 장난을 치다가 교장 선생님께 꾸중을 듣습니다. 그 벌로 도서관 청소를 하던 고슴도치는 수상한 책 한 권을 발견했어요. 누구도 볼 수 없도록 꽁꽁 싸맨 비밀의 책을 펼친 순간, 엄청난 진실과 마주하게 되는데요. 오랜 옛날, 뾰족한 가시로 위기에 처한 세상을 구한 고슴도치 영웅의 이야기였어요.

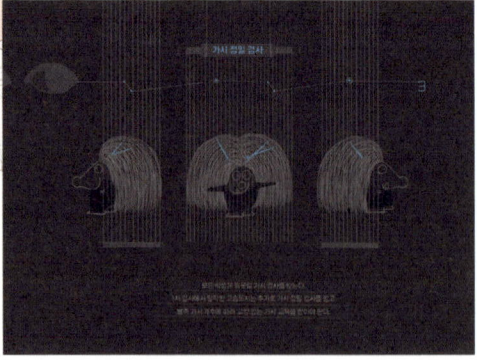

이야기를 읽은 고슴도치는 큰 감명을 받았고, 전설 속의 주인공처럼 뾰족하고 강력한 가시를 갖기 위해 혼자만의 수련을 시작합니다. 마침내 초강력 뾰족 가시를 가진 고슴도치로 거듭났지만 도시의 안전을 위협한다는 이유로 체포되고 말아요. 도시의 안전 요원들이 뾰족한 가시를 무력화시킬 초강력 세팅펌 기계를 연결하고 작동버튼을 누른 순간 큰 폭발이 일어나는데요. 재기 발랄하게 위기를 넘기고 도시 '올'을 탈출한 고슴도치 앞에 새로운 세계가 펼쳐집니다.

안전하다고 믿었던 세상이 사실은 구성원의 본성을 옭아매는 곳이었다는 반전은 한 편의 SF 영화를 보는 듯한 느낌을 주기에 더욱 인상적으로 다가옵니다.

꿈책맘이 콕 짚어주는 이 책의 매력

도시 '올'은 완벽한 곳이라는 내용의 도시 찬가로 구성원을 세뇌시키고 '교양 있는 고슴도치 수칙'을 내세워 구성원의 행동을 통제합니다. 도시 '올'은 위험으로부터 시민을 보호하기보다는 고슴도치 본래의 성향을 억

제하고 있었어요. 하지만 어느 사회에서나 규율로도 통제할 수 없는 자유로운 영혼이 있기 마련이지요. 주인공 고슴도치의 머리에 솟아 있는 몇 가닥의 붉은 가시는 자유로운 영혼의 상징과 같습니다. 고슴도치 자신도 억제하지 못한 본성이었지요. 특별 훈련을 거듭하면서 뾰족한 가시의 개수는 점점 늘어나고 결국 붉은색 가시로 가득한 완전체가 됩니다. 안전이 보장되지만 자유가 억압된 사회와 모든 것이 불확실하지만 자유가 보장된 세상, 어떤 것이 더 의미가 있는지 생각할 거리를 던져주는 그림책입니다.

그림책으로 한 뼘 자라기

주인공 고슴도치의 머리에 삐죽하게 솟아 있는 세 가닥의 빨간 가시가 선생님에게는 '눈엣가시'입니다. 하지만 고슴도치는 주위의 시선에 신경 쓰면서 사회가 원하는 모범생이 되기보다 본인이 원하는 본성을 따르기로 합니다. 그렇지만 규칙을 깨뜨리는 말썽꾸러기가 아닌 소신 있는 행동파로 보입니다. 소신 있는 행동파가 되려면 규범과 규칙을 구분하는 것이 중요합니다. 반드시 지켜야 하는 인간으로서의 도리가 바탕이 되는 도덕적인 '규범'과 시대와 상황에 따라 바뀔 수 있는 '규칙'의 차이를 명확히 구분해야 '소신'도 지킬 수 있습니다.

엄마의 시선에서 그림책 바라보기

저와 딸아이는 전혀 다른 기질의 사람입니다. 활달한 성격의 아이를 감당하기 힘들어서 큰 고민에 휩싸인 적도 많았지요. 하지만 오히려 아이의 기질로 인정하고 개성으로 삼으니 마음이 편해졌습니다. '고슴도치 X'처럼 우리 아이의 기질에 내재된 미지의 수 'x'는 무엇이 있나요? 미지수 'x'를 아무리 노력해도 이해할 수 없는 기질이 아닌 '아이의 무한한 가능성'으로 생각해보세요. 처음에는 엄마인 나와 맞지 않는다며 억지로 바꾸려 한 점도, 생각을 달리해서 아이의 잠재력으로 인정하니 마음이 편해집니다. 아이의 기질이 장점이 되어 빛을 발하는 순간이 오리라 믿는 것이지요. 육아는 아이의 모습 그대로 이해하려는 노력의 연속이기에, 매일 매일 사리탑을 쌓고 있는 전국의 부모님들을 응원합니다.

알콩달콩 그림책 대화

고슴도치의 뾰족한 가시에 대해 대화를 나누어 보세요.

- 뾰족한 물건에는 어떤 것이 있는지 찾아보자.
- 바늘도 뾰족하고, 송곳도 뾰족해요. 그래서 구멍을 뚫을 수 있어요.
- 맞아. 그런데 뾰족하면 안 좋은 점은 무엇일까?
- 찔리면 아프고 다칠 수 있어요.
- 꼭 필요한 물건이지만 어른들도 조심해서 사용해야 하고 어린이들은 특히 조심해야 해.
- 고슴도치 가시는 뾰족하지만, 몸을 보호한다고 했어요.
- 맞아. 커다란 동물이 위협하면 가시를 세워서 자신의 몸을 지키잖아.
- 그러니까 고슴도치에게 가시는 꼭 필요한 거네요!

찰흙으로 만든 뾰족뾰족 고슴도치

준비물 | 찰흙 또는 클레이, 파스타 면, 인형 눈, 면봉, 유성 사인펜

○ **놀이 방법** ○

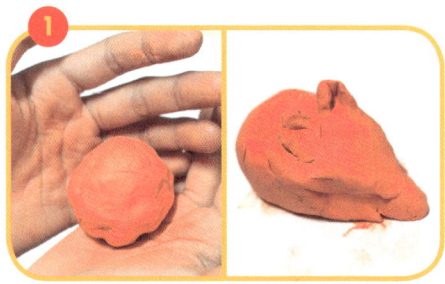

적당량의 찰흙을 떼어 동그랗게 빚어주세요. 한쪽은 뾰족하게 빚어 고슴도치의 주둥이 부분을 만들고, 작은 덩어리 두 개로 귀를 만들어 붙여줍니다.

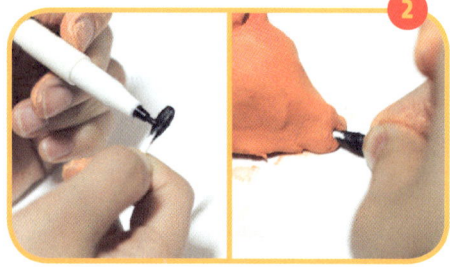

면봉 끝을 유성 사인펜으로 칠하고 반으로 잘라 주둥이 끝에 끼워주세요. 고슴도치의 코가 됩니다.

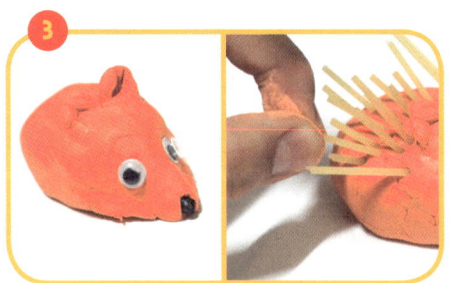

인형 눈을 붙이고, 파스타 면을 적당한 길이로 부러뜨려 몸통에 꽂아주세요. 파스타 면 대신 나뭇가지나 이쑤시개를 사용해도 됩니다. 이쑤시개를 사용할 때는 뾰족한 부분을 미리 가위로 잘라 준비해주세요.

그늘에서 잘 말리면 고슴도치가 완성됩니다.

○고슴도치가 등장하는 그림책○

고슴도치의 알

다카하시 노조미 글·그림 | 이순영 옮김 | 북극곰 | 2013

오리 아줌마가 알을 품는 모습을 본 고슴도치는 자신도 알이 있으면 좋겠다고 생각합니다. 그리고 우연히 밤송이 하나를 발견했지요. 고슴도치는 자신과 꼭 닮은 밤송이를 소중한 알로 여기며 애지중지 품어줍니다. 친구들의 비웃음도 아랑곳하지 않았지요. 고슴도치의 정성이 이룬 기적이었을까요? 밤송이에서 태어난 새로운 생명의 존재를 확인해보세요.

꿈책맘의
꿈 가득 그림책 놀이
03

먹을 때도 만들 때도 즐거운
식재료
책놀이

닥터 브라우니

김지운 글·그림 | 주니어 김영사 | 2017

어떤 책일까?

이 그림책의 주인공은 복슬복슬한 초콜릿색의 털을 가진 소아과 선생님 '닥터 브라운'입니다. '브라우니'로 변신하는 앞으로의 운명을 예고하듯, 비슷한 어감의 이름으로 지으신 작가님의 작명 감각이 돋보입니다. 소아과 의사인 브라운 선생님은 진료실에 들어올 때마다 우는 아이들을 보고 고민에 빠졌어요. 알고 보면 브라우니처럼 달콤한 자신의 모습을 몰라주고 무서워만 하는 아이들에게 서운한 마음도 들었지요. 아이들이 자신을 무서워하는 이유를 도무지 알 수 없으니, 브라운 선생님의 마음은 답답하고 속상했어요. 우울할 때는 달달한 간식을 먹는 것이 최고! 브라운 선생님은 꿀꿀한 기분을 달래려 퇴근길은 물론 잠들기 전에도 자신이 가장 좋아하는 초코 브라우니를 잔뜩 먹었어요. 그 때문인지 다음 날 아침 브라운 선생님은 커다란 '초코 브라우니'로 변해버렸답니다. 브라운 선생님은 브라우니로 변한 자신의 모습을 믿을 수 없어서 몸 이곳저곳을 살피고 냄새도 맡아봤지만 거부할 수 없는 운명이었지요. 병원으로 출근하기 위해 거리로 나선 후에는 얼굴을 가방으로 가리고 작은 입간판 뒤에 서보기도 하지만 커다란 덩치가 가려질 리 없으니 더욱 웃음을 자아냅니다. 우여곡절 끝에 병원에 도착해서 진료를 시작하지만, 선생님이 브라우니로 변한 모습을 그 누구도 알아채지 못했어요. 브라운 선생님의 조마조마한 마음과는 달리 신기한 일이 벌어지기 시작합니다. 꼬마 환자들은 브라우니로 변한 선생님 덕분에 놀라운 변화를 보였거든요. 자신에게 찾아온 위기를 극복하고 브라우니처럼 달콤한 선생님이 되는 이야기를 통해, 아이들이 병원을 친근한 장소로 느끼도록 도와줍니다.

꿈책맘이 콕 짚어주는 이 책의 매력

의사 선생님이 달콤한 초코 브라우니로 변하는 설정이 가장 큰 재미 포인트예요. 브라운 선생님의 원래 털 색깔도 진한 갈색이었으니, 얼핏 보면 브라우니와 구분이 안 되는 점도 재미있는 설정입니다. 전날 먹은 초코 브라우니의 영향으로 브라우니로 변한 것인지, 아니면 알 수 없는 신비한 마법이 일어난 것인지는 확인할 길이 없어요. 하지만 브라우니로 변신하는 동화적인 상상력이 큰 즐거움을 선사합니다. 평소에 좋은 감정을 갖지 못했던 대상을 향해 마음의 문을 열기 쉽지 않은데요. 아이들을 바꾸는 것이 아니라 자신이 스스로 아이들이 좋아하는 간식으로 변신한다는 점에서 닥터 브라우니의 모습이 더욱 진정성 있게 다가옵니다.

그림책으로 한 뼘 자라기

아이들이 무언가를 두려워하는 것은 그 대상에 대해 잘 모르기 때문이라는 생각이 듭니다. 병원은 치료를 위해서는 꼭 가야 하는 곳이기에 씩씩하게 치료를 잘 받으면 아픔이 사라진다는 점을 알아가는 것이 중요합니다. 그림책에 등장하는 아이들 역시 병원을 무서워하는 모습을 보고 공감하기도 하고, 또 씩씩하게 치료 받는 모습을 보고 '나도 할 수 있다'는 용기를 얻을 수 있어요. 병원을 소재로 한 그림책들은 병원은 무서운 곳이 아니라 건강해지기 위해서 도와주는 곳이라는 점을 알려주는 고마운 역할을 합니다.

엄마의 시선에서 그림책 바라보기

사실 아이들이 두려워하는 대상은 선생님이 아니라 병원이라는 장소입니다. 병원 특유의 소독 냄새가 싫을 수도 있고, 청진기의 차가운 느낌이 싫을 수도 있어요. 그러나 브라우니 선생님은 자신을 무서워하는 것으로 오해했지요. 아이들이 느끼는 두려움에 대해 그 대상을 놓고 바라볼 것이 아니라, 근원적인 이유를 찾아보는 것이 중요해요. 아이가 병원을 무서워한다면 무턱대고 가야 한다고 설득하기보다는 아이가 싫어하는 이유를 찾아보고 함께 공감해주는 것도 좋은 방법입니다.

알콩달콩 그림책 대화

브라우니로 변한 선생님의 겉모습에 대해 이야기 나누어보세요.

- 선생님이 브라우니로 변해버렸네! 좀 달라진 것 같은데?
- 선생님 얼굴이 네모로 바뀌었어요. 북슬북슬하던 털도 사라졌고요. 귀도 없어졌어요.
- 정말 그렇구나!! 브라우니처럼 네모반듯해졌어.

그림책 곳곳에서 곰돌이 모양을 찾아보세요.

- 브라운 선생님은 잠옷도 곰돌이 무늬다. 곰돌이 모양이 또 있는지 찾아볼까?
- 문에 있는 손잡이도 곰돌이 모양이에요.
  어! 여기요. 목도리랑 열쇠가 걸려 있는 고리도 곰돌이 모양이에요.
  병원 마크도 곰돌이 얼굴 모양이에요.

초콜릿 빵으로 닥터 브라우니 만들기

준비물 | 초콜릿 빵, 원형 스티커, 사인펜

○ 놀이 방법 ○

초콜릿 장식이 없는 매끈한 면을 꾸미는 것이 수월하므로 빵을 뒤집어서 아랫면이 위를 향하도록 놓아줍니다.

원형 스티커에 눈동자를 그려서 눈을 붙여주세요. 원형 스티커 세 개를 겹친 후에 제일 위에 놓인 스티커 하나를 검정색으로 칠해주면 코 부분이 완성됩니다.

또 하나의 초콜릿 빵을 얼굴 아래에 나란히 놓아 몸통 부분을 표현해주세요. 눈 모양을 다양하게 그리면 다양한 표정의 표현이 가능합니다. 구석을 조금 잘라서 떼어주면 아이들에게 자신의 브라우니를 떼어준 닥터 브라운의 모습도 연출할 수 있어요.

○ 병원에 대한 두려움을 없애주는 그림책 ○

닥터 브라우니가 작아졌어요!

김지운 글·그림 |
주니어김영사 | 2018

《닥터 브라우니》의 후속편으로 아이들에게 인기 만점 의사가 된 브라운 선생님의 이야기가 펼쳐집니다. 브라운 선생님은 병원에 오는 아이들에게 자신의 몸에서 브라우니를 떼어주다 보니 점점 작아졌어요. 그러나 아픈 아이들을 실망시킬 수 없다는 생각에 선생님은 브라우니를 계속 나눠주었고, 결국 눈에 띄지 않을 정도로 아주 작아졌어요. 꼬마 돼지 '후후'의 노력으로 원래 크기를 되찾는 브라운 선생님의 이야기가 따뜻합니다.

앗! 따끔!

국지승 글·그림 | 시공주니어 | 2009

병원에 가기 싫어하는 아이의 마음이 잘 표현된 그림책이에요. 병원에 가자는 엄마의 말씀에 준혁이는 자신은 사자이니 힘이 세서 병원에 갈 필요가 없다고 합니다. 사자로 변신하는 것을 시작해서 온갖 동물로 변하며 병원에 가지 않아도 되는 이유를 만들어내는 모습이 귀여워요. 그래도 결국 병원은 가야 하기에 엄마와 함께 병원으로 향하고 진찰실에 들어가 진찰을 받는데요. 의사 선생님은 주사를 맞아야 한다는 청천벽력과도 같은 말을 하시네요. 하지만 정작 주사를 맞아보니 살짝 따끔하기만 할 뿐 전혀 아프지 않았어요. 주사를 씩씩하게 맞는 준혁이의 용감한 모습을 통해 병원에 대한 막연한 두려움을 극복하도록 도와주는 그림책이랍니다.

맛있는 구름 콩

임정진 글 | 윤정주 그림 | 국민서관 | 2011

어떤 책일까?

'두부 이야기'라는 부제에서도 알 수 있듯이, 두부가 만들어지는 과정을 알려주는 그림책입니다. 어린 유아들도 이해하기 쉽게 설명해주어서 더욱 유익합니다.

너른 콩밭에 콩들이 무럭무럭 자라고 있었어요. 하늘에 둥실둥실 떠가는 구름이 되고 싶은 꿈을 꾸는 초록 콩은 무럭무럭 자랐고 노란색으로 익으며 딴딴해졌어요. 콩깍지를 벗어난 콩알들은 삼태기에서 멍석으로 와르르 쏟아져 내립니다. 그리고는 구름이 비를 내리니 자신들도 물을 먹고 멋져지겠다며 물속으로 풍덩 들어갔지요. 이번에는 맷돌로 콩을 가는 과정

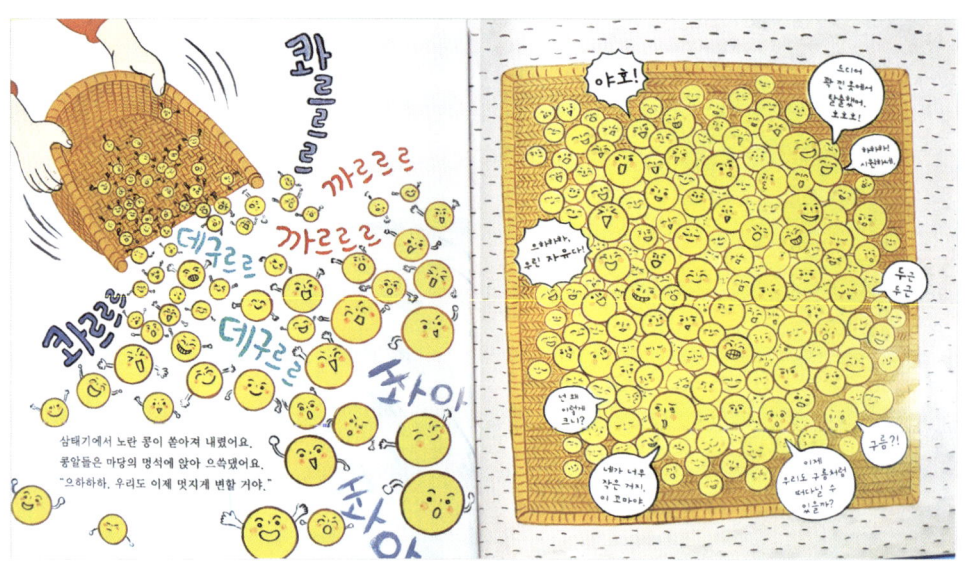

이 기다리고 있어요. 맷돌이 내는 소리는 구름이 내는 천둥소리와 같았고, 콩알들은 천둥소리마저 기꺼이 감수합니다. 맷돌을 통과하자 걸쭉한 죽이 되어서 기운이 없어졌지만 이제 삼베 주머니 안으로 들어가야 합니다. 삼베 주머니 안에 콩비지만 남기고 콩 물은 걸러내야 하거든요. 금세 구름처럼 멋져질 줄 알고 큰 기대를 품었는데, 우유 빛깔의 물이 되어버린 콩알들의 실망은 이만저만이 아니었어요. 더욱이 이번에는 장작불 위에 걸린 커다란 가마솥 안에서 부글부글 끓는 과정이 기다리고 있습니다. 언제쯤 구름이 될까 기대하고 기대하던 콩알들은 '간수'를 만나 변신합니다. 바다 속에는 동그란 진주가 있고 땅에는 동그란 콩알들이 있지요. 짭조름한 간수와 만난 콩 물은 뭉글뭉글한 덩어리를 이루는데요. 그 모습이 구름과 닮아서 드디어 바라던 구름이 되었다고 기뻐합니다.

네모난 나무틀로 옮겨진 순두부가 각자의 꿈을 꾸며 다양한 모습으로 변신하는 모습도 귀여우니 꼭 그림책을 통해 확인해보세요. 힘든 과정을 거치며 두부로 변신한 콩은 밥상을 풍성하게 해주는 다양한 음식으로 재탄생해서 우리 곁으로 옵니다.

꿈책맘이 콕 짚어주는 이 책의 매력

하늘에 떠 있는 구름을 동경해서 두부가 된 콩들의 모습이 무척이나 귀여워요. 그림책 곳곳에 가득한 말풍선 속 콩알들의 대사를 읽는 재미도 큽니다. 콩알들의 각기 다른 표정을 아이와 함께 하나씩 눈여겨보면 그림책 대화에 시간가는 줄 모른답니다.

그림책으로 한 뼘 자라기

네이버카페 키즈북토리에서 이 그림책으로 독후활동을 진행해보니 두부를 콩으로 만든다는 사실을 모르는 아이들이 많았어요. 이 그림책을 통해 두부에 대해 알게 되었다는 말에, 우리나라 고유의 먹거리와 전통 도구들의 이름이 아이들에게 얼마나 생소한지 다시 느꼈답니다. 민속박물관에서 옛 물건들을 직접 보고 그림책으로 확장한다면 더할 나위 없이 좋겠죠. 직접 보고 경험하는 것이 제일 좋지만 여의치 않다면 그림책으로 경험하게 해주세요. 책으로 자주 본 물건들은 실제로 보았을 때 더 반갑게 느껴지고 기억에도 오래 남는 법이니까요.

엄마의 시선에서 그림책 바라보기

콩알들은 진짜 구름이 되지는 못했지만, 멋지게 변신하고픈 꿈을 이루었어요. 콩이 영글어 콩꼬투리에 꽉 찬 모습에서는 '답답하다'고 불평하는 콩알이 있는가 하면, '꼭 끼는 옷이 유행'이라며 긍정적인 모습을 보여주는 콩알도 있습니다. 두부가 되기 위해 나무틀에 들어가서는 각자 다른 모양으로 변신하며 다양한 꿈을 꾸기도 하지요. 이렇듯 두부를 만드는 각 과정을 거치면서 콩알들은 꿈을 이루기 위해 한 발자국씩 나아갑니다. 태어난 모습은 똑같지만 꿈을 이루는 과정에서 각자 다양한 개성을 뽐내는 점이 우리 아이들과 닮아 있어요.

알콩달콩 그림책 대화

책에 등장하는 전통 도구를 보며 현대의 도구와 비교하고 이야기 나누어 보세요.

- 멍석은 마당에 넓게 펴서 곡식을 말릴 때 사용했대.
- 우리 집 거실에 있는 카펫과 비슷해요.
- 콩을 갈 때 사용한 맷돌은 우리 집 부엌의 어떤 도구와 비슷할까?
- 믹서랑 비슷해요. 엄마가 주스 만들 때 사용하시잖아요.

콩물에 왜 간수를 넣는지 아이와 함께 이야기 나누어 보세요.

- 간수는 짠맛이 나는 소금물이야. 두부를 만들 때는 바닷물을 그대로 사용하기도 하고 소금을 걸러내고 남은 물을 사용하기도 한대.
- 맞아요. 우리 바닷가에 갔을 때 바닷물도 짠맛이 났어요.
- 간수를 넣어야지 콩물이 몽글몽글하게 굳어서 두부로 만들 수 있어. 간수가 들어가면 콩물이 굳는다니 신기하다. (콩물이 간수를 만나 굳는 과정에는 복잡한 화학반응의 원리가 숨어 있습니다. 하지만 설명하기 어렵고 복잡한 관계로 간단히만 설명하고 넘어가셔도 좋아요.)

두부 촉감 놀이

준비물 | 두부, 넓고 큰 그릇, 핸드페인팅 물감(선택), 일회용 비닐봉지

○ **놀이 방법** ○

두부는 놀이하기 1시간 전쯤에 상온에 꺼내놓아 차갑지 않게 해주세요. 냉장고에서 바로 꺼낸 두부를 사용하면 아이의 손이 시릴 수 있어요.

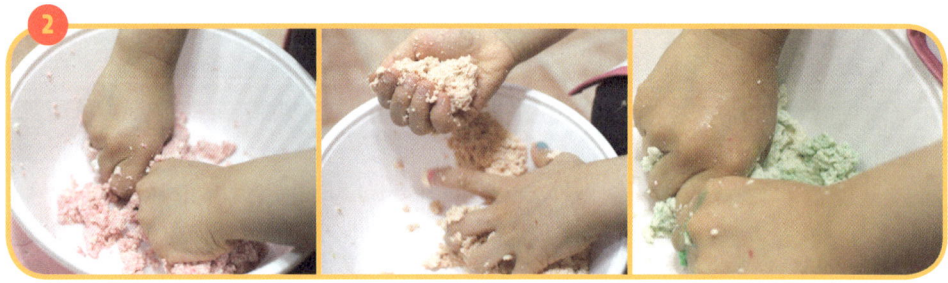

자른 두부를 커다란 용기에 넣고 아이가 손으로 주물러 으깨며 촉감을 느끼도록 해주세요.
(손으로 으깨기 전에 두부를 플라스틱 빵칼로 자르면 분수놀이로도 응용 가능합니다.)

작은 비닐봉지에 색상별로 담고 비닐 모서리를 살짝 자르면 짤주머니가 됩니다. 비닐봉지에 담긴 두부를 플라스틱 용기 위에 짜서 장식하며 놀아도 재미있습니다.

○ 전통 도구와 한국의 음식을 담은 그림책 ○

인절미 시집가는 날

김아인 글·그림 | 국민서관 | 2013

전통 도구를 의인화하여 아이들의 흥미를 끄는 전통 문화 그림책이에요. 할머니께서 잠시 집을 비운 사이, 주방의 도구들은 살아 움직이며 떡을 만들기 시작해요. 콩고물 옷을 입고 태어난 인절미 아가씨는 예쁘게 치장하고 새색시가 되었어요. 도구들은 인절미 아가씨의 신랑을 찾아 나섰고 총각무가 새신랑이 되었어요. 전통 주방 도구들의 쓰임을 통해 전통 먹거리에 대해서도 알려주고 전통 혼례에 대해서도 담아낸 그림책입니다. 책 마지막에는 한국 전래 동요인 '떡 노래'도 수록되어 있습니다.

빵 공장이 들썩들썩

구도 노리코 글·그림 | 윤수정 옮김 | 책읽는곰 | 2015

어떤 책일까?

'우당탕탕 야옹이' 시리즈에는 특유의 시니컬한 표정으로 다양한 사고를 몰고 다니는 야옹이 말썽단이 등장합니다. 글밥이 적어서 유아용처럼 보이지만 '구도 노리코' 작가 특유의 유머에 중독되면 엄마도 헤어 나올 수가 없는 마성의 그림책입니다.

《빵 공장이 들썩들썩》은 '우당탕탕 야옹이' 시리즈 중 1편의 이야기로 베이커리에 간 야옹이들의 소동을 담고 있는데요. 일렬로 서서 멍멍 씨의 빵 공장 창문 너머로 안을 엿보고 있는 야옹이들의 모습만 봐도 피식 웃음이 새어나와요. 야옹이들은 빵을 먹고 싶지만 사 먹을 돈이 없어요. 멍멍 씨가 빵 만드는 모습을 군침만 흘리며 몰래 훔쳐보고 있는 중입니다. 그리고는 밤이 되자 빵 공장에 몰래 잠입하는데요. 머리에 두건을 쓰고 나름의 변장을 꾀한 모습도 웃음을 주어요. 야옹이들은 낮에 창문을 통해 본대로 어설픈 베이킹 실력을 발휘하여 빵을 만들기 시작합니다. 사 먹을 수 없으니 직접 만들어먹겠다는 생각인 것이죠.

하지만 제대로 배운 것이 아니니, 정확한 계량 따위는 있을 리 없어요. 밀가루는 대충대충 '퍽퍽' 넣고 우유는 '콸콸' 부으며 눈짐작으로 반죽을 만듭니다. 빵을 부풀게 하기 위해 베이킹파우더를 넣는다는 것은 알지만 이 역시 정확한 양이 아니에요. 베이킹파우더 한 통을 전부 쏟아 붓는 야옹이들의 모습을 보면 곧 어떤 소동이 벌어질지 불안함이 고조되기 시작합니다. 재료를 아끼지 않은 덕분에 커다란 빵 반죽이 완성되었고 야옹이들은 조금의 망설임도 없이 반죽을 화덕에 넣었어요.

그런데 빵이 구워질수록 화덕 내부의 상황이 심상치 않네요. 결국 빵은 화덕을 뚫고 나오며 급기야 빵 공장까지 폭발하는 사고가 발생합니다. (하지만 야옹이들은 미리 대피해서 무사하니 안심하세요.) 빵 공장이 폭발하는 굉음에 놀라서 멍멍 씨는 잠옷차림으로 서둘러 공장에 왔어요.

하지만 빵 공장은 이미 사라졌고 아침 햇살을 받으며 먹음직스러운 자태를 뽐내는 거대한 빵이 덩그러니 놓여 있는 모습에 웃음이 피식 나옵니다. 별안간에 빵 공장을 잃은 멍멍씨에게 남은 것은 야옹이들이 만들어 놓은 빵 하나인데요. 어떤 결말이 지어질지 끝까지 확인해보세요.

꿈책맘이 콕 짚어주는 이 책의 매력

귀여움을 거부한 야옹이들

주변에서 흔히 볼 수 있는 동물들이 등장하며 친근감을 줍니다. 그런데 여느 그림책과는 달리 동물 캐릭터가 독특한 표정을 가지고 있는데요. '그림책 작가'이지만 '만화가'를 겸하고 있는 작가의 약력 덕분에 야옹이들 특유의 표정이 탄생한 듯합니다. 가느다란 실눈을 가진 야옹이들의 표정은 매우 한결같아서 도대체 무슨 꿍꿍이가 있는 것인지 예측할 수 없기에 더 큰 재미의 요소가 됩니다. 이러한 표정이 어딘지 모르게 퉁해 보이지만 천연덕스러워서 미워할 수 없는 매력으로 다가옵니다.

시리즈 그림책의 매력

'우당탕탕 야옹이' 전 시리즈에 걸쳐서 야옹이들은 말썽을 부리고, 말썽을 부린 후에는 멍멍 씨에게 꾸중을 듣고, 또 꾸중을 듣고 나서는 일렬로 서서 작별을 고하지만, 다시 잡혀서 깔끔한 마무리를 하는 식의 반복되는 패턴을 보여줍니다. 그렇기에 처음 시작 부분에 보이는 야옹이들의 뒷모습만 보아도 어떤 말썽을 일으킬지 슬슬 불안해져요. 사실 불안하다기보다는 앞으로 벌어질 사건에 대한 기대에 가깝기도 합니다. 단순한 이야기 구조와 반복되는 장면을 통해 앞으로 벌어질 상황을 예측할 수 있음에도, 야옹이들이 일으키는 사건은 볼 때마다 큰 웃음을 전해줍니다. 각 일화마다 익숙한 상황에 약간의 새로움을 가미해서 재미를 주는 것이 시리즈 그림책의 가장 큰 매력이에요.

그림책으로 한 뼘 자라기

엉뚱한 일을 서슴없이 벌이는 야옹이들의 행동을 보면 아이도 어른도 그저 웃음이 납니다. 아이들은 부모로부터 그리고 또래 집단의 경험을 통해 옳고 그름에 대해 배우기 시작하므로, 그림책 속에서 말썽을 부리는 야옹이들을 보며 도덕적인 잣대로 판단하기 시작해요. 밤에 빵 공장에 무단으로 침입해서 몰래 재료를 사용하는 일이 가당키나 한 행위인가요? 아이들은 야옹이들이 그러면 안 된다는 것을 이미 알고 있기 때문에 실컷 웃을 수 있습니다. 그렇기에 아이들은 멍멍 씨의 마음을 이해하고 야옹이들을 혼내고 싶은 마음도 들 것이고, 이런 모습을 통해 말썽을 일으키면 스스로 책임을 지고 수습해야 한다는 점도 배우게 됩니다. 심지어는 멍멍 씨가 하는 "이런 짓을 해도 된다고 생각해?"라는 대사가 한동안 집에서 유행어가 되기도 합니다.

엄마의 시선에서 그림책 바라보기

멍멍 씨와 여덟 마리 야옹이의 관계는 엄마와 아이의 모습처럼 느껴져요. 아이들은 늘 같은 말썽을 부리고 엄마는 화가 나지요. 어떤 말썽은 어이가 없어서 너털웃음이 난 경험이 한두 번씩 있을 거예요. 사고를 친 아이의 마음을 생각해보면 아이가 무엇을 하고 싶었는지, 그 마음을 이해하기에 화가 나기보다 오히려 웃음이 터집니다. 서랍을 열고 옷을 모조리 꺼내놓았다면 서랍 속에 든 물건이 궁금해서 살펴보고 싶었을 테고, 밀가루를 모조리 쏟아 놓았다면 이 역시 밀가루를 탐색하느라 그런 것이니까요. 아이의 머릿속에는 엄마에게 혼나리라는 예측보다 호기심의 자리가 더 컸을 뿐이지요. 아이가 말썽을 부렸다면 왜 그랬는지 아이의 마음을 헤아리는 것이 중요함을 마음에 새겨봅니다. 우리는 멍멍 씨가 아니고 엄마이니까요.

알콩달콩 그림책 대화

멍멍 씨의 빵 가게 내부를 아이와 함께 살펴보세요.

- 여기 정말 다양한 빵이 있구나. 우리 꿈책이가 좋아하는 초코소라 빵이 있네.
- 엄마가 좋아하는 슈크림 빵도 있어요.
- 샌드위치도 정말 맛있어 보인다.
- 엄마 우리 지금 빵 가게에 가요.

빵 축제 장면에서 각자의 역할을 하고 있는 야옹이 여덟 마리를 찾아보세요.

- 야옹이들이 멍멍 씨를 어떻게 돕고 있는지 찾아볼까?
- 여기 사다리 위에 올라간 야옹이들은 빵을 자르고 있어요.
- 바구니에 줄을 묶어서 아래로 내려주면 여기서 샌드위치를 만드는구나.
- 야옹이 한 마리는 여기서 초콜릿을 녹이고 있어요.
- 초코 빵에 바르는 초콜릿이구나. 벌꿀 빵, 잼 빵, 참치 샌드위치, 햄 샌드위치도 있네. 야옹이가 여덟 마리라서 이렇게 나눠서 일하니 훨씬 좋다.

식빵으로 야옹이 얼굴 꾸미기

준비물 | 식빵, 초콜릿 펜, 과자와 젤리, 접시

○ 놀이 방법 ○

1 식빵을 동그랗게 잘라 야옹이 얼굴을 만들고 세모로 잘라 귀를 만들어줍니다. 앞발은 하트 모양으로 잘라주세요.

2 튜브형 초콜릿 펜으로 표정을 그려주세요. 어린 아이들의 경우에는 튜브를 짜는 것에 익숙지 않을 수 있으니 다른 재료로 대체하셔도 됩니다. 아직 과자류에 노출되지 않은 어린 아이라면 과일과 채소를 사용하세요.

젤리와 막대과자로 예쁘게 꾸며보세요.

○ 작가의 또 다른 그림책 ○

우당탕탕 야옹이 2
기차가 덜컹덜컹

구도 노리코 글·그림 | 윤수정 옮김 | 책읽는곰 | 2015

멋진 기차의 모습에 반해서 몰래 기차에 올라탄 야옹이들은 옥수수를 구워 먹겠다며 석탄 연료를 넣는 곳에 옥수수를 마구 넣는 사고를 칩니다. 석탄 대신 들어간 옥수수가 팝콘이 되며 큰 소동을 일으킵니다.

우당탕탕 야옹이 3
초밥이 빙글빙글

구도 노리코 글·그림 | 윤수정 옮김 | 책읽는곰 | 2016

이번에는 멍멍 씨의 '회전 초밥집'에 야옹이들이 출몰했어요. 야옹이들은 몰래 초밥을 빼돌리려다 이번에도 더 큰 사고를 치고 맙니다.

우당탕탕 야옹이 4
비행기가 부웅부웅

구도 노리코 글·그림 | 윤수정 옮김 | 책읽는곰 | 2017

멍멍 씨네 비행장에 야옹이들이 나타났어요. 비행기가 타고 싶은 야옹이들은 몰래 비행기를 조종했고 무인도에 불시착하게 됩니다. 비행기 연료도 동이 난 상황에서 로빈슨 크루소와도 같은 무인도 생활을 시작하는 야옹이들의 모습이 재미있어요.

○작가의 또 다른 그림책○

우당탕탕 야옹이 5
아이스크림이 꽁꽁
구도 노리코 글·그림 | 윤수정 옮김 | 책읽는곰 | 2018

아이스크림이 먹고 싶어서 몰래 아이스크림 통에 몸을 숨겼다가 남극까지 가게 된 야옹이들은 또 다시 큰 소동을 일으킵니다. 남극의 추위를 못 견디고 꽁꽁 얼어버린 야옹이들을 구해줄 이는 누구일까요?

우당탕탕 야옹이 6
오싹오싹 도깨비 숲
구도 노리코 글·그림 | 윤수정 옮김 | 책읽는곰 | 2019

이번에는 멍멍 씨의 경단 가게에 침입한 야옹이들의 말썽이 펼쳐집니다. 야옹이들이 빚은 경단은 알 수 없는 회오리바람에 휩쓸려 가는데요. 경단을 찾기 위해 회오리바람을 따라 도착한 곳은 으스스한 도깨비 숲이었어요. 야옹이들은 도깨비 숲에서 무사히 빠져 나올 수 있을까요?

꿈책맘의
꿈 가득 그림책 놀이
04

슥삭슥삭 자르고 붙이는
종이 책놀이

간질간질

서현 글·그림 | 사계절 | 2017년

어떤 책일까?

이 책을 읽고 나면 "오, 예!" 소리가 절로 나오며 기분이 좋아집니다. 표지에 등장한 주인공 아이는 자신의 정수리에서 머리카락 한 올을 뽑고 있는데요. 그 모습을 본 독자 역시 자신의 머리카락을 뽑는 듯 발끝까지 찌릿한 긴장감마저 느끼게 됩니다. 표지에서부터 감정의 이입이 시작되는 것이죠. 주인공 '나'는 머리가 간지러워 머리를 긁습니다. 머리를 긁으니 바닥에 머리카락이 떨어졌고, 마치 손오공이 분신술을 부린 듯 머리카락은 또 다른 나로 변합니다.

머리카락의 모습과 똑같은 모습으로 방바닥에 나뒹굴고 있는 여섯 명의 또 다른 '나'의 모습은 보기만 해도 웃음이 피식 나와요.

주인공 아이와 또 다른 '나들'은 줄지어 춤을 추며 엄마에게 갑니다. 그리고는 밥과 용돈을 달라는 단체 공격으로 엄마를 당황하게 하지요. 아빠가 퇴근해서 돌아오시자 이번에는 목표물을 바꾸어 아빠를 공격합니다. 나와 나들은 같이 놀아달라는 말로 아빠의 혼을 쏙 빼놓았어요. 이번에는 이러한 상황을 알 리 없는 누나 등장! 누나는 역시 동생에 대한 내공이 있나 봅니다. 동생의 공격쯤은 아랑곳하지 않고 시크하게 자신의 방으로 쏙 들어가 버리네요.

이제 가족들을 모두 클리어했으니 아이는 점점 행동반경을 넓혀갑니다. '나들'과 함께 큰 도로를 건너고, 사람들 머리를 폴짝폴짝 뛰어넘습니다. 이마저도 성에 차지 않는지 더 멀리 가려고 버스에 올라타는데요. 버스를 타고 멀고 먼 산꼭대기까지 올라간 나와 '나들'은 날아가던 새를 붙잡고 하늘로 날아오르고, 바다에까지 자신의 흥을 전파합니다. 집에서 시작되어 널리널리 퍼진 흥겨움은 어느새 최고조에 다다릅니다.

하지만 하필 또 다시 머리가 간지러워진 아이는 머리를 한 번 더 벅벅 긁습니다. 이번에는 처음보다 더 많은 머리카락이 떨어졌고 '나들'도 훨씬 더 많아졌어요. 엄청나게 많아진 '나들'이 강강술래를 하듯 동심원으로 페이지를 가득 채운 모습은 뮤지컬 영화 속 군무 장면과도 흡사합니다. 걷잡을 수 없이 늘어난 '나들'을 제자리로 되돌려 놓을 방법은 무엇일까요? 해결책은 바로 엄마가 가진 비장의 무기였는데요. 그 무기가 무엇인지는 그림책 읽는 재미를 위해 비밀로 남겨두겠습니다.

꿈책맘이 콕 짚어주는 이 책의 매력

　서현 작가님의 그림책 중에서도 비교적 단순한 스토리 구조와 가장 밝은 분위기를 지닌 그림책이에요. 색감이 밝은 노랑과 분홍색이 포인트가 되어 경쾌한 분위기를 잘 살려줍니다. 그래서 유아부터 초등생까지도 즐겁게 읽을 수 있어요. '나'의 시선으로 이야기가 전개되고, 분신을 '나들'로 표현하고 있어요. 내가 주도하며 진행하는 이야기라서 아이들은 더 쉽게 몰입합니다. 늘 겪는 일상의 행동에서 가지를 뻗은 재미있는 상상이 점증되면서 최고조에 이르고 또 다시 원래의 모습으로 돌아가는 스토리의 구조도 재미있어요. 흥이 올라서 밖으로 나갔지만 결국은 집으로 다시 찾아 돌아오는 모습은 회귀본능을 떠올리게 합니다. 단순한 스토리여도 그 속에는 완급 조절이 있어 흥미롭게 읽을 수 있답니다.

그림책으로 한 뼘 자라기

　혼자서는 어색한 일도 여럿이 함께하면 용기가 샘솟아납니다. 《간질간질》의 주인공 아이는 나와 똑같이 생긴 분신 '나들'과 함께 평소에 못했던 일들을 합니다. 앞장서서 누군가를 이끈다는 것이 부담스러울 수 있지만 당당하게 앞으로 나아갑니다. '나'의 뒤를 따르는 분신들이 든든한 조력자가 되어 힘을 실어주는 것이지요. 그러니 평소에 나에게 잔소리를 하던 엄마에게는 호기롭게 밥과 용돈을 달라며 역공을 펼치고요. 함께 놀아달라는 나의 공격에 아빠는 힘도 못쓰고 녹다운됩니다. 혼자서 밖으로 나가는 일은 어떤가요? 어린 아이가 보호자 없이 큰 도로를 건너고 심지어는 혼자 버스를 타거나 하늘과 바다를 자유로이 누비는 일은 현실에서는 절대 불가능한 일이지요. 하지만 그림책 속의 나에게는 또 다른 '나들'이 있기에 이 모든 일이 가능합니다. '나들'은 단순한 분신이 아닌 운명공동체인 셈이에요. '나'는 어느새 리더십을 발휘하며 '나들아 춤을 추자!' 하고 독려하기도 합니다. 이러한 모습을 통해 아이는 여럿이 함께 하면 어려운 일도 쉬워지고 흥겨움과 즐거움이 배가 된다는 것을 알게 됩니다. 내가 내 자신의 주인이라는 점은 두말할 필요도 없지요.

엄마의 시선에서 그림책 바라보기

가정 안에서 엄마는 늘 해결사라는 생각이 듭니다. 이 그림책에서 엄마는 아이의 분신들이 걷잡을 수 없이 늘어나는 것을 막고 현실로 돌아올 수 있도록 돕는 역할을 합니다. 아이는 엄마의 무기를 피하려 애를 쓰지만 결국 보통의 나로 돌아오게 됩니다. 하지만 아이는 실망하지 않고 또 다시 활기차게 '오, 예!'를 외치는데요. 처음이 어렵지 두 번째, 세 번째는 쉽다는 것을 알게 되었기에 자신감이 넘치는 것이지요. 육아를 하는 데 있어서 현실적인 면도 필요하겠지만, 때로는 아이가 자유롭게 상상하고 즐길 수 있도록 너그러운 엄마가 되자고 결심합니다. 엄마 역시 그 상상에 동참한다면 더할 나위 없이 좋겠지요.

알콩달콩 그림책 대화

또 다른 나들과 함께 춤을 추고 있는 아이들 중에서 진짜 '나'는 누구일까요? 분신인 또 다른 '나들'은 가느다란 눈매를 하고 있지만(一ㅁ一) 주인공 '나'는 눈을 동그랗게 뜨고 있어요. (◉_◉) 서로 다른 눈의 모습으로 진짜 '나'와 '나들'을 구분할 수 있답니다.

처음엔 여섯 명이었던 나들이 엄청난 숫자로 늘어난 장면에서는 숨은 그림처럼 '나'를 찾아보는 놀이를 할 수 있습니다. 수많은 분신 사이에서 진짜 '나'를 찾으며 재미있는 대화 시간을 만들어보세요.

- 🧑‍🦰 나들이 정말 많이 있네. 누가 진짜 나인지 엄마는 정말 헷갈린다. 우리 꿈책이는 찾을 수 있겠어?
- 🧒 이 아이가 나에요. 이 아이만 눈을 동그랗게 뜨고 있잖아요.
- 🧑‍🦰 나들이 모두 정말 비슷하게 생겨서 엄마는 잘 모르겠는데. 우리 꿈책이는 관찰력이 정말 대단하구나!

유일하게 나의 공격이 통하지 않는 사람은 누나예요. 심지어 누나가 던진 가방은 '나들'이 아니라 진짜 '나'의 얼굴에 명중했어요. 어린 동생은 자신의 상대조차 되지 않는다고 콧방귀를 뀔법한 누나이지만 동생을 제일 잘 아는 사람 또한 누나임을 보여주는 장면이었어요. 아이와 이 점에 대해서도 이야기 나누면 좋겠어요.

- 🧑‍🦰 이 중에서 누가 진짜 나일지 정말 궁금하다. 우리 꿈책이 생각에는 누가 진짜 나일 것 같아?
- 🧒 가방을 맞은 아이가 진짜 나예요.
- 🧑‍🦰 오~ 어떻게 알았어? 누나가 진짜 동생을 어떻게 알아봤을지 궁금하다.
- 🧒 누나니까 당연하지요! 어렸을 때는 같이 놀아줬을 테니까요.

분신 종이 인형 만들기

준비물 | 종이, 가위, 색연필, 풀, 사인펜

○ 놀이 방법 ○

① A4 용지를 오른쪽 그림과 같은 모양으로 4등분하여 접고 잘라줍니다. 빗금 친 부분은 연결해서 붙이는 시접으로 남겨줍니다. 자른 종이는 아코디언 형태로 접어주세요.
(----- 접는 선, ─── 자르는 선)

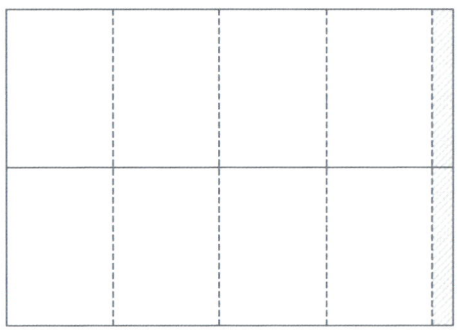

②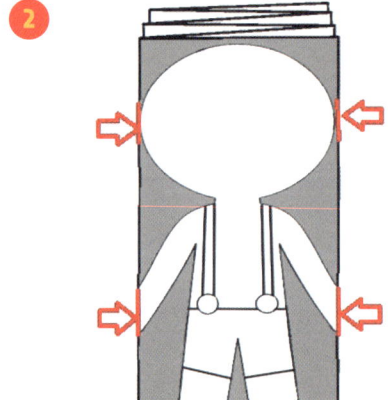

첫 페이지에 나의 모습을 그려주고 겹쳐서 접은 종이를 한꺼번에 자릅니다. 그림과 같이 빨간색 화살표로 표시된 부분은 자르지 않고 남겨두어야 끊어지지 않고 연결된 모습으로 만들 수 있습니다.

접힌 종이를 펼치면 같은 모양이 페이지마다 반복해서 나옵니다.
각 페이지에 나의 모습을 그리고 색칠해주세요.

분신 인형은 둥글게 붙여주어도 되고 나란히 붙여주어도 됩니다. 또한 분신들의 표정도 반드시 똑같아야 하는 것은 아닙니다. 다양한 표정과 다양한 옷을 그려주면 더욱 재미있는 작품이 완성됩니다. 아이가 여러 개의 그림을 그리기 어려워한다면 아이의 그림이나 사진을 같은 그림으로 스캔해서 붙여주어도 됩니다.

○ 서현 작가의 또 다른 그림책 ○

눈물바다

서현 글·그림 | 사계절 | 2009년

살면서 힘든 일이 있으면 펑펑 울고 싶어집니다. 영국 다이애너비가 사고로 사망했을 때 그 사건을 목도한 전 영국인들은 슬피 울었는데요. 당시 영국인들의 스트레스 지수가 낮아졌다는 흥미로운 기사를 읽은 기억이 납니다. 《눈물 바다》는 실컷 울고 난 후에 느껴지는 후련함과 눈물이 주는 마음의 정화작용을 아이들 눈높이에 맞춰 재미있게 그려냈습니다. 이 그림책에도 숨어 있는 이야기들이 많아서 그림책 대화를 나누기에 좋습니다.

커졌다!

서현 글·그림 | 사계절 | 2012

키가 얼른 크고 싶은 아이의 마음을 담은 그림책이에요. 주인공 아이는 빨리 키가 크고 싶어서 다양한 방법을 시도해봅니다. 하지만 어느 것 하나 신통치 않았어요. 그러던 어느 날 책을 보다가 비를 맞고 쑥쑥 자라는 나무의 모습에서 힌트를 얻은 아이는 나무처럼 땅속에 발을 묻고 비를 흠뻑 맞습니다. 아이는 마법처럼 쑥쑥 자라기 시작했고 아이의 키는 빌딩보다도 커집니다. 이를 자랑하고 싶은 마음에 이곳저곳을 누비고 다니는데요. 거대해진 아이가 움직이니 재해 수준의 사건 사고가 발생합니다. 자꾸만 커지면서 하늘을 뚫고 우주까지 도달한 아이의 모습이 재미있는 그림책이에요. 때가 되면 키는 저절로 커지니 마음 편히 가지라는 메시지도 전해준답니다.

곰돌이 팬티

투페라 투페라 글 · 그림 | 김미대 옮김 | 북극곰 | 2014

어떤 책일까?

팬티 모양으로 뚫린 구멍을 통해, 다음 페이지에 누가 등장할지 예측해 보는 즐거움이 있는 그림책입니다. 표지를 감싸는 띠지를 팬티 모양으로 디자인한 점도 돋보여요. 띠지를 벗기면 팬티를 잃어버린 곰돌이가 등장합니다. 곰돌이는 자신의 팬티를 찾지 못해 당황하며 울상을 짓고 있어요. 이런 곰돌이를 본 생쥐는 곰돌이를 위로하며 함께 팬티를 찾아보자고 친절하게 말합니다. 팬티 모양으로 뚫린 구멍 사이로 화려한 줄무늬가 보여요. 곰돌이는 자신의 팬티가 아니라고 하는데요. 페이지를 넘겨보니 바로 얼룩말의 팬티였어요. 얼룩말은 흑백의 무늬를 가졌지만 팬티는 화려한 줄

무늬를 선택한 취향이 돋보입니다. 이번에는 맛있는 간식이 잔뜩 그려진 팬티가 등장해요. 곰돌이는 이 팬티도 자신의 팬티가 아니라고 하는데요. 바로 먹보 돼지의 팬티였어요. 이번에는 아주 작은 꽃무늬 팬티가 등장하는데요. 사이즈로 짐작하건대 누가 봐도 곰돌이의 팬티는 아니에요. 이 팬티의 주인은 꽃밭을 날아다니는 나비였답니다. 이번에는 좀 색다른 팬티가 등장합니다. 생쥐를 사랑한다는 메시지가 있는 팬티라니! 누구의 팬티일지 궁금해 하며 페이지를 넘기니, 세상에나! 생쥐의 천적인 고양이가 등장했어요. 고양이는 발톱을 날카롭게 세우고 생쥐를 위협합니다.

이렇게 다양한 무늬와 기상천외한 팬티가 그 주인과 함께 그림책에 등장하는데요. 다리가 열 개인 오징어를 위한 팬티는 상상력이 기발하고, 발상의 전환으로 팬티를 모자처럼 머리에 쓴 동물의 모습도 재미있어요.

그런데 곰돌이의 팬티는 과연 어디로 사라진 것일지 궁금해지는데요. '등잔 밑이 어둡다'는 속담이 떠오르는 귀여운 반전이 돋보입니다. 곰돌이 팬티의 편안한 착용감은 자랑할 만하네요.

꿈책맘이 콕 짚어주는 이 책의 매력

아이들은 기저귀를 떼고 배변 훈련을 시작하면서 '팬티'라는 새로운 옷을 착용하게 됩니다. 처음 팬티를 입으면 어색할 수 있는 아이들에게 팬티는 불편한 옷이 아니라 친근하고 재미있는 옷이라는 인상을 심어주는 그림책이에요. 일단 입는 것에 익숙해지면 '팬티'는 단어 자체만으로도 왠지 웃음이 나는 단어인데요. 응가와 쉬야를 떠올리게 하는 아이템이기 때문이겠지요. 늘 입고 있어야 할 팬티를 잃어버리다니! 아이들은 팬티를 찾기 위한 곰돌이와 생쥐의 여정에 스스럼없이 동참하게 됩니다. 팬티 무늬를 보여주고 누가 등장할지 예측해보는 과정이 즐거움을 선사합니다. 고양이가 등장하는 장면에서 순간적인 긴장감을 주는 강약 조절도 돋보입니다.

그림책으로 한 뼘 자라기

곰돌이는 덩치는 크지만 문제가 발생하자 어찌할 바를 모르고 당황해서 울음부터 터뜨렸어요. 하지만 곁에서 침착하고 야무지게 도움을 주는 생쥐가 있어 다행이에요. 생쥐는 작은 덩치를 가졌지만, 누나 또는 형처럼 의젓한 모습으로 차근차근 문제를 해결해갑니다. 생쥐가 곰돌이를 도와주는 모습을 통해 생김새가 달라도 서로 도우며 친구가 될 수 있다는 점을 알려줍니다.

엄마의 시선에서 그림책 바라보기

팬티에 대한 그림책을 보면 아이가 배변 훈련을 하던 때가 떠오릅니다. 언제쯤이면 기저귀에서 벗어날지 엄마의 마음은 조급해졌지요. 때가 되면 자연스럽게 해내는 일인데도 조금 더 일찍 하려고 조바심을 내면 그 기간이 오히려 더 길어지기도 합니다. 적기에 시작하면 더 짧은 시간에 완수할 수 있는데 엄마의 욕심이 일을 그르치기도 해요. 육아를 할 때 필요한 건 아이에 대한 관심과 적절한 시기를 잡는 것, 끝없는 응원, 이 세 가지라는 생각이 듭니다.

알콩달콩 그림책 대화

다양한 팬티의 무늬를 관찰하면서 어떤 동물의 팬티일지 이야기 나누고 또 누가 이 팬티를 입을 수 있을지 확장해서 생각해보세요.

 작은 꽃무늬 팬티는 누구의 팬티였더라?
 꽃을 좋아하는 나비의 팬티였어요. 그런데 꽃을 좋아하는 건 꿀벌도 있잖아요. 이 팬티는 꿀벌도 입을 수 있을 것 같아요.

책에 등장하지 않는 다른 동물들의 팬티 모양은 어떨지도 상상해보세요.

 오징어 팬티는 다리가 나오는 구멍이 열 개래. 그럼 문어 팬티는 어떻게 생겼을까?
 문어는 다리가 여덟 개잖아요. 그럼 구멍이 여덟 개일 거예요.
 캥거루 팬티는 어떤 모양일까?
 캥거루는 팬티에도 주머니가 있을 것 같아요.
 생쥐가 팬티를 입는다면 어떤 무늬가 어울릴까?
 생쥐를 치즈를 좋아하니까 치즈 무늬가 좋겠어요.

알록달록 편지 봉투 팬티 만들기

준비물 | 두꺼운 도화지, 편지 봉투, 색종이, 장식용 스티커, 풀, 가위, 원형 스티커(곰돌이 눈에 사용)

○ 놀이 방법 ○

직사각형 모양의 두꺼운 도화지 위에 곰돌이 모양을 그리고 잘라줍니다. 곰돌이 인형은 9.5cm 폭, 길이는 귀 포함 18cm로 만들면 적당합니다(봉투의 폭에 따라서 조정해주세요.).

편지 봉투의 입구를 풀로 붙여서 막은 후에 6.5cm 길이로 잘라줍니다. 풀로 붙여서 막힌 부분의 모서리를 길쭉한 부채꼴 모양으로 오려내면 팬티 모양이 됩니다.

색종이를 잘라 붙이며 얼굴을 꾸며주세요. 곰돌이 팔은 몸통과 같은 두꺼운 종이로 만들어서 붙이되 사진에 표시한 것과 같이 어깨 부분에만 풀칠을 해야 팬티를 예쁘게 입힐 수 있어요. 곰돌이 눈은 동그라미 원형 스티커에 눈동자를 그려서 붙여주세요. 팔의 크기는 폭 3cm, 길이 6cm로 만들었어요(색종이를 붙여 장식하는 것이 번거로우면 사인펜으로 그려도 됩니다.).

편지 봉투로 만든 팬티 위에 다양한 무늬를 그리거나 스티커로 장식해주세요.

다양한 무늬의 팬티를 만들어 곰돌이 종이 인형 위에 입혀보세요.

○ 팬티가 등장하는 그림책 ○

채소들이 팬티를 입었어!

재러드 챕맨 글 · 그림 |
서남희 옮김 | 어썸키즈 | 2017

채소들이 팬티를 입은 모습이 귀여운 그림책이에요. 채소들은 저마다 알록달록 예쁜 팬티를 입은 모습을 뽐내고 있습니다. 왜냐하면 팬티는 기저귀를 차는 아가들은 못 입는 형님들의 특권이거든요. 팬티를 처음 입는 아이라면 재미있는 팬티를 통해 친근함을 느낄 수 있게 도와주고, 이미 팬티를 입는 아이들은 공감하며 읽을 수 있는 그림책이랍니다.

오싹오싹 팬티!

에런 레이놀즈 글 | 피터 브라운 그림 |
홍연미 옮김 | 토토북 | 2018

새 팬티를 구입하러 가게에 간 토끼 재스퍼는 무시무시한 '공포의 초록팬티'를 구입합니다. 자신은 이제 더 이상 아기가 아니고 다 큰 토끼라며 자신만만했거든요. 그러나 어둠 속에서 형광 빛으로 빛나는 팬티는 왠지 으스스한 느낌을 주었고, 재스퍼는 초록팬티를 버리기로 결심합니다. 하지만 벗어나려고 할수록 초록팬티는 어쩐 일인지 자꾸만 재스퍼에게 되돌아왔어요. 무서운 팬티도 태연하게 입을 수 있을 정도로 자랐다고 자부했으나 아직은 아이에 지나지 않는 재스퍼의 모습이 귀엽습니다.

달이 좋아요

나명남 글·그림 | 창비 | 2016

어떤 책일까?

하늘에 뜬 달이 보름달로 변하는 과정을 상상력으로 빚어낸 그림책이에요. 흑백의 섬세한 연필화 일러스트가 부드럽고 편안한 느낌을 주어서 잠자기 전에 읽어도 좋답니다. 표지에서 노란색으로 밝게 빛나며 은은하게 퍼지는 달빛은 흑백의 일러스트와 대비되어 신비로운 느낌을 자아냅니다. 작은 아기 부엉이에게 동경의 대상인 달의 모습이 잘 부각된 장면이기도 하지요. 밤이 되어 엄마 부엉이가 사냥을 나가면 아기 부엉이는 혼자서 늘 달을 바라보곤 했어요. 달은 먼 곳에 있어서 아기 부엉이에게는 쉽게 다가갈 수 없는 존재로만 여겨졌는데 어느 날 놀라운 일이 일어납니다. 하늘에서 노란 조각들이 두둥실 내려오기 시작했거든요. 아기 부엉이가 노란 조각을 만지니 몸이 붕 뜨는 느낌이 들었고, 날개를 펼치니 하늘 높이 떠오르며 날 수 있었어요. 달에 도착해서 내려앉자 그곳에 살고 있는 토끼들은 아기 부엉이를 환영하며 친근하게 대해주었고, 보름달을 만드는 과정에 함께 할 것을 제안합니다. 나팔을 불고 북을 울리는 축제 퍼레이드에서 줄지어 행진하는 토끼들의 모습이 흥겹습니다. 먼 옛날부터 밤을 밝히기 위해 달을 칠해왔다는 토끼들이 노란 물감의 원료를 채취하는 과정도 재미있어요.

보름달을 칠하는 임무를 마친 토끼들은 큰 도움을 준 아기 부엉이에게 그 보답으로 작은 선물을 주는데요. 부엉이의 보금자리인 나무 구멍에 놓인 선물은 부엉이의 모험이 꿈이 아니었음을 보여줍니다. 아기 부엉이가 떠날 때 하늘에 초승달이 떠 있었는데, 숲으로 돌아오니 어느새 보름달로 바뀐 모습도 확인해보세요.

꿈책맘이 콕 짚어주는 이 책의 매력

《달이 좋아요》 출간 기념 작가 강연회에서 나명남 작가님으로부터 그림책에 대한 설명을 직접 들을 기회가 있었어요. 달에 대해 궁금해 하는 조카의 모습을 보며 영감을 받았고, 나명남 작가님도 달에 숨겨진 신비함에 매료되어서 이야기를 만드셨다고 해요. 깜깜한 밤하늘을 비춰주는 달은 그 존재만으로도 예로부터 많은 이야기의 소재가 되었고, 동서양을 막론하고 달에 대한 전설도 나라마다 다양하게 존재합니다. 우리나라의 경우에는 달에 사는 옥토끼가 계수나무 아래에서 떡방아를 찧고 있다는 이야기가 전해 내려오는데요. 익숙한 소재이지만 작가님의 상상력이 가미되어 흥미진진한 이야기가 되었습니다. 토끼가 살고 있고 방아를 찧는 것은 비슷하지만, 떡방아를 찧는 것이 아니라 별을 넣고 방아를 찧어서 노란 물감을 만드는 동화적인 상상력은 우리를 신비의 세계로 이끌어줍니다. 또한 밤과 관련이 깊은 야행성 동물인 부엉이를 주인공 캐릭터로 삼은 점도 탁월했다는 생각이 들었어요. 달이 빛나는 과학적인 이유를 알고 있을지라도 달과 별에 대한 이야기는 늘 매력적으로 다가옵니다.

그림책으로 한 뼘 자라기

혼자서 높이 날아오른 아기 부엉이의 용기

아기 부엉이는 처음으로 혼자서 하늘을 날아올랐어요. 한참을 날아올라 자신이 늘 가보고 싶었던 달에 도착하니, 가슴이 콩닥콩닥 뛰어올랐지요. 무언가를 혼자서 해냈을 때의 벅찬 감동을 책을 읽는 아이들도 함께 느낄 수 있답니다. 처음으로 엄마의 품을 떠나서 해낸 일은 더 큰 의미로 다가옵니다.

힘을 모아 달을 칠하는 과정에서 배우는 협동심

달을 칠하는 것은 쉽지 않은 과정이지만 마치 축제와 같이 흥겹습니다. 또한 여럿이 일사분란하게 진행하기에 한 치의 빈 곳도 없이 꼼꼼하게 칠해서 환한 보름달을 만들어낼 수 있었어요. 힘든 일도 여럿이 함께하면 더욱 수월해진다는 것을 알게 됩니다. 또한 토끼들에게 부엉이는 낯선 존재일 수 있는데 수용하고 받아들여서 자신들의 축제에 함께 하도록 배려한 점도 아이들에게 중요한 메시지를 줍니다.

엄마의 시선에서 그림책 바라보기

달에 사는 토끼들은 언뜻 보면 비슷해 보이지만 모두 다른 특징을 지니고 있답니다. 토끼들의 이마에 있는 달의 모양도 초승달, 상현달, 하현달, 보름달로 각기 다른 모양이에요. 또한 토끼들은 각자 정해진 역할을 수행하는데요. 보름달을 칠하는 토끼가 있는가 하면, 악기로 노동요를 연주해서 동료들에게 힘을 북돋워주는 토끼도 있습니다. 열심히 일하는 토끼도 있고, 서로의 얼굴에 페인트 칠을 하며 장난치는 토끼도 있지요. 각자 독특한 특징을 가진 토끼들의 모습을 보고 있으면 다양한 성향을 지닌 우리 아이의 모습이 떠오릅니다. 서로 다른 모습을 옳고 그름으로 판단하지 말고 각자의 개성으로 인정해주기로 해요.

알콩달콩 그림책 대화

아기 부엉이를 날아오르게 만들어준 노란 달 조각은 어디서 나온 걸까요?(아기 부엉이와 달토끼들이 처음 만난 장면을 보며 이야기 나누어 보세요.)

- 🧑 우리 노란 달 조각을 따라가 보자. 달 조각은 어디에서 온 것일까?
- 👦👧 여기요~ 여기 텐트에서 달 조각들이 나오고 있어요.
- 🧑 다음 페이지로 넘겨볼까?
- 👦👧 여기요. 여기! 텐트 안에서 토끼가 나팔을 불어요. 나팔에서 달 조각들이 나와요.
- 🧑 정말 그러네. 아기 부엉이가 따라온 노란 달 조각은 토끼가 분 나팔에서 나온 것이었구나.

아기 부엉이가 집으로 돌아오는 장면에서 보름달에 보이는 무늬를 살펴보세요. 마지막 장면에서는 더 또렷하게 보입니다.

- 🧑‍🦰 보름달에 있는 무늬가 무언가를 닮은 것 같지 않니?
- 👦 토끼처럼 보여요.
- 🧑‍🦰 정말 토끼처럼 보인다. 그런데 뭘 하고 있는 거지? 뭘 들고 있는 거 같은데.
- 👦 아까 별을 절구통에 찧었잖아요. 방아를 찧고 있는 거예요.
- 🧑‍🦰 꿈책이가 책 내용을 정말 잘 기억하고 있네!

마지막 장면을 잘 살펴보면 엄마 부엉이와 아기 부엉이 이외에도 달을 보고 있는 동물들이 있습니다. 숨은 그림을 찾듯 동물들을 찾아보세요.

- 🧑‍🦰 연못에서 개구리도 달을 보고 있네. 개구리가 또 있을까?
- 👦 아! 여기 돌 위에도 개구리가 한 마리 더 있어요.
- 🧑‍🦰 그럼 다른 동물 친구가 있는지 찾아보자. 더 있을 것 같은데.
- 👦 엄마, 여기요! 나뭇잎 속에 다람쥐가 있어요. 나무 아래에도 있고요. 연못 위 나뭇가지에도 작은 새가 앉아 있어요!
- 🧑‍🦰 와! 꿈책이는 숨어 있는 동물들도 정말 잘 찾는구나.

손바닥 모양 색지 올빼미

준비물 | 색지, 사인펜, 풀, 가위

○ **놀이 방법** ○

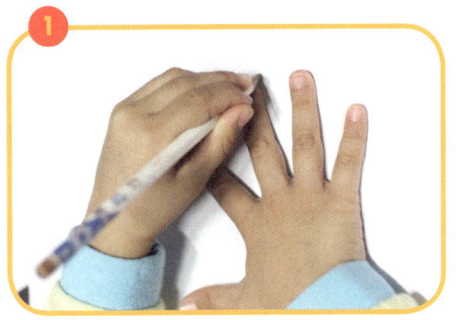

종이에 아이의 손바닥 모양을 대고 그린 뒤, 색지 여러 장과 함께 겹쳐서 오려주세요. 색지는 약간 다른 색으로 2~3가지로 준비하면 더 예쁩니다.

색지로 자른 손바닥 모양 4장을 예쁘게 겹치면 올빼미 깃털을 표현할 수 있습니다. 흰색 동그라미에 눈을 그려서 붙이고, 색종이를 반달 모양으로 잘라 발 부분에 붙입니다. 부리는 사인펜으로 그려주세요.

Tip 부엉이와 올빼미의 차이점을 아시나요? 얼굴에 뾰족하게 솟아난 깃털이 있으면 부엉이고요. 깃털 없이 동그란 얼굴이면 올빼미랍니다. 올빼미는 첫 글자 초성의 'ㅇ'처럼 동그란 얼굴을 가졌고, 부엉이는 첫 글자 초성의 'ㅂ'처럼 깃털이 뾰족하게 솟아난 얼굴이라고 기억하면 쉽게 구분할 수 있어요.

○달토끼의 모험을 담은 그림책○

분홍 토끼의 추석

김미혜 글 | 박재철 그림 | 비룡소 | 2011

달에서 떡방아를 찧던 분홍 토끼는 실수로 절굿공이를 떨어뜨리고 말았어요. 토끼는 절굿공이를 찾기 위해 마을 이곳저곳을 돌아다니는데요. 이 과정에서 추석에 대한 여러 가지 것들을 보고 느낍니다. 분홍 토끼의 눈에 비친 모습을 통해 추석을 쉽고 재미있게 알려주는 전통 문화 그림책입니다.

○ 달토끼의 모험을 담은 그림책 ○

찌코 빠코의 모험 시리즈
떡 하나 주면 안 잡아먹지

윤재웅 글 | 윤의품 그림 | 맹앤앵 | 2011

달나라에 사는 토끼 남매 '찌코와 빠코'가 주인공으로 등장해서 전래 동화를 재미있게 패러디한 그림책 시리즈예요. 1권《떡 하나 주면 안 잡아먹지》는 '해와 달이 된 오누이'를 기본 모티브로 해서 호랑이 뱃속에 갇힌 엄마를 구하는 이야기예요. 귤껍질로 만든 호랑이가 등장해서 떡을 내놓으라고 하고, 요술 크레파스로 호랑이 배에 지퍼를 그려서 호랑이 뱃속에 갇힌 엄마를 구한다는 설정이 재미있어요. 다양한 채소와 곡류, 과일 등이 그림책의 배경으로 등장합니다.

찌코 빠코의 모험 시리즈
주물럭 주물럭 마술 떡

윤재웅 글 | 윤의품 그림 | 맹앤앵 | 2015

2권《주물럭 주물럭 마술 떡》은 용왕님의 치료를 위해 잡혀간 아빠를 찾아가는 찌코빠코 남매의 모험을 그리고 있습니다. 2권에서는 콜라주 기법뿐 아니라 종이와 지우개에 물감을 묻혀 찍는 기법을 사용해서 첫 번째 이야기와는 또 다른 시각적 즐거움을 줍니다.

달토끼, 거북이, 오징어

조수진 글·그림 | 반달(킨더랜드) | 2016

어떤 책일까?

서로 다른 장소에 사는 달토끼, 거북이, 오징어가 우연히 만납니다. '바다에 가보고 싶다'는 하나의 목표를 가지고 어려움을 헤쳐 가는 이야기가 마치 로드무비를 보는 듯한 느낌을 줍니다.

깜깜한 하늘에 밝게 빛나는, 티 없이 하얗고 동그란 달 위에 달토끼 두 마리가 살고 있어요. 꽃에 물을 주려던 노란 토끼는 미끄러지며 달 아래로 떨어지고 맙니다. 달에서 떨어진 토끼가 도착한 곳은 숲속의 작은 옹달샘이었고, 이곳에서 거북이를 만나게 됩니다. 그런데 달토끼와 거북이의 첫 만남 장면과 별도로 위쪽 페이지에서는 또 다른 이야기가 펼쳐집니다. 바로 밤바다 위, 오징어잡이 배의 그물에 잡힌 오징어의 이야기에요. 평화롭기만 한 옹달샘의 모습과 그물에 걸린 오징어가 살려달라고 절규하는 모습은 묘한 대비를 이룹니다. 탱크에 갇혀 생선가게로 가던 오징어는 그물을 뚫고 하늘로 비상하는데요. 포물선을 그리며 낙하한 지점은 바로 달토끼와 거북이가 있는 옹달샘이에요. 거북이에게는 난데없이 등장한 오징어가 불청객이었어요. 거북이가 토끼와 친구가 되고 싶어 용기를 내서 말을 걸려는 결정적인 순간에 오징어가 등장했거든요. 서로에 대한 호의와 적대

감을 지닌 채로, 미우나 고우나 여행의 동반자가 된 세 친구는 뭍에서는 걸을 수 없는 오징어를 도와 바다까지 걷고 또 걷습니다. 위기를 극복하고 바다에 도착하는 해피엔딩으로, 세 친구의 마음에 잊을 수 없는 추억을 남긴 짧고도 긴 여행은 독자에게 긴 여운을 줍니다.

꿈책맘이 콕 짚어주는 이 책의 매력

이 그림책은 세로 판형으로 된 점이 독특합니다. 토끼가 달에서 떨어지고 오징어가 하늘에서 떨어지는 장면, 토끼를 다시 달로 되돌려 보내는 장면과 같이 거리에 대한 공간감이 중시되는 장면들이 곳곳에 있는데요. 이러한 장면에서 세로로 긴 페이지는 높은 곳과 낮은 곳의 거리감을 더욱 살려줍니다. 그림책에서는 캐릭터가 위로 올라가고 아래로 떨어지는 모습이 한순간의 정지화면으로 보이지요. 하지만 페이지의 여백을 통해 캐릭터가 움직일 거리를 예측할 수 있기에 동작의 역동성이 느껴집니다. 또한 위쪽과 아래쪽 페이지가 때로는 이중 분할 화면으로, 때로는 하나의 장면으로 합쳐지며 다양한 역할을 수행합니다. 이러한 화면 구성은 그림책이지만 영화를 보는 듯한 시각적인 즐거움을 줍니다.

그림책으로 한 뼘 자라기

아이는 자라면서 친구를 사귀고, 또래집단에서 다양한 감정을 경험하기 시작합니다. 또래 집단에서 마음에 드는 친구도 있겠지만, 마음에 들지 않는 친구도 분명 있기 마련인데요. 달토끼, 거북이, 오징어 역시 셋에서 여정을 함께 하지만 마음은 서로 엇갈리고 있습니다. 거북이는 달토끼만 좋아하고, 오징어에 대한 감정은 딱히 좋지 않아요. 그래도 거북이는 자신이 좋아하는 달토끼가 함께 있기에 불만이 있어도 참고 여정을 끝까지 함께 해나갑니다. 마음에 들지 않는 친구가 있어도 피할 수 없는 상황은 있기 마련이니까요. 만일 어린이집이나 유치원에 비슷한 상황이 있다면 더욱 공감하게 됩니다. 비록 마음에 들지 않는 친구가 있어도 자신의 마음을 알아주는 친구가 있으면 어린이집과 유치원 생활은 충분히 즐겁습니다. 누군가로 인해 조금 괴롭고 힘들어도 다양한 또래 관계 속에서 배우고 성숙해지는 것이 삶의 과정이니까요.

엄마의 시선에서 그림책 바라보기

저는 달토끼와 거북이, 오징어의 삼각관계가 정말 흥미로웠어요. 사람의 관계도 둘이 지낼 때는 좀처럼 탈이 생기지 않지만, 친구가 셋이 되면 의도치 않게 한 사람이 서운함을 느끼는 경우가 비일비재하니 말이죠. 무엇이든 '삼세 번은 해야 한다'는 말처럼 '삼'이라는 숫자는 우리에게 친근한 반면, 인간관계에 있어서는 갈등을 만드는 오묘한 숫자라는 생각이 들었습니다. 달토끼, 거북이, 오징어 중에서 나는 과연 어떤 유형인지 생각해보는 것도 재미있습니다.

알콩달콩 그림책 대화

오징어가 옹달샘에 동동 떠 있는 모습을 보면 옹달샘 옆에 작은 개구리가 보입니다. 연못에 있던 개구리 하나가 톡 튀어나왔네요.

👧 어머, 오징어가 물에 들어갈 때 개구리가 깜짝 놀랐나 봐. 물 밖으로 튀어나왔네.

👦 엄마 토끼도 물에 젖어버렸어요.

👧 우리도 예전에 물놀이 갔을 때 흠뻑 젖은 적 있었잖아. 생각나지?

👦 흠뻑 젖어서 더 재미있었어요.

달토끼가 처음 달에서 떨어질 때 한쪽 양말만 신은 채 옹달샘으로 내려왔어요. 그런데 달로 돌아갈 때 이 양말이 벗겨져서 떨어집니다. 떨어진 양말은 거북이의 머리에 모자처럼 내려앉았어요. 거북이에게 토끼의 양말은 어떤 의미로 남을지 이야기 나누어 보세요.

👧 토끼가 양말을 한쪽만 신었네. 나머지 한쪽은 어디 있을까?

👦 엄마 여기요. 빨랫줄에 걸려 있어요.

👧 토끼의 양말이 거북이 머리에 떨어졌네. 거북이는 양말을 보면 토끼가 생각나겠구나.

👦 저는 할머니가 사주신 인형을 보면 할머니가 생각나요.

👧 평범한 물건도 누군가와의 추억이 깃들면 소중해지는 법이거든.

색지 오징어 만들기

준비물 | 색지, 가위, 연필, 원형 스티커, 인형 눈, 사인펜

○ **놀이 방법** ○

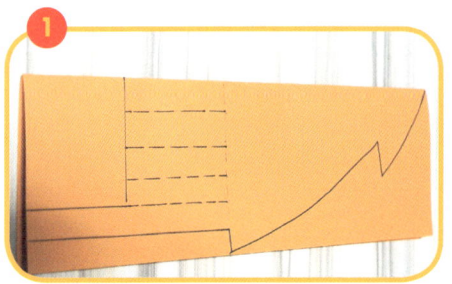

색지를 반으로 접어서 오징어의 반쪽 모양을 그립니다. 겹쳐진 두 장을 한꺼번에 자르고 종이를 펼치면 대칭을 이룬 오징어 모양을 쉽게 만들 수 있어요.(대칭의 개념도 자연스럽게 알려줄 수 있답니다.)

오징어의 열 개 다리 중 두 개의 다리는 유난히 깁니다. 오징어의 다리를 표현할 때도 이 점을 기억해서 양쪽 끝에 있는 두 개의 다리는 길게 남겨두고, 나머지 8개의 다리는 조금 짧게 그려주면 됩니다. 실수로 똑같이 잘랐다 해도 당황하지 말고 풀로 이어 붙이면 됩니다.

동그라미 스티커를 붙여서 오징어 다리에 있는 빨판을 표현해주세요. 오징어의 다리 끝부분을 연필로 동그랗게 말아주면 입체감이 살아납니다.

오징어의 눈은 움직이는 인형 눈을 붙여도 되지만 아이가 직접 그려주거나 동그라미 스티커에 눈동자를 그린 뒤에 붙여도 됩니다.

○유쾌발랄한 오징어 그림책○

내가 세상에서 제일 커!
케빈 셰리 글·그림 | 김수희 옮김 | 어린이작가정신 | 2009

자신이 바다 속에서 가장 크다고 으스대며 자랑하는 대왕오징어의 이야기예요. 다양한 바다 생물의 이름도 재미있게 익힐 수 있어요. 제일 크다고 뻐기던 대왕오징어는 향유고래를 만난 순간 자랑이 쏙 들어가 버리는데요. 향유고래가 대왕오징어를 꿀꺽 삼키고 마지막을 맞이하는 듯했으나, 대왕오징어는 고래 뱃속에 들어간 후에도 자랑을 멈추지 않고 "내가 고래 뱃속에서 가장 커"라는 마지막 말을 남기는 재미있는 그림책이에요.

메리

안녕달 글·그림 | 사계절 | 2017

어떤 책일까?

활짝 열린 초록 대문을 통해 보이는 시골의 정겨운 풍경, 그 속에는 순둥이 반려견 메리와 할머니가 있습니다. 할머니는 초록색 플라스틱 바가지에 메리가 먹을 밥을 담아서 들고 계시네요. 뒷다리로만 선 메리의 모습과 팽팽한 목줄에서 할머니를 향한 반가움이 느껴집니다.

시간은 과거로 거슬러 올라가 '메리'가 할머니와 함께 살게 된 때를 보여줍니다. 설날 아침, 도시에 사는 아들 부부와 손자, 손녀들이 할머니와 할아버지를 뵈러 왔네요. 손자와 손녀를 만난 할아버지는 평소의 적적했던 일상이 떠오르셨는지 '강생이(강아지의 방언)'를 키우자고 말씀하십니다. 할아버지의 말씀을 들은 아빠는 옆 동네에서 강아지를 받아왔고, 이렇게 강아지는 한 가족이 되었습니다. 마당에서 구할 수 있는 벽돌과 양동이, 슬레이트 지붕을 조립하니 강아지 집도 뚝딱 완성되었어요. 할머니는 강아지 이름을 '메리'라고 지으셨지요. 외국 이름이지만 이보다 더 구수한 이름이 또 있을까 싶은데요. 고양이는 무조건 '나비'이고, 강아지는 무조건 '메리'로 부르는 할머니들의 모습이 떠올라서 저절로 웃음이 납니다. 참고로 안녕달 작가님의 전작 《할머니의 여름휴가》에 등장하는 강아지 이름도 '메리'랍니다.

처음 온 날 밤, 메리는 엄마가 그리워서 밤늦도록 낑낑거리며 울던 어린 강아지였어요. 할머니의 사랑을 받으며 무럭무럭 자라났고, 어느덧 엄마가 되어서 아빠를 닮은 누렁이 강아지 두 마리와 자신을 닮은 흰둥이 강아지 한 마리를 낳았답니다. 이제 마당에 개들의 '헉헉' 소리가 사중주로 울려 퍼집니다. 메리가 낳은 강아지들이 새로운 가족을 찾아가는 과정도 무척 따뜻하게 그려지는데요. 무뚝뚝하지만 살뜰하게 강아지들을 챙겨서 보내는 할머니의 모습이 인상적이어서 헤어짐이 아쉽지만 슬프지는 않아요. 그리고 다시 찾아온 추석 명절, 홀로 식사를 하던 할머니가 돌연 밥상을 들고 마당으로 나간 사연은 그림책을 통해 확인해보세요. 가족처럼 지내는 할머니와 메리의 모습은 평범하지만 특별한 감동을 선사합니다.

꿈책맘이 콕 짚어주는 이 책의 매력

말썽을 부리는 강아지들을 혼내는 할머니의 말투는 전혀 살갑지 않지요. 하지만 메리를 생각하는 할머니의 마음은 가족을 대하는 마음과 다르지 않답니다. 밥상 위의 반찬을 나누어먹는 것만 보아도 가족 이상의 의미임을 알 수 있기에 메리와 할머니가 함께 지내는 모습은 코끝이 찡해지는 감동을 줍니다. 겉으로 표현하지 않아도 속 깊은 사랑, 그것이 바로 우리 할머니와 할아버지의 사랑입니다. 시골의 풍광처럼 투박하지만 푸근한 사랑이지요.

그림책으로 한 뼘 자라기

메리는 요즘의 반려견과 같이 집 안에서 주인과 함께 지내지 않고 마당에서 목줄에 메어 지냅니다. 할머니는 평소에 메리를 무뚝뚝하게 대하지만, 메리는 할머니에게 가족 이상의 존재입니다. 할머니가 메리의 새끼들을 떠나보낼 때 당부에 당부를 거듭하는 모습과 밥상 위에 올라온 고기 반찬을 나누어 먹는 장면을 보면 찡한 감동이 전해져 옵니다. 메리는 희로애락을 함께하는 인생 동반자로서의 모습을 보여줍니다. 그런 점에서 아이들에게 반려동물도 가족 구성원임을 알려주는 그림책입니다.

엄마의 시선에서 그림책 바라보기

안녕달 작가님 그림책 속 등장인물은 우리가 흔히 볼 수 있는 평범한 모습을 하고 있어서 더욱 정겹습니다. 뽀글뽀글 파마머리에 알록달록한 색상의 옷을 입은 할머니를 보면 우리 할머니 모습이 저절로 떠오릅니다. 안녕달 작가님은 인터뷰에서 작가님 자신의 외할머니 모습을 그림책으로 옮겼다고 하셨어요. 저는 친가와 외가가 모두 시골이었기에 그림책 '메리'에 등장하는 할머니의 모습이 더욱 친근하게 다가옵니다. 세대가 바뀌어가면서 이제 우리 아이들에게는 도시적이고 세련된 할머니 모습이 더 익숙할 것이라는 생각이 듭니다. 의식의 흐름을 따라가다 보니 미래의 손자 혹은 손녀에게 저는 어떤 할머니로 기억될지 궁금해지네요.

알콩달콩 그림책 대화

아이는 강아지들이 내는 '핥핥' 의성어와 마당 이곳저곳에 보이는 응가를 보며 즐거워합니다.

- 🧒 메리가 마당에 응가를 싸놓았네.
- 👦 강아지가 태어나서 응가도 이제 네 덩어리가 되었어요.
- 🧒 어떤 응가는 크고, 어떤 응가는 작네?
- 👦 메리는 크니까 응가도 크고, 아가들은 작으니까 응가도 작은 거예요.

엄마의 어린 시절 경험담을 들려주셔도 좋아요.

- 🧒 엄마도 어렸을 때 마당에서 강아지를 키운 적이 있었어.
- 👦 왜 강아지를 마당에서 키워요? 겨울에는 너무 춥잖아요.
- 🧒 엄마 어렸을 때 어른들은 강아지가 집을 지켜준다는 생각이 더 컸던 것 같아. 그래서 낯선 사람이 오면 크게 짖어서 가족들에게 알려주는 임무를 했던 거지.
- 👦 메리는 할머니를 외롭지 않게 해주는 임무도 잘 해냈어요.

편지 봉투로 메리 손인형 만들기

준비물 | 편지 봉투, 가위, 풀, 사인펜, 색연필, 투명 테이프

○ **놀이 방법** ○

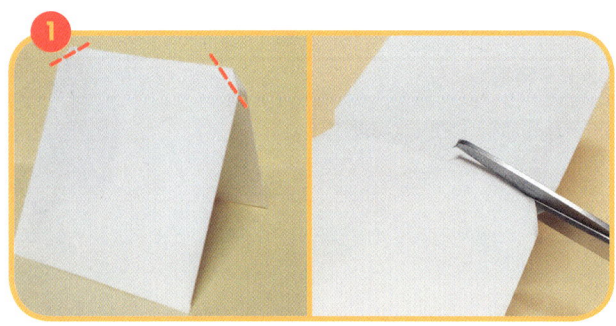

편지 봉투의 입구를 풀로 붙여 봉합니다. 봉투를 반으로 접은 후 접은 선의 모서리 양끝을 자른 뒤 반으로 잘라주세요.

메리의 얼굴 모양을 만들기 위해 봉투 모서리를 비스듬히 사선으로 접고 풀칠하여 고정해주세요. 반으로 잘라 뚫린 부분이 아닌, 양끝의 막힌 부분 모서리를 접어주세요.

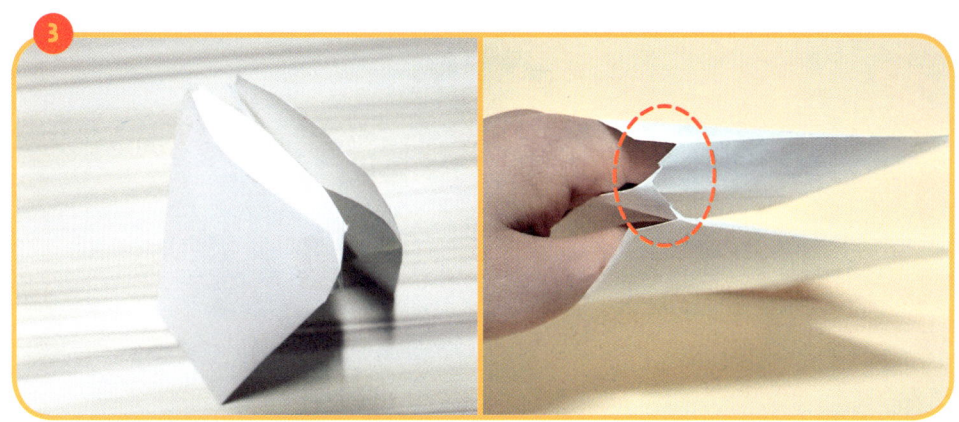

손을 넣을 수 있게 투명 테이프로 잘린 봉투를 다시 고정해줍니다. 선으로 표시된 중앙 부분 4cm 정도만 붙여주면 됩니다. 봉투를 자른 후 다시 붙이는 이유는, 봉투를 반으로 접기만 하면 손을 넣고 조작할 때 손이 움직일 여유가 부족해서 위 오른쪽 사진처럼 봉투 양쪽이 쉽게 찢어지기 때문이에요.

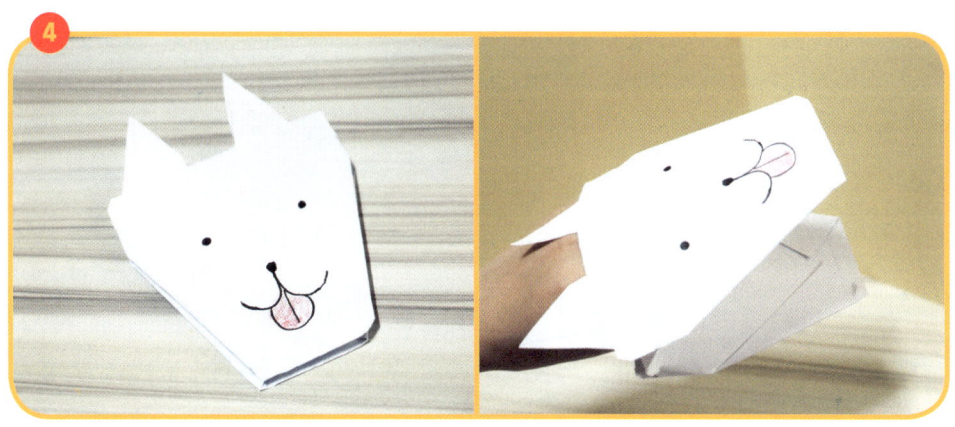

종이를 삼각형으로 오려서 귀를 만들고 얼굴을 그려 넣으면 메리 손인형이 완성됩니다. 그림책에서 등장한 메리와 같이 '핡핡핡' 의성어를 따라 하며 조작해보세요.

○ 안녕달 작가의 그림책 ○

수박 수영장

안녕달 글·그림 | 창비 | 2015

무더운 여름, 어느 시골에 수박 수영장이 개장합니다. 커다란 수박을 반으로 쪼갠 모습의 수박 수영장에 온 동네 사람들이 모입니다. 수박씨를 꺼낸 자리에 들어가 찜질을 즐기는가 하면 수박 껍질 슬라이드를 타는 등 해변과 수영장에서 즐기는 모든 물놀이를 하며 더위를 피하는 모습이 재미있습니다.

○ 안녕달 작가의 그림책 ○

할머니의 여름휴가

안녕달 글·그림 | 창비 | 2016

옥탑방에 강아지 메리와 살고 계신 할머니는 더운 여름에도 낡은 선풍기 하나에 의존해서 지냈어요. 손자가 바닷가에서 주워온 소라 껍데기 선물은 할머니에게 꿈같은 휴가를 선사합니다. 소라껍데기를 통해 할머니와 메리가 바닷가로 순간 이동하는 신기한 마법이 일어났거든요. 여행마저 힘에 부치기에 여름휴가도 쉽사리 즐길 수 없었던 할머니가 바닷가에서 여유를 즐기는 모습은 잔잔한 감동으로 전해져옵니다.

왜냐면…

안녕달 글·그림 | 책읽는곰 | 2017

유치원 하원 길, 꼬리에 꼬리를 물고 이어지는 아이의 엉뚱한 질문과 아이의 동심을 지켜주려는 엄마의 재치 있는 대답에 미소가 지어집니다. 한가로운 어촌의 풍경을 배경으로 한 엄마와 아이의 소소한 대화가 무척이나 정겹고 사랑스러운 그림책입니다.

문장부호

난주 글·그림 | 고래뱃속 | 2016

어떤 책일까?

세밀화풍의 일러스트 속에 절묘하게 숨어 있는 문장부호들을 찾는 것이 재미있는 그림책입니다. 땅에 톡 떨어진 작은 씨앗은 온점(.)이 되고, 땅속에서 뿌리를 내리면 쉼표(,)의 모양으로 바뀝니다. 초록빛으로 돋아난 새싹의 모습에는 느낌표(!)가 숨어 있어요. 새싹이 자라서 꽃을 피우면 줄기가 구부러지며 물음표(?)의 모습을 만들어내는데요. 마침 곁을 지나던 무당벌레는 절묘하게도 물음표 부호의 점 부분을 담당합니다. 그리고 씨앗에서 피어난 꽃은 바로 보라색 제비꽃이었어요.

그리고 이 그림책에서는 또 다른 생명의 신비를 보여주는데요. 바로 나비의 한살이입니다. 나비의 동그란 알은 온점(.)의 모습을 하고 있어요. 그리고 알에서 깨어난 애벌레는 쉼표(,)가 됩니다. 고치를 만든 번데기가 대롱대롱 매달린 모습은 느낌표(!)를 닮았고, 번데기에서 나온 나비의 날개에서 물음표(?) 모양 무늬를 찾을 수 있는데요. 화려하게 탈바꿈한 나비가 날아간 곳은 바로 앞서 만났던 제비꽃이에요.

제비꽃과 나비의 공생, 그리고 나비 날개와 제비꽃 씨앗을 옮기는 개미의 모습을 통해 자연의 순환 구조를 볼 수 있기에 단순한 문장부호, 그 이상의 의미로 다가옵니다.

> **Tip!** 제비꽃은 종자를 다른 곳으로 이동하기 위한 수단으로 개미를 이용합니다. 개미들은 제비꽃 종자의 한쪽 끝에 엘라이오솜(elaiosome: 종침種枕)이라는 지방산 덩어리를 좋아해서 그 엘라이오솜을 식량으로 생각하고 종자를 자기 집으로 가지고 갑니다. 개미가 엘라이오솜만 떼어서 새끼에게 먹이고, 씨앗은 집 밖에 버리면서 종자를 확산시키는데요. 개미가 씨앗을 가져갔다가 엘라이오솜만 떼고 씨앗을 밖에 버리는 것은 엘라이오솜을 떼어내면 신선도가 떨어져서 금방 맛이 변하기 때문이라고 하네요.

출처 | 《숲 읽어주는 남자》, 황경택 글·그림, 황소걸음, 2018

꿈책맘이 콕 짚어주는 이 책의 매력

난주 작가님은 평소에 자연물 관찰하는 것을 즐겨서 자연물을 소재로 한 그림책을 만드셨다고 해요. 직접 잉크를 조색하고, 펜촉으로 수많은 점을 찍는 점묘법으로 작업한 세밀한 일러스트 덕분에 자연의 아름다움이 더욱 선명하게 느껴집니다. 자연에 문장부호가 숨어 있으리라는 생각은 미처 못했기에 숨은그림찾기도 신선한 매력으로 다가옵니다.

조르르 모여든 개미들은
무엇을 하려는 걸까요
?

작은 봉오리가
천천히 꽃잎을 벌리면
꽃향기가 나겠죠
?

씨앗이
쭉쭉
뿌리를 내리더니

그림책 속의 문장부호는 사실 숨어 있었던 것이 아니라, 원래 그 자리에 늘 있었는데 우리가 미처 발견하지 못했다는 생각이 듭니다. 그림책의 글 부분에서도 문장부호의 쓰임새를 강조하기 위해 문장 옆에 나란히 배치하지 않고 한 줄 띄어서 배열했는데요. 문장 속에 녹아 있어서 그 역할이 눈에 띄지 않지만 문장부호가 없다면 온전한 문장이 될 수 없듯이, 이 세상에 있는 모든 것은 존재의 이유가 있어 소중합니다.

그림책으로 한 뼘 자라기

아이들은 쪼그려 앉아 관찰하는 것을 즐깁니다. 놀이터에서 개미가 줄지어 가는 것을 발견하면 한참을 앉아 바라봅니다. 자신과 가족이 이 세상의 전부가 아니고, 또 다른 생명체들이 함께 살아가고 있음을 배우는 순간인 것이지요. 제비꽃 줄기와 무당벌레가 함께 물음표를 만들고, 씨앗 주머니와 나뭇잎의 구멍이 만들어낸 느낌표의 모습이 다채로움을 주듯, 작은 곤충과 식물도 이 세상의 중요한 일원으로 서로 도우며 조화롭게 살아가는 모습을 통해 생명의 소중함을 배우게 됩니다.

엄마의 시선에서 그림책 바라보기

반복되어 등장하는 문장부호들은 자연의 섭리뿐 아니라 인생의 순환을 담고 있는데요. 내 인생에서는 언제가 온점, 쉼표, 물음표, 느낌표의 순간이었는지 떠올려보는 시간을 마련해주었어요. 수많은 온점 가운데에서 쉼표를 갈망하기도 하고, 물음표로 가득할 때는 느낌표의 순간을 기다렸지요. 아이의 삶에서도 앞으로 등장할 다양한 순간을 묵묵히 지켜보고 응원해야겠다는 다짐을 하게 됩니다.

알콩달콩 그림책 대화

문장 부호의 모양에 집중해서 그림책을 읽어보세요.

- 👩 동글동글 씨앗이 땅에 떨어졌네. 동그란 점처럼 생긴 마침표가 씨앗이랑 닮았다. 씨앗에서 뿌리가 나오니까 모습이 바뀌었네.
- 👩‍👦 어! 여기 꼬리 달린 점이랑 비슷해요.
- 👩 맞아~. 마침표에 꼬리가 달리면 쉼표라고 불러. 드디어 싹이 나왔다! 긴 막대기랑 동그란 점이 만나면 느낌표라고 부르는데. 깜짝 놀라거나 예쁜 것을 본 자신의 느낌을 나타낼 때 사용하기도 해.
- 👩‍👦 엄마, 여기 동그란 싹이랑 길쭉한 싹이 느낌표처럼 보여요.
- 👩 우리 꿈책이가 정말 잘 찾았네!

씨앗과 나비 날개를 옮기는 개미의 모습을 보며 이야기를 나누어 보세요.

- 👩 개미들이 함께 영차영차 먹이를 옮기고 있네.
- 👩‍👦 엄마, 우리 지난번에 놀이터에서 개미들이 과자 부스러기 옮기는 것도 봤잖아요.
- 👩 맞아. 개미는 여럿이 힘을 합쳐 무거운 짐을 옮긴대.
- 👩‍👦 무거운 물건도 개미들처럼 친구들이랑 같이 들면 힘들지 않아요.

색종이로 만든 입체 나비와 제비꽃

준비물 | 무늬 색종이, 사인펜, 풀, 가위, 원형 스티커, 도화지

○ 놀이 방법 ○

입체 나비

색종이를 반으로 접어 나비 날개 반쪽의 모양을 그려주세요. 색종이를 접은 상태로 두 겹을 한꺼번에 자르면 대칭 모양을 쉽게 자를 수 있어요.

나비 날개의 한 면에만 풀칠을 해서 도화지에 붙여주세요. 나비의 몸통은 동그라미 스티커 세 개를 나란히 붙여 표현합니다. 더듬이는 직접 그려주어도 되고 빵 끈이나 모루를 사용해서 입체적으로 표현해도 좋아요.

입체 제비꽃

색종이를 겹쳐서 접은 후 풀 뚜껑을 대고 동그라미 모양을 그려주세요. 동그라미 모양으로 자른 색종이를 반으로 접은 후 반원 부분에만 풀을 묻혀 입체적으로 붙여주세요. 줄기는 색연필로 그려주고 잎은 초록색 색종이를 유선형으로 잘라서 붙여줍니다.

개미

동그라미 스티커 세 개를 나란히 붙인 뒤에 색연필로 더듬이와 다리를 그려줍니다.

도화지에 꽃과 곤충을 자유롭게 붙이며 표현해주세요.

○곤충과 식물의 한살이를 담은 그림책○

사과와 나비

이엘라 마리 · 엔조 마리 공저 | 보림 | 2003

글자 없는 그림책으로 단순하지만 감각적인 느낌의 일러스트가 돋보입니다. 사과의 단면 속에 보이는 빨간 점은 바로 나비의 알이에요. 알에서 태어난 애벌레는 사과 과육을 먹으며 밖으로 나와 고치를 만들고 번데기가 되었지요. 고치를 뚫고 나비가 되어 날아간 곳은 바로 사과 꽃이 활짝 피어 있는 사과나무였답니다. 나비는 사과 꽃에 앉아 꽃가루를 옮겨주었고 꽃 속에 다시 빨간 알을 낳았어요. 꽃잎이 떨어진 자리에는 다시 탐스러운 사과가 열리고, 사과는 빨간 알을 품고 익어갑니다. 이제 사과 안에서 또 다른 애벌레가 태어날 것을 암시하며 다시 되풀이되는 생명의 순환과 공생관계를 보여줍니다.

제비꽃과 개미

야자마 요시코 글 · 그림 | 윤태랑 옮김
모리타 타츠요시 감수 | 한림출판사 | 2004

우리 주변에서 흔히 볼 수 있는 제비꽃이지만 그 생태에 대해서는 자세히 모르는 경우가 많은데요. 콘크리트 틈에서도 피어나는 강인한 생명력을 가진 제비꽃의 생태와 제비꽃의 씨앗을 먹이로 삼는 개미의 공생관계를 동화 형식으로 쉽게 설명한 자연관찰 그림책입니다.

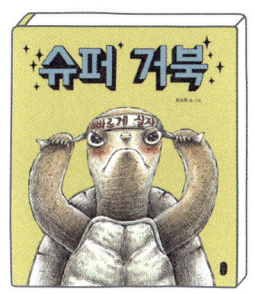

슈퍼 거북

유설화 글·그림 | 책읽는곰 | 2014

어떤 책일까?

달리기 경주에서 이긴 거북이는 어떻게 되었을까요? 이 그림책은 '토끼와 거북이' 그 후의 이야기랍니다. 경주에서 이긴 거북이 '꾸물이'는 최고의 스타 대접을 받습니다. 인기 연예인의 옷차림을 따라 하듯 가짜 거북이 등딱지를 등에 메는 것이 유행이 될 정도였어요. 거리의 상점들도 모두 '거북이'를 콘셉트로 한 마케팅 전략을 펼치기 시작합니다. 그러나 우리가 토끼와 거북이 이야기를 잘 알고 있듯이 꾸물이가 빨라서 경주에서 이긴 것은 아니었답니다.

하지만 정확한 사연을 알리 없는 동물들은 평소 생활에서는 느리디 느린 꾸물이의 모습을 보고 실망하기 시작합니다. 자신을 향한 동물들의 기대감에 찬물을 끼얹을 수 없다고 생각한 꾸물이는 마음을 단단히 먹고 진짜 '슈퍼 거북'이 되기로 결심합니다. 진짜 슈퍼 거북 되기 프로젝트에 돌입한 꾸물이는 눈물겨운 특별 훈련을 시작했지요. 피나는 노력은 결실로 나타났고, 꾸물이는 진정한 슈퍼 거북으로 거듭났어요. 자동차, 고속열차는 물론 제트기보다도 더 빨라졌답니다. 특별 훈련 덕분에 빨라졌지만 심한 후유증이 남았으니, 훈련의 여파로 극심한 피로에 시달립니다. 거울에 비친 꾸물이의 모습은 천 년쯤 늙어버린 모습이었지요.

이렇게 피곤한 삶을 사는 꾸물이에게 토끼는 경기를 한 번 더 하자며 도전장을 내밉니다. 이제 꾸물이에게 경기 결과는 중요하지 않습니다. 화려한 명성을 얻은 유명인의 삶과 평범하지만 마음의 여유가 있는 삶 중에서 어떤 것이 가치 있는지 알게 되었으니까요.

꿈책맘이 콕 짚어주는 이 책의 매력

《슈퍼 거북》은 우화를 재구성했기에 익숙하면서도 새로운 재미가 있습니다. 이와 같은 패러디물은 원작 동화를 읽어보고, 원래 이야기에 익숙해지고 나서 읽어보는 것이 좋습니다. 아이가 익히 알고 있는 이야기지만 새로이 재구성한 작품을 읽어보며 원작과 비교해보는 재미가 있기 때문이지요. (혹시 원작 이야기를 모르는 친구가 있다면, 작가님이 면지에 압축해서 넣어두신 원작 이야기를 읽으며 이야기를 나눠볼 수 있습니다.)

패러디 동화를 읽으면 아이도 자신의 상상력을 가미하고 기존의 이야기를 살짝 바꾸며 창의력을 기르는 기회가 됩니다. 이 그림책에서는 거북이가 진정한 자아를 찾아가는 과정을 보여주면서 색다른 재미를 주고 있는데요.

아이도 자신만의 상상을 펼치며 새로운 이야기를 만들어보면 좋습니다.

그림책으로 한 뼘 자라기

첫 경주에서 꾸물이가 이길 수 있었던 이유는 속도가 느려도 멈추지 않고 꾸준히 경주를 이어갔기 때문이에요. 두 번째 경주에서는 꾸준히 노력한 결과 놀라운 실력을 갖게 되었지요. 꾸준한 노력으로 좋은 결과를 얻은 것 같았지만 두 상황에서는 큰 차이점이 있습니다. 첫 경주에서는 진심으로 끈질기게 노력했지만, 두 번째 경주에서는 타의에 의한 억지 노력을 한 것이죠. 이러한 꾸물이의 모습을 통해 기대감에 부응하기 위한 노력보다는 진심에서 우러난 노력이 큰 의미가 있다는 것을 알 수 있습니다.

하지만 꾸물이가 자신의 원래 모습에 실망하는 주변의 시선에 상처를 받거나 낙담하기보다 오히려 각오를 단단히 다지는 모습이 인상적이었어요. 비록 시작은 타의에 의한 것이었지만, 자신이 원하는 바를 향해 나아가는 뚝심을 발휘한 것은 박수를 받아 마땅하다고 생각합니다.

엄마의 시선에서 그림책 바라보기

일과 육아, 살림까지 똑부러지게 해서 '슈퍼 엄마'가 되고 싶은 마음은 누구나 같을 거예요. 하지만 주변의 기대에 부응하고픈 마음이 스트레스로 쌓이기도 합니다. 타인의 시선을 의식하고 실망시키지 않으려 한 꾸물이의 모습은 누구에게나 내재되어 있다는 생각이 듭니다. 엄마도 육아와 휴식의 균형, 일과 육아의 균형, 살림과 육아의 균형 등등 여러 가지 방면에서 균형을 잡는 것이 중요해요. 두 가지 모두 최상이 될 수는 없으니 적절한 타협이 필요합니다. 엄마 마음이 편해야 가족도 평안한 법이니까요.

알콩달콩 그림책 대화

아이가 큰 걱정을 했던 기억을 떠올려보고 함께 이야기 나누어보세요.

- 👩 우리 꿈책이도 꾸물이처럼 걱정되었던 일이 있었어?
- 👧 유치원에서 발표회할 때 잘 할 수 있을지 조금 걱정되었어요.
- 👩 그래도 정말 잘 하던 걸! 엄마 완전히 감동스럽고 자랑스러웠어!
- 👧 무대에서는 떨렸지만 끝나고 나니 재미있었어요!

'슈퍼 거북' 그 이후의 이야기를 상상해보세요.

- 👩 앞으로 토끼와 꾸물이가 또 경주를 하면 어떤 일이 일어날까?
- 👧 이번에는 토끼가 꾸물이에게 질까 봐 엄청나게 걱정할 것 같아요.
- 👩 꾸물이가 아닌 다른 동물과 경주해도 재미있겠다. 누구랑 경주하면 재미있을까?
- 👧 제가 좋아하는 티라노사우르스요!
- 👩 와~ 공룡과의 경주라니 정말 재미있겠다!

색종이 모자이크 거북이

준비물 | 흰색 종이, 색종이, 사인펜, 색종이, 가위, 풀, 색연필

○ 놀이 방법 ○

종이 위에 거북이를 그려주세요. 몸통 부분 원형의 지름은 14cm 정도입니다. 원형을 그릴 때는 대접이나 냄비 뚜껑을 종이 위에 엎어놓고 그려도 됩니다.

다양한 색상의 색종이를 여러 겹으로 겹쳐 놓고 가위로 불규칙하게 자른 뒤, 색종이 조각을 거북이 등딱지에 붙여줍니다.

머리와 다리는 초록색 색연필로 색칠해주세요. 원의 중심까지 반지름 실선을 따라 가위로 자릅니다.

거북이 등딱지 부분을 원뿔 모양의 입체로 만들기 위해 1번 그림의 실선 반지름을 점선으로 표시된 반지름과 겹쳐서 붙여줍니다.

○느림의 미학을 담은 그림책○

거북이 나라의 금방

류쉬꿍 글·그림 | 심봉희 옮김 | 현암주니어 | 2017

거북이 나라에 처음 도착한 토끼의 마음은 여행에 대한 기대로 설레었지만, 거북이 나라에서는 교통수단과 음식점의 서비스까지 모든 것이 느려 답답하기만 합니다. 그러나 토끼 역시 거북이 나라의 생활방식에 점차 익숙해지며 여유로움을 즐기게 됩니다. 빠르다고 무조건 좋은 것은 아니라는 느림의 미학으로 '시간의 흐름을 느긋하게 즐기는 법'을 이야기하는 그림책입니다.

나씨의 아침 식사

미안 글·그림 | 웅진주니어 | 2017

나무늘보가 등장해서 진정한 '느림'이란 무엇인지 보여줍니다. 나씨는 엄마가 갓 쪄놓으신 만두를 먹기 위해 최선을 다해 다가가지만 개미보다도 느립니다. 그런 나씨의 모습에 기다리던 만두마저 답답함에 '속이 터지는' 일이 발생합니다. 나씨가 아닌 배경의 다른 부분에서 속도감을 찾는 것도 색다른 재미랍니다.

머리하는 날

김도아 글 · 그림 | 사계절 | 2018

어떤 책일까?

꼬불 파마를 처음 해보는 소녀의 설렘과 걱정을 재미있게 표현한 그림책이에요. 같은 반 남자 친구 성윤이가 파마를 하고 유치원에 오자 친구들은 헤어스타일을 보고 한 마디씩 합니다. 어떤 친구는 '꼬불꼬불 라면'이라 하고, 또 다른 친구는 '꼬불꼬불 폭탄'이라고 했지요. 그 말을 들은 성윤이는 부끄러움에 얼굴이 빨개졌어요. 주인공 소녀는 먼발치에서 걱정스러운 표정으로 그 모습을 바라보았답니다. 여기까지는 유치원에서의 일화를 보여주는 프롤로그예요.

프롤로그 페이지를 넘기면 본격적인 이야기가 시작됩니다. 주인공 여자 아이는 친구에게 생일 초대를 받고 파마를 하러 가는 길이에요. 엄마 손을 잡고 처음 가본 미용실의 모습은 신기하기도 하고 왠지 무섭기도 했지요. 미용실 의자에 앉기 전에는 미용실 벽에 붙은 사진들이 샤방샤방해 보였는데, 막상 미용실 의자에 앉으니 잿빛으로 변해버리는 모습을 통해 걱정으로 가득한 아이의 마음을 짐작할 수 있어요. 커트를 하고, 헤어 롤을 말고, 열을 가하는 등의 긴 과정이 끝나자 드디어 헤어스타일이 완성됩니다. 꼬불꼬불한 파마머리가 제대로 나왔네요. 예쁜 옷까지 골라 입고 친구 집에 도착한 아이의 모습을 보면 파마를 한 이유가 밝혀지는데요. 그 이유가 호기심이나 예뻐지고 싶은 마음이 아니었기에 더 인상적입니다. 아이의 마음이 궁금하다면 그림책의 뒷표지까지 꼼꼼히 살펴보시길 바랍니다.

꿈책맘이 콕 짚어주는 이 책의 매력

파마의 힘든 과정에 상상력을 가미한 점이 눈에 띄는데요. 잘려나간 머리카락이 낙엽의 모습으로 변하고, 주변에 놓인 뾰족한 드라이 빗과 고데기는 섬뜩한 식충식물로 표현되어 있어요. 냄새가 강한 파마 약을 바른 후에는 공룡이 나타나서 아이의 머리 위로 뚝뚝 침을 흘리기 시작합니다. 아이에게는 파마 약이 공룡의 침처럼 끔찍했나 봐요. 미용실에서의 낯선 경험을 그림을 통해 비유적으로 보여주기에 상상력이 더욱 극대화됩니다. 공룡의 정체는 프롤로그에 그 힌트가 숨어 있으니 눈여겨 보세요.

그림책으로 한 뼘 자라기

친구가 상처를 받았을 때 정의의 사도가 되어 상처를 준 친구들을 응징

할 수 있지만, 그 친구와 같은 편에 서는 것도 좋은 방법입니다. 나와 같은 편에 선 친구가 있다는 사실만으로도 든든한 힘이 되어주니까요. 이 그림책의 소녀는 자신이 좋아하는 친구의 편에 서는 방법을 택했습니다. 파마머리 폭탄도 둘이 함께 하면 위력이 더 강한 법이니까요.

엄마의 시선에서 그림책 바라보기

파마는 어른도 온몸이 찌뿌둥해질 정도로 은근 힘든 일입니다. 하지만 주인공 소녀는 이 과정을 기특하게 잘 견뎌냅니다. 자신이 이루고 싶은 한 가지 목표가 있었기 때문이지요. 만약 엄마가 먼저 파마를 하라고 권했다면 소녀는 절대 하지 않았을 거라는 생각이 듭니다. 무엇이든 스스로 원하는 것을 할 때, 전에는 없었던 끈기와 인내심을 발휘하는 법이지요.

알콩달콩 그림책 대화

아이와 함께 다양한 헤어스타일에 대해 이야기해보세요(똥 모양 머리, 비구름 머리, 선인장 머리).

 헤어스타일이 진짜 재미있네. 그렇지?
 엄마 이거 보세요. 똥 모양 머리도 있어요.
 꿈책이는 어떤 스타일을 하고 싶어?
 저는 키가 커보이도록 높이 솟은 탑 모양 머리를 할 거예요.

미용실에 대한 경험을 이야기해보세요.

- 꿈책이는 미용실에 가면 어떤 기분이 들어?
- 앞머리를 자를 때 머리카락이 눈에 들어갈까 봐 무서워요.
- 그래서 눈을 그렇게 꼭 감았구나.
- 그리고 날카로운 가위가 저를 다치게 할까 봐 그것도 겁나요. 가위도 너무 차갑고요.
- 그랬구나. 미용사 선생님이 정말 조심하시지만 충분히 그런 마음이 들 수 있지.

  엄마가 옆에서 잘 지켜보고 선생님도 조심하시니까 걱정하지 않아도 돼.

꼬불꼬불 색종이 머리카락

준비물 | 도화지, 컴퍼스나 동그란 대접(동그라미를 대고 그리는 용도), 연필, 색종이, 가위, 풀, 인형 눈

○ 놀이 방법 ○

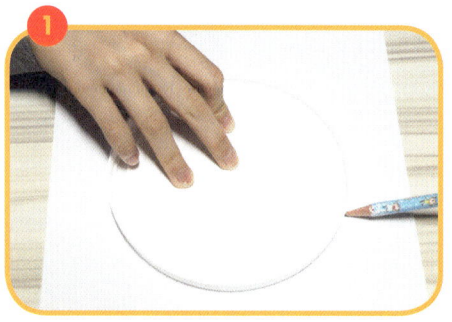

도화지에 대접이나 물건을 놓고 동그라미를 그립니다.

동그라미 안에 인형 눈을 붙이고 재미있는 표정을 그려주세요.

머리카락을 만들 띠의 길이는 색종이 길이를 그대로 사용하고, 폭은 2.5cm로 자릅니다. 자른 색종이 띠를 연필에 감아서 컬을 만들어줍니다. 비스듬히 사선으로 감아주어야 더 예쁩니다.

앞서 그린 얼굴에 꼬불꼬불 색종이 머리카락을 붙여줍니다. 긴 색종이 띠를 적당한 길이로 잘라서 앞머리도 만들어주세요. 완성된 색종이 머리는 가위로 자르면서 놀 수도 있어요(아이가 자신의 머리는 자르지 않도록 충분히 주의를 주어야 합니다.).

○다양한 미용실이 등장하는 그림책○

줄무늬 미용실

홍유경 글·그림 | 북극곰 | 2017

심한 곱슬머리가 고민인 꼬마 사자는 찰랑찰랑한 생머리로 스타일을 바꾸고 싶었어요. 얼룩말 미용사는 자신만만하게 약제를 섞고 마법과도 같은 변신을 만들어냅니다. 잠깐은 변신에 성공한 듯 보였으나 꼬마 사자의 갈기 한 가닥이 '뽕!' 하고 꼬부라지기 시작하더니 찰랑찰랑하던 생머리들은 기다렸다는 듯 모두 뽕! 뽕! 뽕! 꼬부라지며 원래의 곱슬머리로 돌아오기 시작합니다. 꼬마 사자의 변신은 진정 불가능한 걸까요? 그러나 얼룩말 미용사의 능력 발휘는 이제부터 시작되니 기대해주세요.

우주 미용실

남궁선 글·그림 | 리젬 | 2014

미용실의 낯선 풍경을 남자 아이의 시선으로 그려낸 그림책입니다. 미용실에서 벌어지는 모습은 마치 외계의 풍경처럼 이상해 보이기만 합니다. 하지만 요상하고 기괴해 보이기도 하는 헤어스타일의 변신을 구경하는 것은 생각보다 재미있었고 소년에게도 특별한 경험을 선사합니다.

양배추 행성 동물도감

투페라 투페라 글·그림 | 송주은 옮김 | 예림당 | 2018

어떤 책일까?

언뜻 보면 자연관찰 동물도감으로 보이지만, 알고 보면 상상력이 가득한 그림책이에요. 지구에서 831광년이나 떨어진 까마득한 우주 저편 은하계의 '양배추 행성'에는 신기한 동물들이 살고 있답니다. 양배추 행성의 지형과 행성 단면의 구조를 보기만 해도 아삭아삭한 식감이 전해지는데요. 이곳 양배추 행성에 살고 있는 다양한 동물을 동물도감의 형식을 빌려 설명하고 있기에 처음에는 그림책인지 동물도감인지 헷갈리기도 합니다. 하지만 과일과 채소로 만들어진 상상의 동물 28종에 대한 설명을 읽다 보면 작가의 상상력에 감탄하게 됩니다. 각 동물의 신체 특징과 습성, 양배추 행성에서의 서식지에 이르기까지 동물들이 마치 실제 존재하는 것처럼 진지하게 소개해서 더욱 흥미로워요.

꿈책맘이 콕 짚어주는 이 책의 매력

다양한 과일과 채소의 변신을 보고 있으면 '정말 우주 어딘가에 이런 행성이 있지 않을까?' 하는 착각이 들 정도입니다. 또한 양배추 행성의 많은 부분이 아직 수수께끼로 남아 있다는 설정을 통해 아이들이 더욱 다양한 상상을 펼칠 수 있게 해주어서, 일상에서 접하는 채소와 과일로 각자 새로운 동물을 창조해낼 수도 있답니다. 은하계 저편에는 양배추 행성보다

더 독특한 행성도 존재할 수 있어요. 귤 행성, 수박 행성도 있지 않을까요? 넓고 넓은 우주만큼이나 무한한 상상력을 펼치도록 해주는 그림책입니다.

그림책으로 한 뼘 자라기

아이들은 새로운 맛에 도전하는 것을 꺼리는 경우가 많은데요. 용기를 가지고 도전했다 할지라도 자신의 취향에 맞지 않는 향이나 식감을 가지고 있는 식재료는 다시 먹고 싶어 하지 않습니다. 이는 어른들도 마찬가지면서, 아이들이 안 먹으면 편식이라 하고 어른들이 안 먹으면 취향이라고 하는 것은 불공평해요. 성장기 아이들에게 균형 있는 식단이 중요하긴 하지만 채소나 과일과 익숙해지는 데는 노력이 필요합니다. 채소와 과일을 소재로 한 그림책을 통해 낯선 식재료와도 친해지는 기회를 만들어주세요.

엄마의 시선에서 그림책 바라보기

양배추 행성에 사는 유일한 인종인 당근족은 두 발로 직립 보행을 합니다. 자신만의 언어를 가지고 있고, 집을 만들고 사는 모습을 보면 다른 동물들에 비해서 상당히 높은 지능을 가지고 있음을 알 수 있어요. 하지만 어딘지 모르게 부족한 허당의 매력을 발산합니다. 그러한 점이 그림책 속의 중요한 유머코드 역할을 하고 있어요. 어찌 보면 지구에서 가장 똑똑하다고 자부하는 인간의 오만함을 반성하게 만드는 모습이기도 합니다.

알콩달콩 그림책 대화

양배추 행성과 같이 독특한 행성을 상상해보세요.

- 엄마는 빵을 좋아하니까 식빵 행성이 있으면 재미있을 것 같아.
- 식빵 행성에는 바게트 뱀이 살아요. 고소한 냄새로 먹이를 유혹해요.
- 와, 재미있다! 초코 소라빵 속에 사는 소라게는 어때?
- 식빵 행성에는 크루아상 초승달이 떠 있으면 좋겠어요.

채소와 과일 사진으로
나만의 동물 만들기

준비물 | 채소와 과일의 실사 사진, 도화지, 풀, 가위, 색연필, 인형 눈
* 실제 채소와 과일을 사용하면 더욱 좋겠지만 검색한 사진을 출력해서 만들어도 재미있는 활동이 됩니다.

○ 놀이 방법 ○

구글에서 다양한 채소와 과일 사진을 검색합니다. 이미지 검색을 활용하면 더 편리합니다.

한글 문서에서 이미지 파일을 불러와 적당한 사이즈로 조정한 후 출력해주세요. 사진 크기를 여러 가지로 만들어 준비하면 더 좋습니다.

사진을 가위로 오린 후, 도화지 위에 풀로 붙이며 다양한 동물을 만들어보세요.

인형 눈을 붙이고 색연필로 배경을 그려주면 더욱 재미있습니다.

○채소와 과일로 만든 동물 그림책○

맛있는 그림책

주경호 글·그림 | 보림 | 2000

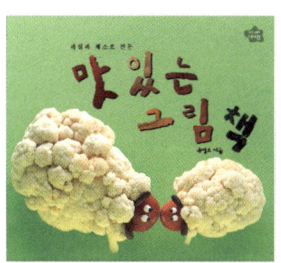

전래 동요 '여우야 여우야 뭐하니?' 가락에 맞춰서 읽으면 더 감칠맛이 나는 그림책이에요. 아이가 각 동물에게 무엇을 하는지 물어보면, 콜리플라워로 만든 양과 감자로 만든 하마, 오이로 만든 악어와 빨간 피망으로 만든 코뿔소가 등장해서 아이의 물음에 친절히 답해줍니다. 면지에는 각 동물을 만들 때 어떤 채소와 과일, 곡물을 사용했는지 그림으로 친절하게 설명되어 있답니다. 각 동물을 어떤 재료로 만들었는지 찾아보는 것도 재미있어요.

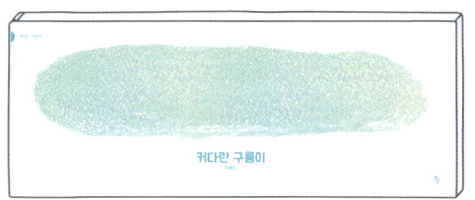

커다란 구름이

이해진 글 · 그림 | 반달(킨더랜드) | 2015

어떤 책일까?

널어두었던 빨래를 걷으러 엄마 손을 잡고 옥상에 올라간 꼬마 아이의 평범한 일상을 그린 이야기예요. 아이는 하늘의 구름을 바라보았습니다. 곧 비가 오려는 것일까요? 바람이 심상치 않습니다. 옥상의 환풍구를 따그르르륵 돌리는 세찬 바람이 불고, 하늘에 떠 있는 커다란 구름이 천천히 미끄러져 흘러갑니다. 그리고 뒤이어 조막만 한 구름이 등장했어요. 빨래가 크게 펄럭이기 시작하고, 빨래를 펄럭이는 바람에 밀려 조그만 구름은 '종종종종' 갑니다. 이번에는 길쭉한 구름이 흘러왔어요. 하지만 어쩐 일인지 바람이 멈추었네요. 바람이 없으니 바람을 따라 흘러갈 수 없는 길쭉한 구름은 '가야지 가야지' 하면서 뱀처럼 구불구불하게 힘겹게 움직여 흘러갑니다. 그리고는 커다란 나무를 '파스스' 흔드는 바람이 불어왔어요. 이번에는 아주 커다란 먹구름이 하늘을 가득 채운 것을 보니, 비를 잔뜩 머금은 모양입니다. 세찬 비를 내린 구름은 또 다른 모습으로 변신하는데요. 모든 것을 퍼부은 후 야위어버린 구름의 모습에 피식 웃음이 나옵니다. 바람의 변화에 따라서 달라지는 구름의 모양과 움직임에 집중하면 더욱 매력적인 그림책이에요.

꿈책맘이 콕 짚어주는 이 책의 매력

　구름을 움직인 것은 바람이지만 바람의 세기를 직접적으로 표현하지 않습니다. 주변의 사물과 동식물을 통해 바람의 변화를 간접적으로 표현하고 있어요. 옥상의 환풍구가 돌아가는 소리, 빨래가 펄럭이는 모습, 나무가 흔들리는 소리를 통해 바람이 어느 정도로 부는지 알려주는 것이지요. 눈에 보이지 않는 바람을 그림으로 표현하기란 쉽지 않기에 이러한 방법을 쓰신 작가님의 표현 기법이 매우 탁월했다는 생각이 듭니다. 구름이 움직인 것은 바람으로 인해 일어난 현상임에도 마치 별개의 일처럼 표현한 점이 재미있는데요. '빨래가 펄럭펄럭하니까 구름이 종종종종 간다'와 같이 아이의 시선으로 바라봤기에 신선했어요. 다양한 구름을 표현한 의성어가 풍부해서 말놀이 동시의 느낌도 함께 줍니다.

그림책으로 한 뼘 자라기

　사실 구름은 대기 중의 수증기가 모여 만들어진 물방울일 뿐인데, 우리 손에 닿지 않는 높은 곳에 있기에 신비롭고, 이야기의 좋은 소재가 되어줍니다. 폭신한 구름 위에서 뛰어노는 상상을 하고, 구름 위에는 또 다른 세상이 있을 거라는 추측을 해보기도 하지요. 하늘의 구름을 바라보며 구름이 무엇을 닮았는지 상상의 나래를 펼치는 시간도 아이가 어렸을 때 누리는 소소한 행복입니다. 그림책을 읽은 후 바라본 구름은 평소와는 다른 느낌으로 다가옵니다. 그림책이 주는 여운의 힘이지요. 엄마는 옆에서 보조를 맞추고 거들어주는 역할에만 충실해주세요. 구름을 바라보는 아이의 상상 주머니가 더욱 커질 것입니다.

엄마의 시선에서 그림책 바라보기

바람이 불고, 소나기가 내리고, 다시 비가 그치는 평범한 일상 속에도 재미있는 이야기가 숨어 있어요. 감흥 없이 지나칠 수 있었던 하루도 구름 덕분에 특별해집니다. 특별한 장소에서 추억을 만들지 않아도 일상을 특별하게 만드는 힘은 마음가짐에 달려 있어요. 내일 또 다시 이어질 하루이지만, 다시 오지 않을 순간이기에 소중히 간직하고 싶습니다.

알콩달콩 그림책 대화

바람과 구름에 대한 대화를 나누어 보세요.

- 바람이 부는 것을 어떻게 알 수 있을까?
- 바람이 불 때는 머리카락이 마구 날려요. 그리고 바람개비도 돌아가요.
- 그리고 바람이 불면 바닥에 떨어진 나뭇잎도 날아다녀요.
- 지난여름에 태풍이 왔을 때는 바람이 정말 세게 불어서 창문도 흔들렸잖아.

- 오늘 구름이 정말 예쁘다.
- 엄마 저기 보이는 구름이 사자를 닮았어요.
- 와! 정말이네. 저 구름은 토끼를 닮았어.
- 하늘에서는 사자랑 토끼도 사이좋게 놀아요.

바람에 흘러가는 구름 만들기

준비물 | A4 용지, 풀, 가위, 연필, 실, 빨대, 투명 테이프, 부채

○ 놀이 방법 ○

A4용지 한 장을 여섯 등분으로 나누어 접어주세요. 다시 반으로 접은 후,
구름 모양 반쪽을 그려주세요.

여러 장의 종이를 겹쳐서 자르면 한꺼번에 여러 장의 도안을 쉽게 만들 수 있어요.
구름 모양은 좌우 대칭이 되어야 풀로 붙였을 때 예쁘게 완성됩니다.

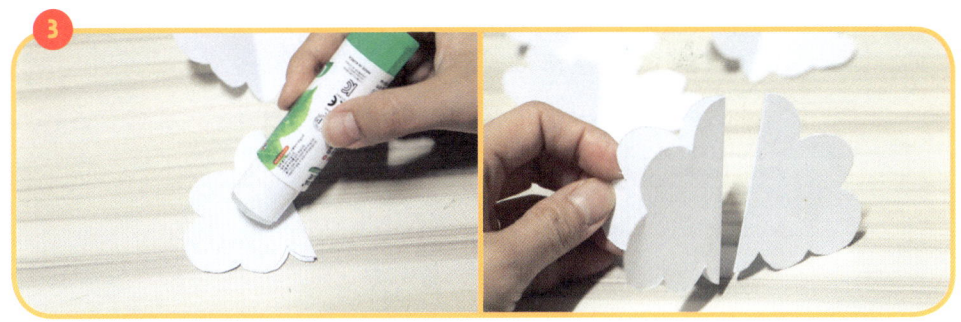

가위로 자른 여섯 장의 구름 도안을 반으로 접어 한쪽 면에만 풀을 칠합니다.
서로 연결해서 붙이며 입체로 만들어주세요.

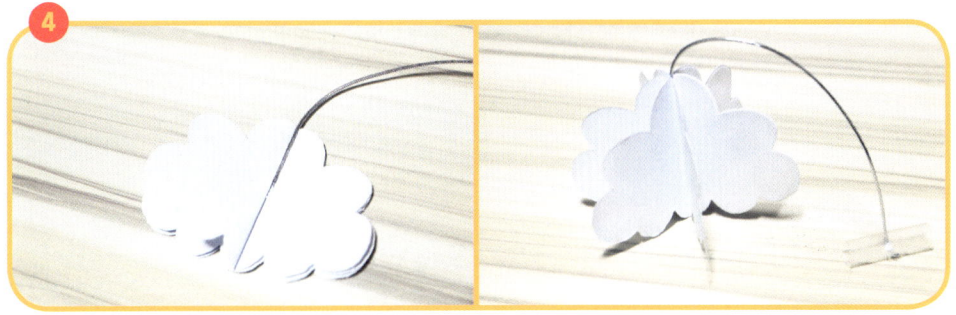

마지막 도안을 입체로 붙이기 전, 중심에 끈을 넣고 투명 테이프로 고정해주세요.

빨대를 3cm 길이로 잘라 구름 중심에 고정한 끈의
끝에 붙여줍니다.

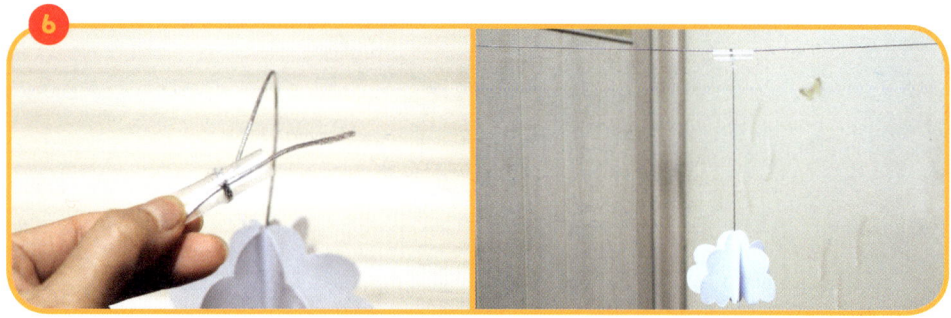

벽에 긴 끈을 고정하고 구름에 고정한 빨대를 통과시킵니다.
벽에 고정한 끈은 구름이 움직이는 길이 됩니다. 끈은 팽팽한
상태를 유지해야 구름이 잘 움직입니다.

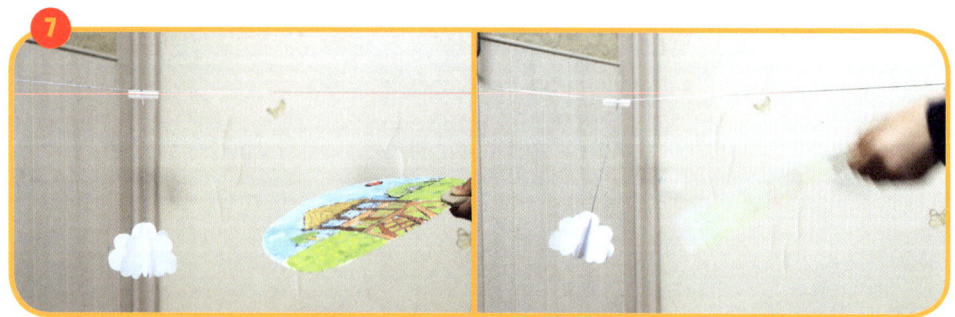

구름이 움직이도록 부채로 바람을 만들어주세요. 아이의 힘이 약해서
구름이 잘 움직이지 않는다면 끈의 다른 쪽을 손으로 잡고 위로 올려
서 경사를 만들어주세요. 살짝 경사를 만들면 구름이 끈을 따라 아래
로 미끄러지며 쉽게 움직입니다.

○ 재미있는 모양의 구름 그림책 ○

구름

공광규 시 | 김재홍 그림 | 바우솔 | 2013

시간의 변화에 따라 열두 띠 동물로 변신하는 구름의 모습이 아름답습니다. 실사와 같은 섬세한 일러스트를 감상하며 동시를 읽는 즐거움도 느낄 수 있습니다.

나의 특별한 구름

엠마 키 글·그림 | 노영주 옮김 | 국민서관 | 2013

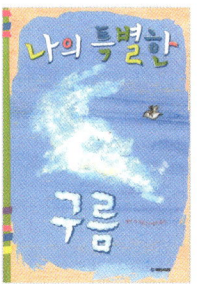

하늘을 날고 있던 작은 새에게 구름은 모양을 맞추는 수수께끼 놀이를 제안합니다. 구름이 모양을 바꿀 때마다 새는 어떤 모양인지 맞추며 즐거운 시간을 보내는데요. 때로는 멀리서 바라봐야 정확히 볼 수 있다는 지혜도 알려주는 점이 인상적이에요. 지금의 헤어짐은 아쉽지만 다시 만날 수 있다는 희망을 주는 그림책입니다.

꿈책맘의
꿈 가득 그림책 놀이
05

보기만 해도 즐겁고 알록달록한
물감 책놀이

우리 가족 납치 사건

김고은 글·그림 | 책읽는곰 | 2015

어떤 책일까?

표지에는 공중에 매달린 채로 밧줄에 꽁꽁 묶인 가족의 모습이 보입니다. 아빠, 엄마의 얼굴에는 두려움이 가득하지만 아이의 표정은 오히려 즐거워 보여요. 두 번째 손가락을 입술 위에 올려서 '쉿!' 아무 말 하지 말라는 신호를 보내고 있는데요. 가족이 납치당한 사실을 아무에게도 알리지 말라는 뜻으로 보입니다. 도대체 이 가족은 왜 납치를 당했을까요?

납치 사건의 전말은 이러합니다. 이른 아침 출근길, 아빠 '전일만' 씨는 엄청난 인파에 떠밀려 지하철을 타지 못하고 플랫폼에 나자빠졌어요. 아빠가 정신을 차렸을 때는 아빠의 가방이 아빠를 꿀꺽 삼킨 후였지요. 아빠를 데리고 어디론가 홀연히 날아간 가방이 도착한 곳은 바로 기차역이었어요. 가방은 기차표를 끊더니 태연하게 기차에 오릅니다. 아빠는 회사에 가야 한다며 발버둥쳤지만 소용이 없었어요. 아빠를 납치한 가방은 아무도 없는 바닷가에서 왝 하고 아빠를 토해냈지요. 바닷가에 도착한 아빠는 언제 출근 걱정을 했냐는 듯, 옷도 홀라당 벗고 자유인의 모습으로 신나게 물놀이를 합니다.

엄마와 주인공 아이의 아침은 어땠을까요? 직장맘인 엄마 '나성실' 씨는 재빨리 출근 준비를 마치고 집을 나섰지요. 그런데 별안간 납치되었고 엄마가 풀려난 곳은 바로 아빠가 도착해 있는 그 바닷가였답니다. 엄마 역시 치마를 훌러덩 벗어버리고 신나게 놀기 시작해요. 아빠와 엄마가 모두 납치된 그 순간, 주인공 소녀 '전진해'는 학교에서 어려운 수학 문제를 풀고 있었어요. 진해 역시 기발한 방법으로 바닷가에 도착해서 아빠, 엄마와 합류하게 되는데요. 생각지도 못했던 방법들로 가족을 차례로 납치한 작가님의 상상력에 감탄하게 됩니다. 납치 과정은 모두 다르지만 결국 같은 바닷가에 도착한 가족은 본격적으로 휴가를 즐기고, 이 모습은 대리만족을 주기에 충분합니다. 가족이 여행을 편히 즐길 수 있도록 물고기도 잡고, 과일도 따오며 시중을 들어주는 역할은 누가 하는지도 꼭 확인해보세요. 납치되어서라도 어디든 훌쩍 여행을 떠나고픈 도시인의 마음을 대변해주는 그림책입니다.

꿈책맘이 콕 짚어주는 이 책의 매력

이 그림책은 아이들에게 웃음을 주는 요소가 곳곳에 있어요. 일단 등장인물 이름부터 재미있습니다. 아빠는 '전일만', 엄마는 '나성실', 딸아이는

'전진해'로 각자의 라이프 스타일이 느껴지는 이름을 가지고 있어요. 고단한 도시인의 삶이 느껴지는 이름이지요. 가족은 차례대로 바닷가에 도착하자마자 도시 생활의 억압을 벗어던지듯 옷을 훌러덩 벗어버리고 알몸으로 자연을 즐기는데요. 이 모습도 재미를 주는 포인트입니다. 가족끼리 함께 있기에 누구의 시선도 의식하지 않고 더욱 자유롭게 즐길 수 있었다는 생각이 들어요. 가족만의 지상낙원이라 더욱 이상적입니다.

그림책으로 한 뼘 자라기

그림책에 등장하는 아빠와 엄마는 여느 도시인처럼 직장인의 삶에 지쳐 있어요. 그러나 아이라고 해서 다르지는 않습니다. 딸 '진해' 역시 골치 아픈 수학 문제와 씨름해야 했으니까요. 어른들 입장에서는 생계를 책임지기 위해 열심히 일하는 것보다 힘든 일은 없겠지만, 아이들은 아이들 나름의 고충이 있는 법이지요. 요즘 아이들은 어른들보다 더 바쁜 스케줄로 살아가니까요. 그림책을 읽으며 가족이 서로의 고단함을 이해해보는 시간을 가져보세요. '수고했어. 오늘도!'

엄마의 시선에서 그림책 바라보기

'납치'라 함은 나쁜 목적을 가지고 누군가를 알 수 없는 장소로 데려가는 것인데요. 이 책에서의 '납치'는 아주 바람직하게 진행되고 있어요. '납치'라기보다는 좋은 휴양지로 '모셔간다'고 할 수 있지요. 반복되는 일상이 힘들어서 '누가 나 좀 어디로 데려가 주었으면…' 하는 생각을 해본 적이 있다면 이 그림책에 더더욱 몰입하게 됩니다. 우리는 누구나 일탈을 꿈꾸지만 일상을 탈출해서 훌쩍 떠나버릴 용기는 부족합니다. 실천력 부족으로 누가 억지로 데려가지 않으면 떠나지 못하는 어른들에게 더욱 추천하고 싶은 그림책이에요.

알콩달콩 그림책 대화

기차 여행을 하는 가방을 보며 대화를 나누어 보세요.

- 아빠 가방이 삶은 계란과 사이다를 샀네.
- 저는 과자랑 젤리가 더 좋아요.
- 맞아, 과자와 젤리도 맛있지. 그런데 예전에는 계란과 사이다가 지금처럼 흔하지 않아서 소풍과 같이 특별한 날이나 여행 갈 때만 먹을 수 있는 간식이었어.
- 생각나요! 지난 번에 서울교육박물관에서 보았어요.

바닷가에 대한 주제로 이야기를 나누어 보세요.(예전에 바닷가에 갔던 경험을 이야기해봐도 좋아요.)

- 꿈책이는 바닷가에 가면 어떤 놀이를 하고 싶어?
- 아빠랑 커다란 모래성을 만들 거예요.
- 예쁜 조개껍질을 모아서 장식해도 좋겠다.
- 그리고 물놀이도 해야 해요.
- 튜브를 타고 파도 위에 둥둥 떠다니면 정말 재미있겠다. 엄마도 얼른 가고 싶다.

발바닥 물감 찍기로 만든 비치 샌들

준비물 | 두꺼운 도화지(스케치북), 핸드 페인팅 물감, 유아용 붓, 리본, 투명 테이프, 가위, 신문지

○ 놀이 방법 ○

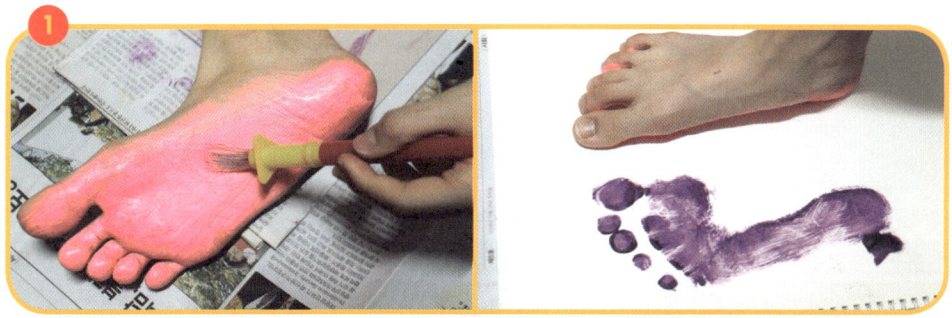

바닥에 신문지를 깔고 그 위에 발을 올립니다. 유아용 붓을 이용해서 발바닥에 물감을 바르고 도화지에 찍어주세요.(물감에 따라 물을 약간 섞어주어야 더 잘 찍힙니다. 적당한 농도로 조절해주세요.)

물감이 마르면 발바닥 모양을 따라 가위로 오려주세요. 오릴 때는 가장자리에 흰색 여유분을 남겨주어야 더 예뻐요.

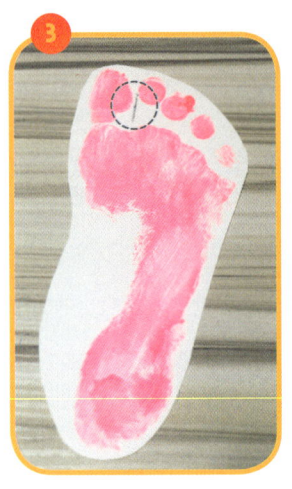

엄지발가락과 검지발가락 사이에 비치 샌들의 끈이 달릴 위치를 표시합니다. 리본이 들어갈 틈새를 연필로 표시해주세요. 틈새의 길이는 리본 폭보다 조금 더 길어야 리본이 쉽게 통과합니다. 칼로 틈새를 자르기 전, 종이 뒷면에 투명 테이프를 붙이면 종이가 찢어지는 것을 방지하고 튼튼하게 보강할 수 있어요.

칼로 자른 틈을 통해 두 개의 리본을 함께 끼우고 뒷면에서 투명 테이프로 고정해주세요. 리본은 사선으로 비스듬히 넣어야 더 예쁘게 고정됩니다.

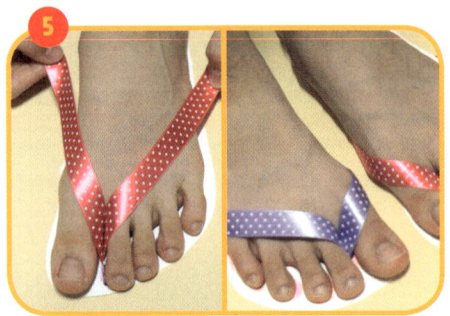

샌들 옆 부분에 적당한 위치를 잡고 투명 테이프로 샌들 바닥에 붙여주세요. 끈의 길이와 위치는 아이의 발볼에 맞추어 조정하는 것이 좋아요.

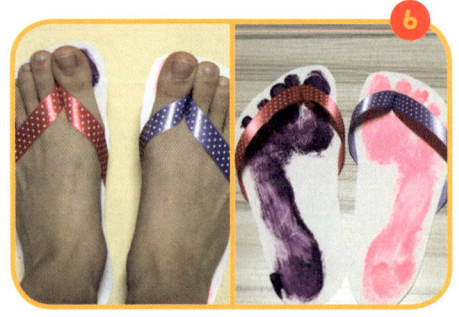

살살 걸어 다니면 아이가 신고 걷는 것도 가능합니다.

○ 여름휴가를 소재로 한 그림책 ○

여름휴가

장영복 글 | 이혜리 그림 | 국민서관 | 2010

일 년에 딱 한 번 있는 동물원 휴일이지만, 피곤한 아빠 코끼리는 야속하게도 나들이 갈 생각은 전혀 없이 코를 골며 낮잠에 빠져 있어요. 동네 친구들처럼 해수욕장에 가고 싶었던 코리의 소원은 뜻밖의 방법을 통해 이루어지게 되는데요. 바로 아빠의 초강력 코골이 덕분이었어요. 코끼리 가족의 여름휴가 소동이 재미있게 그려진 그림책입니다.

청소부 토끼

한호진 글·그림 | 반달(킨더랜드) | 2015

어떤 책일까?

오염이 심해지고 있는 지구의 환경 문제를 생각하게 하는 그림책입니다. 달빛 마을에 사는 토끼들은 달빛을 받아 늘 튼튼하고 행복하게 살고 있었지요. 그런데 언제부터인지 달빛이 더 이상 밝지 않고 어두침침해진 것을 보고 깜짝 놀랍니다. 달빛이 어두워지니 토끼들의 먹거리인 채소도 시들고, 토끼들 자신도 시름시름 앓으며 건강을 잃기 시작해요. 촌장 토끼는 긴급 회의를 소집했고, '청소부 토끼'는 달을 청소하는 특별 임무를 맡겠다고 자원합니다. 과학자 토끼는 청소부 토끼를 달에 보내기 위한 여러 가지 기상천외한 방법을 동원했지요. 수차례 시도 끝에 달에 무사히 도착한 청소부 토끼는 달빛 마을로 편지를 보냅니다. 토끼들은 그 편지를 읽은 후 중요한 깨달음을 얻고 중대한 결정을 실행하는데요. 흔히 예상하게 되는 상투적인 결말이 아니라 신선한 충격을 받았어요. 청소부 토끼가 보낸 편지 내용은 그림책 읽는 재미를 위해 비밀로 남겨두겠습니다.

꿈책맘이 콕 짚어주는 이 책의 매력

그림책 곳곳에서 우리에게 익숙한 명화, 영화, 신화 이야기를 패러디한 장면을 찾아볼 수 있습니다. 토끼들이 놀라는 표정은 뭉크의 〈절규〉 표정과 닮아 있어요. 날개를 달고 달 가까이 갔다가 떨어지는 장면에서는 그리스 로마 신화 속 '이카루스' 이야기가 생각납니다. 하늘에 떠 있는 달은 최초의 공상과학 영화이자 무성 영화인 〈달나라 여행〉(Le voyage dans la lune, 1902, 프랑스)에 등장하는 사람의 얼굴을 가진 달을 떠오르게 해요. 곳곳에 숨어 있는 패러디와 과장된 표정으로 그림은 유머러스하지만 그 풍자 속에 담긴 메시지를 알아채면 깊은 생각에 빠지게 됩니다.

○ 달나라 여행

그림책으로 한 뼘 자라기

거듭된 실패에도, 토끼는 달에 가기 위한 노력을 멈추지 않습니다. 첫 번째 시도였던 지렛대 작전이 실패했을 때는 한나절이 지나서 돌아왔고, 두 번째 시도였던 사다리 작전을 실패했을 때는 한 주가 지나서야 돌아왔지요. 청소부 토끼가 실패 후에 마을로 돌아오는 시간이 길어지면 길어질

수록 그만큼 높은 곳까지 도달했다는 것이므로 성공에 가까워지고 있음을 알 수 있어요. 토끼들의 모습을 통해, 아이들이 무엇인가에 도전해서 큰 실패를 겪더라도 낙담하지 말고 그 시간이 소중한 경험으로 밑거름이 된다는 것을 함께 이야기해보세요.

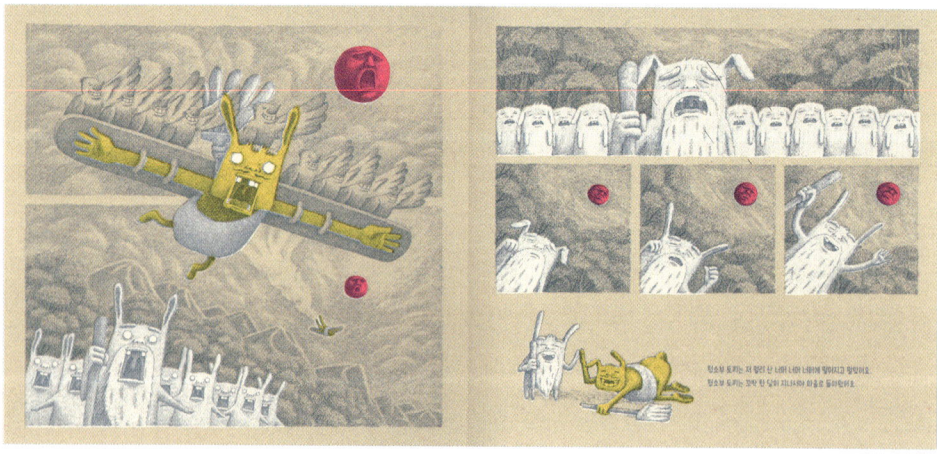

엄마의 시선에서 그림책 바라보기

토끼들은 달빛이 어두운 이유가 달에 있다고 생각했지요. 그래서 달을 청소하면 깨끗해질 것이라는 생각으로 달에 도착해보았지만 정작 문제는 다른 곳에 있었습니다. 토끼들은 정확한 원인을 알았음에도 근본적인 문제를 해결하기보다는 달로 이사 가는 결정을 내립니다. 달로 이사 간 토끼들은 과연 그곳에서 행복하게 살았을까요? 근본적인 문제를 뿌리 뽑지 않고 눈에 보이는 것만 해결해서는 소용이 없건만 이를 무시한 토끼들의 어리석은 모습은 어른들에게도 큰 가르침을 줍니다.

알콩달콩 그림책 대화

달까지 가는 방법에는 어떤 것이 있을지 아이와 함께 상상해보세요.

- 꿈책이가 과학자 토끼라면 달에 가기 위해서 어떤 방법을 썼을 것 같아?
- 저는 스프링 달린 신발을 신고 높이 뛰어오를 거예요.
- 그것도 좋은 방법이네!
- 엄마는요? 엄마는 어떻게 갈 거예요?
- 엄마는 달에 간 꿈책이가 동아줄을 내려주면 그 동아줄을 잡고 올라갈 거야.
- 그럼 엄마랑 아빠랑 같이 오세요!

에어캡 물감 찍기로 만든 지구 사랑 포스터

준비물 | 포장용 에어캡(일명 뽁뽁이), 물감, 가위, 풀, 사인펜, 도화지

○ 놀이 방법 ○

포장용 에어캡을 동그랗게 자르고 파란색과 초록색 물감을 불규칙하게 칠한 후, 도화지에 찍으면 지구가 표현됩니다. 도화지는 물감을 잘 흡수하는 스케치북 종이가 좋습니다.

지구를 표현한 물감이 마르는 동안 사람들을 만들기 위해 아이의 손가락 부분에만 물감을 바르고, 또 다른 도화지에 찍어주세요(물감을 스스로 바르게 하면 더 재미있어 해요.).

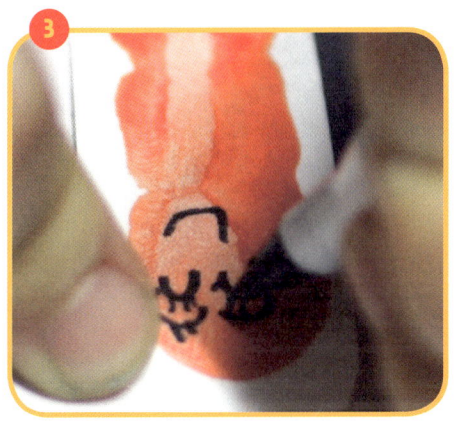

물감이 마르면 손가락 부분을 오리고, 사인펜으로 다양한 표정을 그려주세요.

1번의 물감이 마르면, 손가락 찍기로 만든 사람들을 지구 둘레에 붙이고 사인펜으로 맞잡은 손을 그려주세요.

○ 환경과 지구를 생각하게 되는 그림책 ○

강아지가 수상해

민소원 글·그림 | 한솔수북 | 2017

주인공 소녀 소원이네 강아지 재롱이는 여느 강아지와 달리 '채소밥'을 좋아하는 독특한 식성을 가지고 있어요. 그런데 알고 보니 '재롱이'는 지구를 침략하려는 '메탄 외계인'에 맞서 싸우는 슈퍼 강아지였어요. 메탄 외계인은 똥을 에너지로 쓰는 외계인으로 메탄 행성의 똥이 모두 떨어지자, 지구 사람들과 동물을 몰래 잡아가서 그 똥으로 자신들의 부족한 에너지를 충당하려는 야욕을 가지고 있었어요. 재롱이의 비밀을 알게 된 소원이는 재롱이와 힘을 합쳐 메탄 외계인에게 맞서 싸워 지구를 구합니다. 환경 문제에서 이슈가 되고 있는 '탄소 발자국'에 대한 경각심을 높여주는 환경 동화입니다.

지구를 지키는 생활 습관 10가지
고사리손 환경책

멜라니 월시 글·그림
웅진주니어 | 2009

빈 방의 불은 꼭 끄기, 이면지 사용하기, 양치질 할 때 수도꼭지 잠그기, 가까운 곳은 걸어가기, 재활용품으로 장난감 만들기 등등 환경을 보호하기 위해 아이들이 일상에서 실천할 수 있는 10가지 수칙을 알려주는 책이에요. '멜라니 월시'의 간결하고도 귀여운 그림이 눈길을 사로잡아요. 또한 재생용지로 만들어져 환경 보호에 대해 한 번 더 생각해 보게도 해준답니다. 어린 시절 아이가 환경을 사랑하는 소녀가 되도록 해준 고마운 책이기도 해요.

백 번째 양 두두

박준희 글 | 한담희 그림 | 책고래출판사 | 2017

어떤 책일까?

잠이 안 올 때 세어 보는 '양 한 마리, 양 두 마리, 양 세 마리…' 양의 무리에서 백 번째 끝에 있는, 유난히 빨간 두 볼을 가진 양, '두두'의 이야기입니다. 양 백 마리는 늘 빵집 밖에 대기하고 있어요. 제빵사 공씨 아저씨가 잠자리에 들면 빵집 안으로 들어갈 수 있는데요. 아저씨의 잠자리에서 양들은 이불이 되고, 베개가 되기도 해요. 아저씨에게 자장가도 불러주며 단잠을 책임지고 있었지요.

하지만 백 번째 양 두두는 한 번도 빵집 안으로 들어가 본 적이 없어요. 공씨 아저씨는 잠자리에서 백 마리를 다 세지 못하고 늘 일찍 잠들었거든요. 그렇기에 제일 끝에 서 있는 두두에게는 기회조차 오지 않았어요. 다른 양들은 모두 '공씨 아저씨'에 대한 이야기꽃을 피우며 자신들의 경험담을 자랑하는데 두두는 공씨 아저씨를 만난 적조차 없으니 대화에 낄 수 없어 속상하기만 합니다. 공씨 아저씨를 만나고 싶은 마음이 앞선 두두는 새치기도 시도해보고, 다른 양에게 순서를 바꿔달라고 부탁도 해봤지만 모두 소용 없었어요. 그러던 중, 다행히 첫 번째 양이 두두와 순서를 바꿔주는데요. 두두는 그 대가로 첫 번째 양 대신 양털 구름 이불을 만듭니다. 두두는 자신이 만든 이불을 등에 높이 쌓아올리고, 들뜬 마음으로 공씨 아저씨의 부름을 기다렸어요.

하지만 그날따라 일에만 몰두한 아저씨는 잠들 생각을 하지 않습니다. 날은 밝아오는데 두두는 어렵게 잡은 기회를 놓칠 수 없어 안절부절못했어요. 그러다가 좋은 생각을 떠올리는데요. 양들은 늘 공씨 아저씨의 부름을 받아야 한다는 생각에서 벗어나서 획기적인 아이디어로 능동적인 역할을 합니다. 빵집 밖에서는 두두가 긴 줄의 일원이었지만 이제는 입장이 바뀌었어요. 마지막에 페이지는 양옆으로 길게 펼쳐져서 두두를 만나고 싶어 긴 줄을 이룬 대기행렬을 볼 수 있습니다. 자신도 모르던 숨은 능력을 발견한 두두가 기특합니다.

꿈책맘이 콕 짚어주는 이 책의 매력

이 그림책의 일러스트는 검정색과 흰색이 주를 이루고, 붉은 계열 색상으로만 농담을 조절하며 채색했어요. 그래서 빨간 두 볼은 두두를 더욱 특별한 양으로 만들어주어요. 두두가 양털 이불을 만들기 위해 하늘에서 양털 구름을 만드는 장면에서는 하늘이 옅은 분홍색으로 표현되어 있어 해질 무렵 노을 느낌이 납니다. 색상을 절제해서 사용한 일러스트는 화려함은 없지만 오히려 독특함으로 다가옵니다.

그림책으로 한 뼘 자라기

처음에 두두는 다른 양들이 하는 일에 동참하고 싶었고, 자신의 순서가 오기만을 기다렸어요. 물론 순서를 기다리지 못하고 성급하게 행동하기도 했지요. 그러나 번뜩이는 아이디어로 새로운 도전을 합니다. 자신이 원하는 일, 이루고 싶은 일이 있다면 가만히 기다리지만 말고 새롭게 개척하는 방법도 있다는 메시지를 주고 있어요. '두두'는 블루오션 영역을 개척한 영특한 양이 된 것이지요. 우리 아이들도 두두처럼 용기를 갖고 도전하기를 바랍니다.

엄마의 시선에서 그림책 바라보기

'잠이 오지 않을 때는 왜 양을 세는 것일까?' 어렸을 때 이 점이 궁금했습니다. 어른이 되어 생각하니 복잡한 생각을 하지 말고 단순해지라는 의미였어요. 저는 머릿속에 지나치게 생각이 많은 경우 쉽게 잠들지 못해요. 양을 세면서 잠이 들기를 기다렸던 어린 시절처럼 단순해지고 싶습니다. 저에게도 두두가 찾아와주길 기다리면서요. 아! 제가 두두를 찾아가야 하는 거였군요.

알콩달콩 그림책 대화

나에게도 양이 찾아온다면 어떨지 이야기 나누어 보세요.

- 밤에 꿈책이에게 양이 찾아온다면 어떨까?
- 저는 양들이랑 재미있게 노느라 잠을 못 잘 것 같아요.
- 그래도 푹신한 양을 만나면 자고 싶은 생각이 들 수도 있어.
- 그럼 자기 전에 양들이랑 '백 번째 양 두두'를 읽을 거예요.

내가 첫 번째 양이라면 어떨지 이야기 나누어 보세요.

- 꿈책이가 첫 번째 양이라면 두두에게 순서를 양보해줄 수 있어?
- 당연하지요! 그런데 제 뒤에 있는 양이 싫어하면 어쩌지요?
- 어떻게 하는 것이 좋을까? 같이 생각해보자.
- 그럼 제 뒤에 있는 양에게 두두를 한 번만 도와주자고 말해볼래요. 공씨 아저씨를 한 번도 못 만난 두두를 도와주고 싶어요.

손바닥 물감 찍기로 양 만들기

준비물 | 흰색 도화지(스케치북 종이가 좋아요), 초록색 도화지, 핸드 페인팅 검정색 물감, 장식 솜, 풀, 가위, 색연필, 인형 눈

○ 놀이 방법 ○

검정색 물감을 양쪽 손바닥에 바르고 나란히 찍어주세요. 꼬리 위치에는 엄지손가락을 한 번 더 찍어주세요. 엄지손가락이 양의 얼굴과 꼬리가 되고, 나머지 네 개의 손가락이 다리가 됩니다.(물감의 농도에 따라 물을 섞어야 더 잘 찍힙니다.)

물감이 마르면 가위로 손바닥 모양을 자른 뒤, 초록색 도화지 위에 붙이고 솜으로 장식해주세요. 솜은 풀로도 잘 붙습니다.

얼굴에는 인형 눈을 붙이고, 색연필로 울타리와 배경 그림을 그려주세요.
남은 솜으로 구름을 만들어주어도 좋습니다.

○양을 소재로 한 그림책○

많은 많은 많은 양

노하나 하루카 지음 | 정희수 옮김 | 노란우산 | 2016

초록색 들판에 제목처럼 정말 많은 양들이 있습니다. 양들은 어디선가 날아온 솜털 하나를 따라 움직이기 시작해요. 솜털을 따르는 양들은 다양한 장소를 여행합니다. 면지에 실린 양들의 모습을 본문 페이지에서 찾아보는 숨은그림찾기가 재미있어요. 비슷해 보이지만 저마다의 개성을 지닌 양들이 가득해서 유심히 보게 됩니다.

오늘 해님이 안 나온다면

쓰카모토 야스시 글·그림 | 김숙 옮김 | 뜨인돌어린이 | 2018

어떤 책일까?

과학을 처음 접하는 유아를 위한 과학 그림책이에요. 우리가 항상 볼 수 있는 해가 사라진 상황을 통해 햇빛의 소중함을 알려줍니다. 아침에는 해가 떠야 하는 것이 당연한데, 웬일인지 해가 뜨지 않자 가족은 깜짝 놀랍니다. 비오는 날이나 흐린 날도 해가 안 나오긴 하지만 밤처럼 깜깜하지는 않지요. 보통 때 밤보다 더 깜깜한 하늘을 보며 가족은 해님이 어디로 가버린 것일까 궁금해 합니다.

그 순간 아이는 쨍쨍한 햇볕 때문에 무척 더웠던 어제의 날씨를 떠올립니다. 엄마도 아빠도 아이도 뜨거운 햇볕에 대해 불평을 쏟아놓았고, 심지어 아이는 '해가 안 뜨면 좋겠다!'는 혼자말까지 했거든요. 아이는 사람들의 불평을 들은 해님이 화가 나서 숨어버렸을지도 모른다고 생각합니다.

하지만 이대로 있을 수는 없다고 생각해서 해님을 찾으러 가겠다고 야심차게 외칩니다. 마침 우주선 만드는 일을 하는 아빠가 우주선을 타고 데리러 와서 든든하게 지원을 해줍니다. 우주선을 타고 주변을 돌아보니 해가 사라진 지구는 칠흑 같은 어둠만이 가득합니다. 아이는 이대로 해가 계속 안 나오면 어떻게 될지 걱정이 되었고, 아빠는 해가 없으면 벌어질 상황들을 말해줍니다.

아빠 말씀을 듣고 식물도 동물도 살 수 없으니 '배고픈 세상'이 된다고 생각하는 아이의 모습이 순수하면서도 귀여워요. 아이와 아빠는 더 심각한 일이 벌어지기 전에 해님을 되돌리기 위해 우주로 날아가지만, 하필이면 우주선 연료가 떨어지고 맙니다. 위기의 순간에 극적으로 해님을 되돌아오게 한 아이의 필살기도 귀엽습니다.

꿈책맘이 콕 짚어주는 이 책의 매력

무엇이든 항상 곁에 있을 때는 소중함을 느낄 수 없어요. 그 존재가 사라졌을 때야 비로소 우리의 삶에서 얼마나 중요했는지 절실하게 와 닿습니다. 이 그림책은 햇빛의 중요성을 과학적 원리로 설명하는 것이 아니라 햇빛이 없을 때 벌어지는 상황을 보여주며 나름의 '충격 요법'을 구사하고 있어요. 아직 과학책을 많이 접하지 못한 유아의 경우 더욱 피부에 와 닿는 방법이지요. 과학 그림책을 보여줄 때도 나름의 단계가 있어요. 처음 읽는 과학 그림책은 동화적인 스토리가 있는 그림책으로 부담 없이 시작하는 것이 좋습니다.

그림책으로 한 뼘 자라기

그림책 마지막 부분에서 '간절히 원하면 이루어진다!'고 믿는 동심이 예뻤고 지켜주고 싶었어요. 아이가 꼬꼬마 시절이었을 때 유아 연극을 보러 가면, 주인공이 위기에 빠진 순간에 또 다른 등장인물은 언제나 관객의 호응을 유도합니다. 다 함께 목소리를 모아 "힘을 내요!" 하고 외치기도 하고, 주인공을 해치려는 악당이 등장해서 주인공의 행방을 물으면 한 목소리로 응징합니다. 그림책 속 주인공 아이가 해를 간절히 찾는 모습을 보면 아이들도 같은 마음을 느낄 것이라 믿어요. 예쁜 동심을 지켜주세요.

엄마의 시선에서 그림책 바라보기

우주의 신비를 다룬 다큐멘터리를 볼 때면 광활한 우주에서 지구인의 삶이란 얼마나 미비한지 생각해보게 됩니다. 오죽하면 천문학자의 자살률이 높다는 근거 없는 소문이 떠돌아다닐 정도니 말이에요. 우주에 대해 알면 알수록 우리의 삶이 덧없고 허망하다는 생각이 문득 들기도 합니다. 이렇게 치열하게 살 필요가 있을까 싶어요. 아이에게 좀 더 너그러워져야겠다고 반성하기도 하고요. 하지만 이러한 철학적 사유는 1분도 지속되지 못하고 다시 현실에 충실한 엄마가 됩니다.

알콩달콩 그림책 대화

햇빛에 대한 경험을 이야기 나누어 보세요.

- 햇빛은 어떤 느낌이지?
- 어떤 때는 따뜻하고 어떤 때는 뜨거워요.
- 지구는 살짝 기울어진 상태로 해님 주변을 빙글빙글 돌고 있는데 햇빛을 많이 받는 위치에 오면 더운 여름이 되고, 햇빛을 조금 받는 자리에 오면 시원한 가을, 햇빛을 더 조금 받는 자리에 오면 추운 겨울이 되고, 다시 햇빛을 조금 더 받는 자리에 오면 따뜻한 봄이 되는 거래.

설명 출처 | 유튜브 EBS 키즈
프로그램: 깨미랑 부카채카, 제목: 봄은 언제 오는 걸까?

- 꿈책이는 햇빛 때문에 불편했던 적이 있었어?
- 놀이터에서 놀 때 햇빛 때문에 눈이 부셨어요.
  아빠는 운전할 때 선글라스를 쓰기도 하시잖아요.
- 해는 직접 보면 눈을 다치게 할 수 있어서 해를 볼 때는 직접 눈으로 보면 안 되고 특수한 도구를 사용해야 한대. 햇빛은 불편할 때도 있지만 꼭 필요한 것이니 고맙게 생각하자.
  엄마는 쨍쨍한 햇볕에 빨래를 말리면 제일 기분이 좋거든.
- 저도 뽀송뽀송한 이불에 들어가면 기분이 좋아요.

이글이글 불타는 해님 만들기

준비물 | 도화지, 컴퍼스 혹은 커다란 원형 뚜껑(동그라미를 그리는 용도), 연필, 물감(노란색, 빨간색, 주황색), 큰 지퍼백 혹은 비닐랩, 풀, 가위, 인형 눈, 모루

○ 놀이 방법 ○

도화지에 동그라미 모양을 그린 후 잘라주세요. 도화지는 물감을 잘 흡수하는 스케치북 종이가 좋습니다.

동그라미로 자른 도화지 위에 노란색, 빨간색, 주황색 물감을 적당량 짜고, 지퍼백에 넣어줍니다.

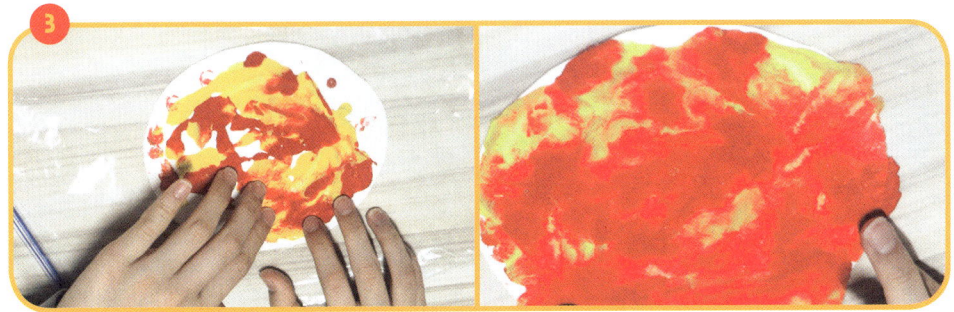

지퍼백 위를 손으로 문지르며 물감을 눌러 줍니다. 비닐과 도화지 사이에서 물감이 자연스럽게 섞이는 우연의 효과가 재미있어요.

물감이 마르는 동안 노란색 색지 띠를 잘라 준비해둡니다(폭 2cm×길이 5cm). 띠의 끝부분에만 풀칠을 하고 고리 모양으로 만들어 동그라미 둘레에 붙여주세요.

인형 눈과 모루를 사용해서 표정을 만들어주어도 좋아요(사인펜으로 그려주어도 됩니다.).

○해님을 소재로 한 그림책○

해님의 휴가

변정원 글·그림 | 보림 | 2018

'비가 오는 장마철에 해님은 무엇을 할까?'라는 작가님의 귀여운 상상에서 출발한 그림책입니다. 비가 오는 동안 해님은 사라진 것이 아니라 나름의 휴가를 즐기고 있어요. 은하수에서 별 낚시를 하고, 뜨거운 용암에서 수영을 하는 것은 해님만이 즐길 수 있는 놀이라서 더욱 기발합니다. 장마가 끝나고 해님의 휴가가 끝나자 바통 터치를 하듯 휴가를 떠나는 존재도 확인해보세요.

태양을 꺼버린 소년

폴 브라운 글 | 마크 오할런 그림
고수미 옮김 | 미세기 | 2017

주인공 마르셀은 자신이 좋아하는 아이스크림을 순식간에 녹여버리는 태양이 못마땅합니다. 마르셀은 로켓을 만들어 태양으로 날아가는 초대형 프로젝트를 진행하는데요. 태양에 도착하자마자 태양의 스위치를 꺼버립니다. 태양이 꺼지니 아이스크림은 녹지 않았지만 엄청난 부작용이 발생하기 시작하는데요. 태양이 지구의 모든 생명체에게 얼마나 중요한지 알려주는 그림책입니다.

소방관 고양이 초이

김유진 글·그림 | 머스트비 | 2016

어떤 책일까?

 진정한 소방관이 되고 싶었던 고양이 초이의 이야기를 통해 직업의 자긍심을 느끼게 하는 그림책이에요. 초이네 가족은 대대로 소방관을 가업으로 이어왔어요. 초이는 두 번이나 훈장을 받으신 아빠의 모습을 보며 자랐고, 아빠처럼 훌륭한 소방관이 되고 싶은 큰 꿈이 있었지요. 그러나 초이의 기대와는 달리, 정작 소방관의 업무는 보잘 것 없게 느껴졌어요. 쳇바퀴에 낀 기니피그를 구하고, 장난꾸러기 아이들의 장난 전화를 상대해야 했으며, 소방서 마당을 쓸거나 서류 정리를 하는 것이 전부였거든요. 마을의 경찰관 멍 순경과 너굴 우체부의 분주한 모습을 보니, 초이는 자신

초이 가족은 대대로 소방관이에요.
초이 아빠는 동물 마을의 어흥 시장님에게서
두 번이나 훈장을 탈 정도로 용감한 분이랍니다.
초이도 아빠처럼 훌륭한 소방관이 되고 싶어요.

"다녀오겠습니다!"
초이는 벽에 걸린 액자를 향해 씩씩하게 인사를 건네요.
거기에는 초이와 닮은 고양이들의 사진이 있어요.
아빠, 할아버지, 증조할아버지, 증조할아버지의 아버지……

초이가 침착하게 말했어요.
"고무관을 꺼내서 수도에 연결하세요. 물을 가장 세게 트시고요.
그리고 집에 있는 양동이를 모두 모아서 물을 담아 오세요!"
초이는 동물들에게 할 일을 전달한 후,
불을 끄기 시작했어요.

모두들 힘을 모아 불을 끄고 있을 때,
시장님의 아내가 떨리는 목소리로 말했어요.
"아직 아이들이 있어요.
구해 주세요!"

이 하는 일이 더더욱 초라하게 느껴졌답니다. 초이는 명 순경이 도둑을 잡은 공로를 인정받아 훈장을 받는 시상식장에서 꼬마 여우를 만나게 되는데요. 꼬마 여우는 초이가 자신의 기니피그를 구해주었던 일을 잊지 않고 고맙다는 인사를 전했어요. 초이에게도 직업의 자긍심을 느끼게 하는 계기가 생긴 것이지요. 하지만 초이가 감동을 느낄 겨를도 없이 갑자기 시장님 댁에 불이 났다는 소식이 전해졌고, 드디어 소방관 초이의 활약이 필요한 순간이 왔는데요. 초이가 자신이 바라온 대로 훌륭한 소방관이 되는 꿈에 다가설 수 있을지 지켜봐주세요.

꿈책맘이 콕 짚어주는 이 책의 매력

소방관과 소방차는 아이들에게 매우 매력적인 소재입니다. 빨간 소방차는 시선을 집중시키고 도움이 필요한 곳이라면 재빨리 출동하니 정말 멋있어요. 위험에 처한 동물과 사람을 구해내는 모습을 보면 진정한 영웅이 따로 없습니다. 하지만 그림책 초반에 보이는 소방관의 일상은 우리와 크게 다르지 않습니다. 하지만 위기 상황에서는 평범함을 뛰어넘은 용기와 활약을 보여주기에 더욱 극적인 느낌을 줍니다. 우리의 평화로운 일상을 지켜주는 분들에게 고마운 마음을 갖게 됩니다.

그림책으로 한 뼘 자라기

초이는 고양이 특유의 신체적 특징과 장점을 이용해 활약하는 모습을 보여주는데요. 고양이로서 타고난 재능을 제대로 발휘합니다. 하지만 타고난 재능만 믿고 노력을 하지 않았다면 불가능했던 활약입니다. 초이는 출동할 일이 없는 날에는 매일 운동을 하며 힘을 길러두었기에 위기 상황이 왔을 때 바로 행동으로 실천할 수 있었어요. 재능을 뒷받침해주는 것은 꿈을 이루고자 하는 간절한 마음과 끊임없는 노력이랍니다.

엄마의 시선에서 그림책 바라보기

아이의 첫 롤모델은 부모입니다. 물론 자라면서 꿈도 바뀌고 롤모델도 바뀔 수 있지만 아이가 부모를 닮고 싶어 하면 부모로서도 큰 자긍심을 느낍니다. 아무리 돈을 많이 버는 직업이어도 부모가 돈벌이 수단으로만 생각하고 자신의 일을 사랑하지 않으면 아이는 그 직업에 부정적인 인식을 갖게 되겠지요. 부모 스스로 직업에 대한 자존감이 높고 자신의 일을 사랑할 때, 아이도 긍정적인 마음을 갖게 됩니다. 바람직한 부모의 모습은 백 마디 말보다는 행동으로 보여주는 것이 더 효과적입니다.

알콩달콩 그림책 대화

공공 부문에서 일하는 분들에 대해 이야기를 나누어 보세요.

- 우리가 안전하게 지낼 수 있게 도와주시는 분들은 누구일까?
- 초이처럼 불이 났을 때 불을 꺼주는 소방관이 있고, 너굴 아저씨와 같은 우체부와 멍 순경님과 같은 경찰관이 있어요.
- 우리가 아플 때 도와주시는 의사 선생님도 계시네. 거리를 깨끗하게 해주는 분은 누구일까?
- 환경미화원이요. 지난 가을에 낙엽 치우실 때 힘드실 것 같았어요.
- 우리가 감사해야 할 분들이 참 많구나.

손바닥 물감 찍기로 소방관 만들기

준비물 | 흰색 도화지, 빨간색 물감, 파란색 물감, 유아용 붓, 빨대, 색연필, 유성 사인펜, 원형 스티커(노란색, 빨간색, 검정색)

○ **놀이 방법** ○

1

손바닥에 빨간색 물감을 칠한 후 도화지에 찍어주세요. 도화지는 물감을 잘 흡수하는 스케치북 종이가 좋습니다.

2

파란색 물감에 물을 섞어서 묽게 만들어주세요. 1번에서 찍은 손바닥의 엄지손가락 쪽에 파란색 물감을 떨어뜨립니다. 물감이 퍼져나가도록 빨대로 불어주세요.

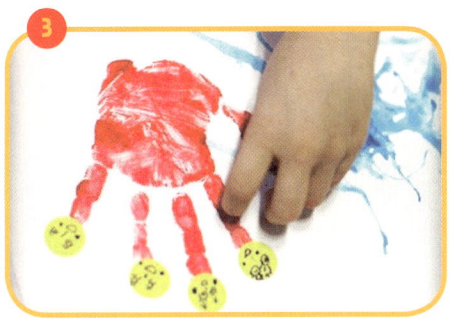

소방관 얼굴을 표현하기 위해 노란색 원형 스티커 다섯 개에 다양한 표정을 그려줍니다. 유성 사인펜을 사용해야 잘 그려집니다. 얼굴을 그린 후에는 손가락 끝에 붙여주세요.

빨간색 원형 스티커를 모자 모양으로 오려서 다섯 명의 소방관 얼굴에 붙여주세요.(견출 스티커 대신 색종이를 오려서 사용해도 됩니다.)

유성 사인펜으로 손바닥에 사다리를 그려줍니다. 다섯 명의 소방관에게 팔도 그려주세요.

검정색 색연필로 소방관의 손을 지나는 소방 호스를 그려주세요. 소방 호스에서 물이 뿜어져 나오는 모습이 완성됩니다.

○ 소방관이 등장하는 그림책 ○

천하무적 조선 소방관

고승현 글 | 윤정주 그림 | 책읽는곰 | 2009

조선시대에도 소방관이 있었을까요? 당시 조선에는 '멸화군'이라는 소방관이 있었답니다. 멸화군이 되기 위해 모인 사람들은 어딘지 엉성해 보였지만, 실패와 노력을 통해 어엿한 조선 소방관으로 거듭납니다. 처음부터 완벽한 모습이 아니기에 점차 성장하는 등장인물들의 모습이 더욱 친근함을 줍니다. 불귀신을 잡기 위해 노력하는 '멸화군'을 만나보세요.

꿈책맘의
꿈 가득 그림책 놀이
06

자연과 함께 해서 더 즐거운
자연 재료 책놀이

감귤 기차

김지안 글·그림 | 재능교육 | 2016

어떤 책일까?

주인공 소녀가 신비한 감귤 기차를 타고 시공간을 넘어 여행을 하는 판타지 그림책입니다. 표지 그림 속, 감귤 기차가 내뿜는 증기의 향긋한 귤 내음을 따라 표지를 열어보세요. 이야기는 주인공 소녀 미나가 할머니 댁에 가면서 시작됩니다. 어느 추운 겨울날, 엄마와 아빠 대신 할머니가 미나를 데리러 오셨어요. 할머니는 손녀에게 뭐라도 더 먹이고 싶은 마음에 바구니 한 가득 감귤을 담아오셨지요. 하지만 미나는 풀이 죽은 표정으로 앉아 있을 뿐이에요. 미나는 할머니가 가져오신 귤 바구니에서 작은 종잇조각을 우연히 발견합니다. 그 종잇조각은 향긋한 귤 냄새가 나는 기차표였어요.

할머니와 미나가 귤 바구니를 다 비워낼 무렵 할머니는 까무룩 잠이 드셨어요. 미나가 무심코 창밖을 보니 첫눈이 소담스럽게 내리고 있네요. 눈을 보기 위해 토끼 인형과 함께 베란다로 나간 미나의 귀에 기차 소리가 들려옵니다. 귤 상자에서 발견한 기차표를 사용할 수 있는 순간이 찾아왔어요. 승차권에 적힌 대로 감귤 기차 1호실에 오르니 객실에는 이미 다른 소녀가 타고 있었는데요. 곱슬거리는 머리에 동그란 안경을 쓴 소녀의 모습은 어딘지 모르게 낯설지 않았답니다. 기차가 마지막 역인 함박눈 역에 도착했을 때 미나와 소녀는 손을 잡고 다정히 걸을 정도로 친해졌어요. 눈이 쌓인 판타지 공간에서 두 소녀가 잊지 못할 추억을 만드는 모습과 함께 이야기는 클라이맥스로 향합니다. 판타지 여행이 절정을 이룬 순간의 장면은 플랩 형식으로 되어 있어 극적인 효과를 높여주니 그림책으로 꼭 확인해보세요. 하룻밤의 여행을 마치고 집으로 돌아온 미나는 할머니와의 사이가 언제 어색했냐는 듯, 할머니의 무릎을 베고 잠이 들었어요. 다음 날 아침 미나는 할머니와 집을 나서며 알콩달콩한 대화를 나눌 만큼 친근한 사이가 되었답니다.

꿈책맘이 콕 짚어주는 이 책의 매력

크리스마스 시즌을 배경으로 한 영어 그림책 《The Polar Express》를 떠오르게 합니다. 영화로도 만들어진 이 작품은 기차를 타고 신비한 여행을 한다는 내용인데요. 감귤 기차에서는 우리나라의 정서에 딱 알맞는 겨울 과일의 대명사 '감귤'로 만든 기차를 통해 친근한 소재로 판타지 이야기를 풀어갔어요. 무심코 버려질 수도 있는 감귤 껍질이 훌륭한 놀잇감이 될 수 있고, 세대를 아울러 소통할 수 있는 매개체가 된다는 점에서 큰 의미가 있습니다.

그림책으로 한 뼘 자라기

아이를 데리고 외출할 수 없는 사정이 생기면 친정이나 시댁 부모님께 아이를 맡겨야 하는 경우가 있습니다. 부모님은 아이들을 가장 믿고 맡길 수 있는 분들이지요. 하지만 친해지기 전까지 서로 불편한 느낌이 있을 수 있어요. 그림책 속의 미나와 할머니 역시 처음에는 어색함만 가득했지요. 할머니와 미나가 함께 하는 저녁 식탁은 두 사람 사이에 있는 마음의 거리만큼이나 유난히 길어서 서먹한 분위기를 보여줍니다. 저 역시 어린 시절, 조부모님과 함께 있으면 처음에는 어색했던 기억이 납니다.

하지만 곧 엄마와 있을 때와는 또 다른 즐거움이 있다는 것을 알게 되었는데요. 외할머니께서는 옛이야기를 들려주거나, 때로는 화투를 가르쳐주기도 하셨거든요. 조부모의 내리사랑은 부모의 사랑과는 또 다른 남다른 애정이라는 생각이 듭니다. 조손을 대할 때는 본인이 자식들을 키울 때 느껴본 적 없는 마음의 여유가 생겨나는 듯해요. 아이들은 조부모님이 손자,

손녀에게 느끼는 애틋함을 이해할 수 없어도, 그림책을 읽으며 할머니도 한때 나와 같은 아이였다는 사실에 한층 더 친근한 느낌을 받게 됩니다.

엄마의 시선에서 그림책 바라보기

할머니는 자신이 어린 시절에 했던 감귤 껍질 놀이를 손녀에게 알려주고 싶으셨을 거예요. 하지만 손녀가 혹시 시시해하지는 않을지 걱정되는 조심스러운 마음도 있으셨을 테지요. 아이들은 엄마가 어렸을 때 했던 놀이를 알려주면 의외로 큰 흥미를 보입니다. 거창한 놀잇감이 아니어도 엄마와 아빠도 한때는 자신과 같은 어린 아이였고, 엄마가 했던 놀이를 자신도 할 수 있다는 것을 신기하게 생각합니다. 평범했던 장소도 드라마 촬영을 하면 유명한 명소가 되고 달리 보이듯이, 평범한 재료들도 엄마 아빠가 가지고 놀았다는 점만으로 아이들에게 특별한 놀잇감이 될 수 있습니다. 추억을 공유할 수 있는 매개체가 있다면 일상의 소소한 놀이도 추억으로 쌓여갑니다.

알콩달콩 그림책 대화

감귤 기차가 도착한 장면에서 기차의 감귤 상자를 어디에서 봤었는지 찾아보세요.

- 기차 연료 칸에 있는 싱싱감귤 상자를 우리가 어디에서 봤었지?
- 할머니랑 미나가 저녁 먹을 때요. 식탁 옆 바닥에 있었어요.
- 다시 가서 볼까? 정말 여기에 있네. 우리 꿈책이는 눈썰미도 좋구나.

기차에서 만난 소녀가 할머니의 어린 시절임을 짐작할 수 있는 점을 찾아보세요.

 이 소녀는 어딘지 모르게 할머니를 닮은 것 같지 않아?
 할머니처럼 안경을 썼어요. 귤껍질로 재미있는 모양을 잘 만드는 것도 똑같아요. 그리고 할머니처럼 콧등을 긁어요.

어떤 과일로 만든 기차를 타고 싶은지 이야기 나누어 보세요.

 엄마는 새콤달콤한 딸기 기차가 있으면 좋겠어. 우리 꿈책이는 어떤 기차가 좋아?
 저는 커다란 수박 기차가 있으면 좋겠어요. 그리고 사과 기차, 배 기차도 좋아요!

마지막 장면, 할머니 댁 거실에 커다랗게 자란 감귤 나무에 대해 이야기 나누어 보세요.

🧒 미나가 여행을 하느라 힘들었나 봐. 코, 잠이 들었네.
아, 그런데 감귤 나무가 엄청 크게 자랐다. 원래 있던 나무인가?
👧👦 엄마, 얼른 앞으로 돌아가 봐요. 여기 화분을 보면 감귤 나무가 원래는 크지 않았어요.
🧒 와, 그런데 이렇게나 크게 자랐구나. 신기하다!

꿈책맘 책놀이

감귤 껍질 놀이를 통해 미나와 할머니가 서로 가까워진 것처럼 아이와 함께 감귤 껍질로 모양을 만들며 그림책 놀이를 해보세요. 가위나 손으로 껍질을 잘라서 원하는 모양으로 만드는 과정도 재미있지만 의도하지 않고 벗겨낸 껍질의 모양에서 친숙한 모습을 찾아내는 과정도 재미있습니다. 원하는 모양이 나오지 않아도 속상해하지 않도록 칭찬을 듬뿍 해주세요.

○ 감귤 기차 면지

귤껍질로 다양한 모양 만들기

준비물 | 감귤

○ 놀이 방법 ○

1 감귤을 깨끗이 씻어서 준비해주세요.

2 귤껍질을 까고 만드는 과정은 아이의 소근육 발달에도 좋아요. 아이가 아직 어려서 귤껍질을 까기 힘들어 하면 시작 부분에 작은 틈을 만들어 쉽게 깔 수 있게 도와주세요.

3 만들고자 하는 동물을 생각하며 의도적으로 귤껍질을 까는 것도 좋지만, 이미 벗겨놓은 불규칙한 모양의 껍질을 조합해서 만드는 방법도 재미있어요.

TIP 가위로 자른 껍질보다 손으로 자른 귤껍질 모양이 더 멋스러워요. 감귤 꼭지 부분을 동물의 눈 부분이나 꽃의 중심에 위치하도록 만들어주면 더 재미있답니다. 아래 사진들은 아이와 함께 한 귤껍질 놀이로 만든 뱀, 달팽이, 꽃입니다.

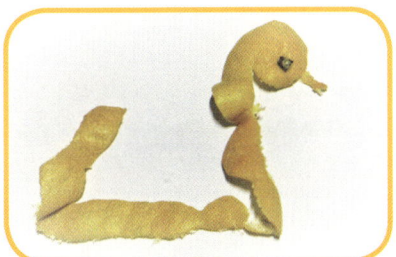

○할머니의 사랑이 느껴지는 그림책○

뒤로 가는 기차

박현숙 글 | 김호랑 그림 | 한림출판사 | 2016

얼마 전에 태어난 동생을 돌봐주시기 위해 시골에서 할머니가 올라오셨지만, 주인공 소녀 송이는 할머니가 촌스럽다는 생각에 부끄럽기까지 합니다. 그러던 어느 날, 송이는 할머니와 함께 기차를 타고 시골에 갈일이 생기는데요. '뒤로 가는 기차'라는 푯말이 붙은 이상한 기차에 올라타자 시간도 거꾸로 흐르더니 할머니가 송이와 같은 또래의 어린아이가 되었어요. 타임머신을 탄 듯 할머니의 어린 시절로 가게 된 송이는 할머니와 함께 즐거운 시간을 보냅니다. 할머니도 한때는 나와 같이 활달하고 꿈이 많은 어린아이였음을 알게 된 송이의 모습을 통해 할머니에 대한 사랑을 느낄 수 있습니다.

할머니와 걷는 길

박보람 글 | 윤정미 그림 | 노란상상 | 2018

엄마가 외출하신 동안 할머니 댁에 간 손녀는 심심합니다. 이를 본 할머니는 느릿느릿한 동작으로 놀이터에 갈 채비를 하십니다. 연로하신 할머니는 모든 행동이 느릿느릿하셔서 걸음도 느릴 수밖에 없어요. 하지만 할머니와 속도를 맞춰 걸으니 평소에 안 보이던 것들을 볼 수 있고, 동네 풍경도 더 정겹게 느껴집니다. 그러나 느릿한 할머니도 손녀가 위험에 처한 순간만큼은 행동이 번개처럼 빨라지는 모습을 통해 할머니의 무한한 사랑을 보여주는 그림책입니다.

나뭇잎 손님과 애벌레 미용사

이수애 글·그림 | 한울림어린이 | 2015

어떤 책일까?

나뭇잎을 야금야금 갉아서 나뭇잎 손님의 머리 모양을 바꾸어주는 애벌레 미용사의 이야기에요. 머리가 둥글고 무거운 나뭇잎 손님은 머리 모양을 바꾸고 싶어 '숲속 미용실'에 찾아왔어요. 애벌레 미용사는 미용 대회에서 우승한 능력자인가 봐요. 미용실 안에는 우승 트로피가 네 개씩이나 전시되어 있고, 나뭇잎을 위한 다양한 머리 모양 사진들도 곳곳에 걸려 있네요. 나뭇잎 손님이 현재 머리 스타일이 너무 둥글고 무거워서 머리 모양을 바꿔달라고 하자, 애벌레 미용사는 손님의 선택에 따라 나뭇잎 갉기 신공을 펼쳐요. 완성된 헤어스타일을 보여주려고 애벌레 미용사는 거울을 여섯 개나 들고 대기했지만 나뭇잎 손님은 마음에 들어 하지 않네요. 그 이유인즉, 너무 뾰족해서 친구를 긁을 것 같다는 이유였어요. 그 이후로도 애벌레 미용사는 쓱싹쓱싹 야금야금 열심히 갉아대고 염색도 해보지만 나뭇잎 손님을 만족시키기란 쉽지 않았어요. 어떤 모양도 흡족하지 않았던 나뭇잎 손님은 급기야 울음을 터뜨렸고, 애벌레 미용사는 손님을 만족시키기 위한 비장의 기술을 선보입니다. 그 기술은 그림책을 통해 확인해보세요.

   그림책은 나뭇잎이 가장 울창한 여름에서 시작해요. 염색을 하는 모습은 가을 단풍과 닮아 있고, 실의에 빠진 나뭇잎 손님이 잠이 드는 장면은 겨울잠을 연상하게 합니다. 나뭇잎 손님이 잠에서 깨어나자 계절은 봄이 되었는데요. 이를 통해 끊임없이 순환하는 계절의 변화와 자연의 섭리도 함께 보여주는 그림책이에요.

꿈책맘이 콕 짚어주는 이 책의 매력

책에 뚫린 구멍을 통해 보는 모습은 왠지 색다르게 느껴져서 아이들의 흥미를 높여주는 장점이 있어요. 이 그림책에는 나뭇잎 모양으로 구멍이 뚫려 있어서 실제로 애벌레 미용사가 나뭇잎을 갉는 느낌이 그대로 전해집니다. 페이지를 넘기면 어떤 머리 모양으로 바뀔지, 기대감도 커지지요. 이야기가 진행될수록 애벌레 미용사가 나뭇잎을 갉는 이야기에 맞춰 구멍의 크기도 점점 작아지기에 구멍의 크기를 통해 나뭇잎의 크기를 비교해보는 점도 재미있어요.

그림책으로 한 뼘 자라기

나뭇잎 손님은 미용실에 비치된 사진들을 보며 자신이 원하는 머리 모양을 골랐어요. 사진으로 볼 때는 멋져보였지만 정작 자신이 해보니 어느 것도 마음에 들지 않았지요. 하지만 겨울잠에서 깨어난 후 자신의 머리에 돋아난 새싹을 보며 만족스러운 미소를 짓습니다. 이러한 나뭇잎 손님의 모습은 나의 모습 그대로를 사랑해야겠다는 '자존감'의 메시지를 줍니다. 무엇이든 잘 해낼 수 있다는 자신감도 자존감에서 출발하기에, 자존감은 유아기에 반드시 형성해야 할 중요한 덕목이에요. 흐뭇하게 미소 짓는 나뭇잎 손님의 표정을 보면 애벌레 미용사를 찾아가서 머리 모양을 바꾸는 일은 없을 것 같아요. 자신의 머리 모양 그대로, 그 모습을 사랑하게 되었으니까요.

엄마의 시선에서 그림책 바라보기

애벌레 미용사가 나뭇잎 손님의 머리를 자를 때, 나뭇잎 파편들이 공중으로 흩어지면서 날아가는 모습은 영화 〈가위손〉의 에드워드(영화배우 조니 뎁)가 혼신의 힘을 다해 정원 손질을 하던 모습을 떠오르게 합니다. 일에 열중하는 모습에서 열정이 느껴지고 미용실에 전시된 트로피를 보면 분명 능력 있는 미용사로 보이지만 애벌레 미용사에게도 허점이 있답니다. 바로 손님이 원하는 머리 모양과 100퍼센트 같은 모양을 만들지 못하는 점이에요. 왜 그럴까 궁금해 하던 중, 마침 2018년 가을 경의선 책거리 축제에서 이수애 작가님을 뵐 기회가 있어서 이러한 궁금증을 여쭤보았어요. 작가님 말씀으로는, 애벌레 미용사가 우승을 거듭하면서 자신의 실력을 자만하고, 노력을 게을리 할 수 있겠다 싶어서 만든 설정이라고 합니다. 아무리 능력 있는 사람도 끊임없이 노력하고 배우지 않으면 뒤처질 수 있다는 것으로 생각되었어요. 그렇기에 엄마도 자신이 흥미를 가진 분야에 대해 틈틈이 배우고 노력해야 합니다. 배움은 삶의 활력이 되는 동시에 엄마의 자존감도 높여줍니다.

알콩달콩 그림책 대화

나뭇잎 손님이 고른 모양과 완성된 모양의 다른 점을 찾아보세요.

- 🧑‍🦰 나뭇잎 손님은 단풍나무 머리를 골랐구나. 애벌레 미용사가 단풍나무 머리를 만들어줬는데 왜 마음에 안 든다고 하는 걸까?
- 👦 나뭇잎 손님이 고른 모양이랑 모양이 달라요. 단풍나무 머리는 가장자리가 뾰족뾰족해야 하는데, 완성된 머리 모양은 둥글둥글해요.

이빨로 나뭇잎을 갉으며 머리 모양을 바꾸어주는 애벌레 미용사에 대해 이야기를 나누어요.

- 👦 엄마, 애벌레 미용사는 왜 가위를 쓰지 않고 이빨로 나뭇잎을 갉아요?
- 🧑‍🦰 글쎄? 가위로 자르면 더 쉬울 것 같은데 왜 그럴까? 꿈책이 생각은 어때?
- 👦 음…, 아, 알았다! 이빨로 갉으면 나뭇잎도 먹고 머리 모양도 바꾸어줄 수 있으니 더 좋잖아요.
- 🧑‍🦰 오~ 정말 그러네! 손님이 많이 오면 배가 많이 부르겠는 걸!

낙엽으로 만든 나뭇잎 손님

준비물 | 나뭇잎, 원형 스티커, 검정색 색종이, 사인펜, 풀, 가위

○ **놀이 방법** ○

Tip 나뭇잎은 땅에 떨어진 것만 모아서 사용합니다. 깨끗이 씻어서 키친타월로 물기를 닦아 말려주세요.

원형 스티커 위에 사인펜으로 다양한 얼굴 표정을 그려주세요. 검정색 색종이는 사다리꼴 모양으로 오려 미용 가운을 만들어줍니다.

나뭇잎을 도화지 위에 풀로 붙입니다. 나뭇잎 위에 얼굴 표정을 그린 스티커를 붙이고, 스티커 테두리를 따라 색연필로 윤곽선을 그려주세요.

사다리꼴 모양으로 오려 만든 미용 가운을 붙이고 색연필로 팔과 다리를 그려주세요. 귀여운 나뭇잎 손님이 완성됩니다.

큰 나뭇잎에서 작은 나뭇잎의 순서로 배열하면, 그림책의 스토리와 같아지면서 자연스럽게 크기 비교 놀이도 할 수 있습니다. 동그라미 스티커 여러 개를 나란히 붙여 애벌레 미용사도 만들어보세요.

Tip 얼굴 표정을 그리기 힘들어하는 유아들은 표정이 인쇄된 스티커를 사용하면 더 쉽게 활동할 수 있어요. 그림책의 내용처럼 점점 작아지는 모양을 만들어주어도 되고 여러 종류의 낙엽을 섞어서 다양한 헤어스타일을 만들 수도 있습니다.

○낙엽으로 만든 일러스트가 재미있는 그림책○

낙엽이 속닥속닥

한태희 글·그림 | 예림당 | 2013

가을바람에 떨어진 낙엽들이 함께 모여 재미있는 놀이를 시작했어요. 동물의 모양을 만들며 재미있게 놀던 나뭇잎은 진짜 호랑이가 나타나자 깜짝 놀라 숨었다가 그대로 잠들어버립니다. 낙엽 놀이 방법도 자세히 소개되어 있어서 바로 활동해볼 수 있어요.

꼬마 여우

니콜라 구니 글·그림 | 명혜권 옮김 | 여유당 | 2018

색색의 나뭇잎으로 다양한 모양을 만든 콜라주 기법이 돋보이는 그림책입니다. 우연히 동굴 밖으로 나온 꼬마 여우가 여러 동물 친구들을 만나고 새로운 경험을 하는 이야기입니다. 나뭇잎으로 만든 그림 속 풍경과 여우, 새, 소, 고슴도치, 늑대 등등 다양한 동물의 모습이 재미있어요. 작가는 나뭇잎 모양을 그대로 사용한 경우도 있고 가위로 잘라서 원하는 모양을 만들기도 했어요. 나뭇잎을 이용해 그림책 속 동물의 모습을 따라서 만들면 쉽고 재미있는 책놀이가 된답니다.

숲 속 재봉사

최향랑 지음 | 창비 | 2010

어떤 책일까?

깊고 깊은 숲 속에 살고 있는 재봉사의 이야기에요. 재봉사의 오두막에서는 재미있는 소리가 끊이지 않는데요. 달달달달은 재봉사의 재봉틀 소리, 사각사각은 거위벌레의 가위질 소리, 스륵스륵은 자벌레가 움직이며 길이를 재는 소리, 조물조물은 거미가 레이스를 뜨는 소리랍니다.(거위벌레, 자벌레, 거미는 숲 속 재봉사의 도우미로서 그림책의 모든 페이지에 등장하며, 그 역할을 충실히 하고 있으니 눈여겨보세요. 각 곤충의 습성에 맞는 역할이 주어졌기에 더 재미있습니다.)

밤에도 낮에도 쉬지 않고 옷을 만드는 숲 속 재봉사는 다양한 동물들에게 예쁜 옷을 만들어줍니다. 뭍에 사는 동물은 물론, 하늘을 나는 동물과 물속에 사는 동물에게까지 숲 속 재봉사의 솜씨는 널리널리 퍼져나가요. 숲 속 재봉사 덕분에 동물들 모두 자신이 꿈꾸던 의상을 입게 되었으니 특별한 잔치도 있어야겠지요. 멋진 옷을 입었는데 그냥 지나가기엔 서운하니까요. 동물들이 멋진 옷을 입고 모두 함께 잔치를 즐기는 장면은 작가님이 손수 만드신 인형들이 다 같이 출연하기에 더욱 유심히 보게 됩니다. 실제 인형을 찍은 사진이라서 더욱 감탄하면서 보게 돼요. 이쯤 되면 아이들도 숲 속 재봉사를 만나보고 싶다는 생각을 하게 되는데요. 숲 속 재봉사를 만날 수 없는 이유는 무엇인지, 애교 있는 여운으로 남긴 결말은 그림책을 통해 확인해보세요.

> **Tip!** **거위벌레**: 초식성으로 나뭇잎을 즐겨 먹는다. 성충 암컷은 5~7월에 갈참나무와 떡갈나무의 잎을 잘라서 돌돌만 요람 속에 알을 낳는다(출처: 위키백과).
> **자벌레**: 자나방과 곤충의 유충으로 배다리가 퇴화되어 운동할 때 자로 재는 것처럼 움직이는 벌레다(출처: 농업용어사전, 농촌진흥청).

꿈책맘이 콕 짚어주는 이 책의 매력

다양한 재료와 자연물을 이용한 콜라주 기법의 일러스트가 눈길을 사로잡습니다. 아기자기한 그림을 보며 그림책을 읽고 있노라면 저절로 마음에 따뜻해집니다. 최향랑 작가님을 만날 기회가 있어 여쭤보았더니, 지방으로 그림책 강연을 가게 되시면 그때마다 꽃잎, 나뭇잎, 씨앗들을 수시로 모아서 잘 말려두신다고 해요. 작가님의 정성이 담겨 더욱 따뜻한 그림책으로 탄생한 것이었어요.

그림책으로 한 뼘 자라기

숲 속 재봉사는 동물들에게 옷을 선물하면서 대가를 바라지 않습니다. 자신이 잘하고 즐거워하는 일에 몰두할 수 있다는 점만으로도 행복을 느껴요. 자신이 원해서 한다고 해도 대가 없이 평등하게 베풀기란 쉽지 않은데요. 이러한 면에서 '숲 속 재봉사'는 나눔에 대한 메시지도 담고 있습니다. 나눔은 거창한 것이 아니라 자신의 능력 내에서 할 수 있는 작은 것부터 찾아보는 실천이 중요함을 이야기 나누어 보세요.

엄마의 시선에서 그림책 바라보기

숲 속 재봉사는 동물들을 위한 옷을 만들 때 각 동물의 신체적 특징과 움직임을 최우선으로 고려합니다. 자신의 바느질 능력을 뽐내기보다는 입었을 때 불편하지 않으면서 각자의 생활 습관에 어울리는 옷을 만들어주었지요. 플라밍고에게는 춤을 출 때 입는 화려한 의상을 만들어주었고, 바다에 사는 오징어에게는 열 개의 다리에 잘 어울리는 무지개 색상의 스타킹을 만들어주는 등, 동물들의 취향과 움직임, 신체 구조까지 고려했기에 더욱 특별합니다. 부모의 눈에 예뻐도 아이가 불편한 옷이라면 억지로 입히지 말아야 하듯, 육아에서도 아이의 성향을 파악하고 그에 맞춰가는 노력이 더욱 필요합니다.

알콩달콩 그림책 대화

여러 동물에게 어울리는 옷을 상상해보세요.

- 🧑‍🦰 숲 속 잔치에 동물들이 모두 모였네! 여기에 오지 못한 동물도 있을까?
- 👧👦 엄마! 고양이가 안 보여요.
- 🧑‍🦰 고양이는 어떤 옷을 좋아할까?
- 👧👦 고양이는 털실 뭉치를 가지고 놀기 좋아하니까. 털 방울 장식이 달린 옷이 좋을 것 같아요. 털 방울을 가지고 놀면 심심하지 않잖아요.

잔치에 초대 받는다면 어떤 옷을 입고 싶은지 상상해보세요.

- 🧑‍🦰 잔치에 간다면 꿈책이는 어떤 옷을 입고 싶어?
- 👧👦 유치원 생일 파티에서처럼 한복을 입을 거예요. 책에 나오는 것처럼 꽃잎으로 만든 한복을 입고 싶어요.
- 🧑‍🦰 꽃잎으로 만든 한복은 색이 더 고울 것 같아.

콜라주 기법으로 만든 꽃잎 드레스

준비물 | 꽃잎이나 나뭇잎 등의 자연물, 딱풀, 색연필, 도화지

○ **놀이 방법** ○

집 마당에 핀 작약이 큰 역할을 해주었는데요. 제 딸아이는 작약 꽃잎으로 한복치마를, 작약 이파리로는 드레스를 완성했답니다.

1 원하는 꽃잎이나 나뭇잎을 종이에 붙여주세요. 딱풀을 사용해도 잘 붙습니다.

2 꽃잎과 나뭇잎이 어떤 옷으로 탄생할지는 아이의 상상력에 맡겨주세요.

○ 최향랑 작가의 그림책 ○

숲 속 재봉사와 털뭉치 괴물
최향랑 글 · 그림 | 창비 | 2013

옷 만들기를 좋아하는 숲 속 재봉사의 집으로 거대한 털뭉치 괴물이 찾아왔어요. 괴물은 자신에게도 옷을 만들어달라고 으르렁거렸지만, 고약한 냄새를 풍기는 괴물에게는 멋진 옷보다 목욕이 더 필요했답니다. 숲 속 재봉사가 동물들과 힘을 합쳐 괴물을 깨끗하게 씻기고 나자 털뭉치 속에서 작은 강아지가 모습을 드러냅니다. 작은 강아지가 털뭉치 괴물이 된 사연과 함께 괴물이 남겨놓은 털뭉치가 멋진 옷으로 재탄생하는 과정이 따뜻하게 그려집니다.

숲 속 재봉사의 꽃잎 드레스
최향랑 글 · 그림 | 창비 | 2016

'알록달록 색깔책'의 부제에 알맞게 다양한 색깔이 담겨 있는 동시에 감정 그림책이기도 합니다. 빨간색 옷을 입으면 춤을 추고 싶고, 노란 색을 옷을 입으면 웃음이 나고, 파란색 옷을 입은 날에는 혼자 있고 싶어지는 심리적 느낌까지 담아냈어요. 색은 눈으로만 보는 것이 아닌 마음으로도 보는 것임을 알게 해줍니다.

꿈책맘의
꿈 가득 그림책 놀이
07

다양한 재료의 깜짝 변신
재활용품 책놀이

딩동거미

신성희 글·그림 | 한림출판사 | 2017

어떤 책일까?

거미줄로 다양한 모양을 만들며 퀴즈를 내는 귀여운 거미가 등장합니다. 이름이 왜 '딩동거미'일지 생각해보며 책장을 넘겨보세요. 개미들이 커다란 도넛을 옮기는 모습을 본 거미는 장난을 치고 싶어졌어요. 거미줄로 재미있는 모양을 만들고 개미들에게 맞춰보라고 하지요. 하지만 바쁜 개미들이 자신의 거미줄에 관심을 두지 않자 '어디 똑똑한 개미 없느냐'며 승부욕을 자극합니다. 거미의 말에 걸려든 순진한 개미는 거미줄의 모양을 보며 퀴즈를 맞히기 시작합니다. 거미가 첫 번째로 만든 모양은 바로 꽃이었고, 개미가 정답을 맞히자 거미는 "딩동~" 하고 경쾌하게 외칩니다. 거

거미는 거미줄로 재미난 모양을 만들고는
개미들에게 물었어요.
"이게 뭐더라?"
하지만 개미들은 점차 점차 실을 하느라 바빴어요.

"이제 눈을 떠도 돼."
거미의 말에 개미들은 눈을 크게 뜨고 거미줄을 바라보았어요.

미는 꽃모양에 이어서 나비와 지렁이까지 거미줄로 계속해서 다양한 모양을 만들어내요. 개미들도 탄력을 받아서 정답 맞히기에 몰입하지요. 개미들은 이제 도넛 옮기는 것은 뒷전으로 미뤄두고 점점 더 거미에게 가까이 다가서기 시작합니다. 이를 포착한 거미는 자신이 그려둔 큰 그림을 실행합니다. 이번 퀴즈는 특히 어려워서 누구도 못 맞힐 거라 호언장담하며 개미들의 승부욕을 좀 더 불타오르게 한 후에, 시간이 좀 걸린다며 모두 눈을 감으라고 합니다. 그러나 개미들은 퀴즈 놀이에 푹 빠져서 정답을 맞히고 싶어 안달이 났고, 어느 누구도 거미의 말을 의심하지 않았어요. 거미의 말에 따라 순순히 눈을 감는 개미들, 그리고 거미는 두 번째 손가락을 입 위에 가져간 모습으로 독자들에게 조용히 하라는 수신호를 보냅니다. 개미들이 눈을 떴을 때 어떤 일이 벌어졌을지는 상상에 맡길게요.

꿈책맘이 콕 짚어주는 이 책의 매력

마치 만화의 캐릭터처럼 눈동자가 커다란 곤충이 등장하며 아이들에게 흥미를 불러일으킵니다. 내용도 유쾌해서 아이들이 좋아할 수밖에 없는 요소를 두루 갖추고 있어요. 거미가 '딩동'이라고 외치는 부분은 반복적으로 등장하면서 아이를 까르륵 까르륵 웃게 합니다. '딩동' 부분을 아이와 함께 소리 내어 외치면 더욱 재미있어요.

다양한 모양의 거미줄이 등장하는 점도 색다르지만, 그 용도가 달라서 재미있는데요. 곤충을 잡아먹기 위해 거미줄을 사용하는 것이 아니라 '자신의 꾀를 자랑하기 위한 수단'으로 사용한다는 발상의 전환이 신선한 그림책입니다.

그림책으로 한 뼘 자라기

고전의 우화들이 권선징악이 뚜렷하고 선과 악을 대표하는 캐릭터가 선명하게 구분되는 것에 반해 《딩동거미》는 어느 한쪽으로 단정짓지 않기에 다양한 관점에서 살펴보는 재미가 있습니다. 개미와 거미, 양쪽의 입장에서 각각 생각해볼 수 있는 것이지요. 개미의 입장에서 보면 거미는 얄미운 캐릭터예요. 하지만 거미의 입장에서 보면 자신의 목표를 위해 치밀하게 계획을 짠 것뿐입니다. 옛이야기는 선(善)과 악(惡)이 극명히 구분되고 절대적이지만, 현대의 우화는 그렇지 않아서 아이들에게 다양하고 자유롭게 생각할 거리를 던져줍니다.

엄마의 시선에서 그림책 바라보기

그림책에 등장하는 거미는 나름의 애교 섞인 장난으로 차근차근 계획을 실행했기에 밉지 않은 캐릭터가 될 수 있었어요. '장난을 좋아하는 거미'라는 설정으로 이야기를 시작한 작가님의 설계가 신의 한 수였다는 생각이 듭니다. 저는 자꾸만 아이에게 짓궂은 장난을 거는 아빠의 모습이 떠올랐어요. 처음에는 그저 재미로 시작했는데 아이가 화내는 모습마저 귀여워서 아빠는 장난을 멈추지 못하는데요. 어렸을 때는 아이가 울음을 터뜨리고 아빠가 미안하다며 사과를 하고 달래주어야 비로소 장난이 끝이 납니다. 하지만 점점 크면서 아빠의 장난을 웃으며 넘기기도 하고, 오히려 아빠를 역으로 놀리기도 하는 모습을 보면서 아이의 마음도 점점 자라고 있음을 느낍니다.

알콩달콩 그림책 대화

엄마와 아이가 번갈아 책 내용에 대해 간단한 퀴즈를 내고, 정답을 맞히면 "딩동~"이라고 외치거나 일부러 정답을 틀리기도 하면서 재미있게 즐겨보세요.

- 👩 거미가 거미줄로 제일 처음에 만든 모양이 뭐였을까?
- 👧 꽃이요!
- 👩 딩동~
- 👧 엄마, 그럼 제가 내볼게요. 개미들이 옮기고 있던 것이 뭐였을까요?
- 👩 뭐였지? 핫도그?
- 👧 땡! 도넛이잖아요.

일회용 접시에 거미줄이 짠!

준비물 | 일회용 접시, 털실 혹은 장식끈, 폼폼(서로 다른 크기로 2개), 모루, 인형 눈, 펀치, 글루건, 투명 테이프

○ **놀이 방법** ○

일회용 접시 가장자리를 따라 펀치로 구멍을 뚫어주세요. 실의 한쪽 끝을 구멍에 통과시켜 투명 테이프로 단단히 고정해줍니다.(구멍의 위치가 일정하지 않거나 잘못 뚫려도 괜찮아요. 아이들은 구멍 뚫는 것만으로도 재미있어 합니다.)

구멍을 통해 장식 끈을 통과시키면서 아이가 원하는 모양으로 끈을 꿰어주면 거미줄 모양이 완성됩니다. 우리가 흔히 알고 있는 정형화된 모양이 아니어도 관계 없으며 불규칙한 모양이 오히려 멋스러워요.

크기가 서로 다른 두 개의 폼폼을 글루건으로 붙여 거미 머리와 몸통을 만들어주세요. 적당한 길이로 자른 모루 8개를 글루건으로 붙여 거미의 다리를 만듭니다. 얼굴에는 인형 눈도 붙여주세요.

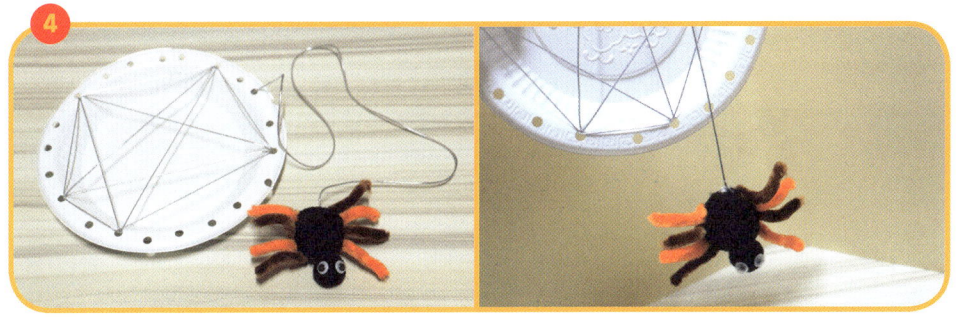

끈의 길이를 여유 있게 잘라 거미 꽁무니에 붙여주면 거미줄에 매달린 모습도 연출할 수 있어요.

○ 거미가 등장하는 그림책 ○

내 친구의 다리를 돌려 줘!

강경수 글·그림 | 뜨인돌어린이 | 2013

'커다란 방귀'로 유명한 강경수 작가님의 그림책이에요. 주인공 소년의 가장 친한 친구인 거미가 소년의 집에 놀러오는데요. 웬일인지 다리가 모두 없어진 모습으로 나타납니다. 거미의 다리가 없어진 이유인 즉, 소년의 집에서 오는 길에 만난 딱한 사정의 동물들에게 자신의 다리를 모두 나누어 주었기 때문이었어요. 거미의 다리가 8개라는 사실을 알려줄 뿐만 아니라, 함께 돕고 사는 것에 대한 메시지도 전해주는 그림책이에요.

프랭크, 다리가 일곱 개인 거미

미카엘 라지 글·그림
도서출판 나린글 | 2018

거미 프랭크는 여덟 개의 다리를 자랑스러워했고 거미로서의 삶이 행복했어요. 그런데 어느 날 아침 자신의 다리가 하나 없어진 것을 발견하고 놀라는데요. 프랭크가 잃어버린 다리를 찾아다니는 과정을 유머러스하게 그리고 있습니다. 다리는 하나 부족하지만 자신이 거미라는 사실에는 변함이 없다는 것을 깨닫는 '자존감'을 주제로 한 그림책입니다.

문어 목욕탕

최민지 글·그림 | 노란상상 | 2018

어떤 책일까?

'대중 목욕탕'에 문어가 등장하며 판타지의 세계로 변신하는 상상이 돋보입니다. 주인공 여자 아이는 목욕가방을 들고 있지만, 그 뒷모습에서는 왠지 망설임이 느껴집니다. 표지를 넘기니 홍보 전단지가 보이네요. '문어 목욕탕'은 동네에 새로 생긴 목욕탕으로 친구들 사이에서도 소문이 났나봅니다. 짝꿍 민지도 어제 엄마랑 다녀왔다는데, 엄마가 없는 소녀는 한 번도 목욕탕에 가본 적이 없었어요. '엄마가 없다'는 부분에서 갑자기 분위기가 우울해지기도 하지만 걱정하지 마세요. 바로 다음 페이지에서 분위기는 역전됩니다. 아이는 '이제 다 커서 아빠와 남탕에는 절대 함께 갈 수 없다'고 하고, 아빠 역시 '나도 다 커서 여탕에는 절대 못 가!'라고 받아치며 실랑이를 하고 있네요. 아빠와 딸의 모습에 웃음을 머금고 페이지를 넘기면, 목욕탕의 계산대에서 요금을 지불하는 소녀의 모습이 보입니다.

드디어 용기를 발휘한 소녀! 계산대에서는 문어 다리가 스윽 나오면서 거스름돈과 함께 탈의실의 옷장 열쇠를 건네줍니다. 수건으로 몸을 가린 채 부끄러워하며 탈의실에 입장한 소녀의 모습을 보면, 젖은 머리를 말리고 옷을 갈아입느라 분주한 탈의실 분위기와 대조적입니다. 혼자 오도카니 서 있는 소녀에게서 어쩔 줄 모르는 어색함이 느껴져요. 어색한 마음으로 탕에 들어간 소녀의 눈에 띈 것이 있었으니 바로 시커먼 '먹물탕'이에요. 소녀는 얼른 숨고 싶은 마음에 자신의 몸을 가리고 있던 수건을 휙 던져버리고 먹물탕 속으로 풍덩 들어갑니다. 그 순간 먹물탕 수면 위로 문어가 쑥 나오며 그 모습을 드러내는데요. 깜짝 놀란 소녀의 얼굴을 향해 먹물

을 푸우우우 발사하고 씩 웃어주는 문어의 모습에 소녀 역시 먹물이 묻은 얼굴로 환하게 웃습니다.

  이제야 어색함이 사라지고 문어 목욕탕을 100% 즐기기 시작합니다. 먹물탕 속, 깊은 곳에는 먹물의 검정색과 대비되는 형형색색의 수중 동물들이 살고 있어요. 놀이기구를 탑승한 듯 스릴 넘치는 과정으로 진행되는 문어들의 초특급 세신 서비스도 일품입니다. 역시 목욕의 완성은 시원한 음료! 여유롭게 먹물 우유를 마시며 문어의 배웅과 함께 밖으로 나온 소녀의 얼굴은 목욕탕을 들어설 때와는 달리 상쾌함으로 가득 차 있어요. 아이가 들고 들어갔던 목욕가방에 몰래 숨어든 작은 친구의 정체도 유심히 살펴보세요. 소녀는 비록 혼자 왔지만, 누군가와 함께 온 아이들보다 오히려 더 즐거운 경험을 하는데요. 이는 '용기를 낸 자에게 주어진 선물'이라는 생각이 들었습니다.

꿈책맘이 콕 짚어주는 이 책의 매력

  목욕탕 간판과 전단지, 목욕탕 내부의 가격표까지 곳곳에서 문어를 주제로 한 것들을 찾아보세요. 간판 속 목욕탕 기호는 문어와 닮아 있습니다. 뿐만 아니라 문어와 관련된 물건과 문구를 곳곳에서 볼 수 있어요. 문어의 영어 단어 'Octopus'를 연상시키듯 'October 10월 한 달은 무료'라는 문구도 보입니다. 또한 그림책에는 문어의 다리 개수를 나타내는 숫자 '8'이 많이 등장합니다. 목욕탕 전화번호는 888-8888이고 요금도 어른 8,000원, 아이 800원, 혼자 온 아이 80원입니다. 목욕탕에서 판매하는 간식과 미용용품도 모두 문어와 관련된 것들로 가득해요. 먹물 우유, 먹물 아이스크림, 먹무리카노, 먹물 팩과 먹물 샴푸, 문어발 등긁개까지! 심지

어느 소녀가 먹물탕에 풍덩 빠져들 때 위로 솟아오르는 물의 갈래가 문어 다리를 닮아서 세어봤더니, 딱 여덟 개여서 아이와 함께 크게 웃었어요. 그림책 속 전단지에 들어 있는 인스타그램 주소(@octopus_hi)를 검색하면 작가님이 개설하신 문어 목욕탕 인스타그램 계정이 실제로 나와서 반갑답니다.

먹물탕을 여행하는 장면에서 다양한 모습의 문어들을 살펴보는 것도 재미있는데요. 기린 모습을 한 문어와 코끼리 모습을 한 문어, 앵무새의 모습을 한 문어, 다리가 짧은 문어, 그리고 글자를 쓰는 문어까지 각자의 개성이 참으로 다양합니다. 문어 중에는 세계 각국의 언어로 '문어'라는 글자를 쓰는 능력자도 있으니 꼭 찾아보세요.

그림책으로 한 뼘 자라기

문어와 함께하는 유쾌한 목욕을 본 아이는 문어 목욕탕이 실제로 존재했으면 좋겠다고 했어요. 커다란 문어 빨판의 느낌은 어떨까? 생각해보기도 하고요. 목욕탕은 물놀이를 좋아하는 아이들에게 있어서는 더할 나위 없이 큰 흥미를 끌 수 있는 소재라는 생각이 들어요. 혹시 목욕을 싫어하는 아이가 있다면, 목욕은 물놀이처럼 즐거운 것이라는 인식을 심어주기에도 좋은 그림책이랍니다.

엄마의 시선에서 그림책 바라보기

그림책에서는 목욕탕에 가는 것을 소재로 다루었지만, 독립심은 아이의 생활 곳곳에서 필요한 능력입니다. 아이가 혼자 하려는 시도를 이어가기 위해서는 이를 바라보는 엄마의 태도도 중요한데요. 엄마는 아이가 어설퍼도 혼자 힘으로 할 수 있도록 그 모습을 지켜보는 인내심을 가져야 합니다. 일례로, 아이가 초등학교 입학을 앞두고 있다면 스스로 응가를 닦는 연습이 필요하지요.

그런데 아이가 깨끗하게 닦지 못했을 것 같아서, 엄마가 여전히 매일 닦아준다면 아이는 결국 스스로 닦는 법을 터득할 수 없을 거예요. 정작 학교에서 큰일을 볼 때 어떻게 닦아야 할지 몰라서 난감해하는 상황이 발생할 수 있습니다. 아이가 혼자서도 할 수 있도록 응원하고 지켜보는 것은 생각보다 어려운 일이기에, 엄마도 두 눈을 질끈 감는 연습을 해야 합니다. 또한 아이가 스스로 무언가를 해냈을 때 어설픈 점을 지적하기보다는 아이를 믿고 큰 칭찬으로 격려해주세요. 엄마의 응원과 믿음이 바탕이 되어야 아이는 스스로 하는 것이 많아지고, 독립된 인격체로 나아가는 발걸음을 힘차게 내딛을 수 있습니다.

알콩달콩 그림책 대화

문어의 다리 개수와 관련된 숫자 8을 찾아보세요.

- 🧑‍🦰 우리 문어 다리가 몇 개인지 세어볼까?
- 👧 하나, 둘, 셋, 넷… 여덟.
- 🧑‍🦰 숫자 8은 이렇게 동그라미가 두 개 붙어 있네. 어떤 모양을 닮은 것 같아?
- 👧 눈사람처럼 보여요. 옆으로 누웠을 때는 안경처럼 보이고요.
- 🧑‍🦰 숫자 8이 어디에 있는지 찾아볼까?
- 👧 여기 체중계랑, 물티슈에 있어요. 옷장 번호에도 8이 세 개 있고요. 바닥에 떨어진 안경도 8이랑 닮았어요. 어떤 아줌마가 떨어뜨린 화장품도 8처럼 생겼어요.
- 🧑‍🦰 엄마는 잘 못 찾겠는데, 우리 꿈책이는 정말 잘 찾는구나!

먹물 우유는 어떤 맛일지 이야기 나누어보세요.

- 🧑‍🦰 먹물 우유는 즉석에서 만들어준대. 문어가 먹물을 뿜어서 우유와 섞어주나 봐.
- 👧 저도 먹물 우유 먹어보고 싶어요.
- 🧑‍🦰 먹물 우유를 먹고 혀가 까맣게 되면 어떡하지?
- 👧 메롱~ 하고 친구들을 놀라게 해줄 거예요.

말랑말랑 스펀지 문어 만들기

준비물 | 스펀지, 가위, 글루건, 리본, 인형 눈, 모루

○ 놀이 방법 ○

스펀지를 세로로 놓고 스펀지 윗부분의 모서리를 둥글게 잘라 주세요.
아래 부분은 가위로 길게 잘라 문어 다리 모양을 만들어주세요.

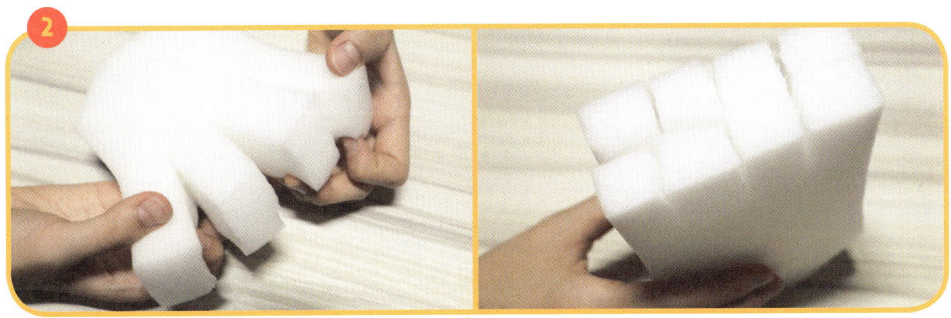

스펀지를 4등분해서 자른 후에, 다시 반씩 자르면 총 8개의 문어 다리가
완성됩니다.

스펀지 중간 부분을 리본이나 끈으로 묶어주면 가위로 자른 다리 부분이 자연스럽게 벌어지면서 문어 모양이 완성됩니다. 스펀지를 묶은 끈의 매듭은 뒤로 가게 해주어야 깔끔합니다.

얼굴 부분에 인형 눈과 모루로 만든 입을 붙여주면 문어 모양 스펀지가 완성됩니다.

Tip 글루건으로 붙이면 물놀이를 해도 떨어지지 않고 견고합니다.

○공중 목욕탕에서의 추억과 재미있는 일화를 담은 그림책○

지옥탕

손지희 글 | 그림 | 책읽는곰 | 2011

엄마의 어린 시절, 추억의 공중 목욕탕 이야기를 담은 그림책이에요. 주인공 여자아이의 눈에 목욕탕은 '지옥탕'으로 보일 만큼 정말 가기 싫은 장소입니다. 그런데 하필이면 여탕 탈의실에서 같은 반 남자아이를 마주치는 불상사까지 발생합니다. 뜨거운 온탕에 목까지 푹 담그라는 엄마의 불호령 정도는 아무 것도 아닙니다. 본격적인 지옥은 때밀이 수건과 함께 시작되거든요. 엄마의 넘치는 힘에 피부는 빨개지고 여탕은 아비규환이 난무하는 공포 현장이 되지만, 목욕을 마치고 바나나맛 우유를 마시면 천국이 따로 없어요. 공포는 어느새 상쾌한 기분으로 바뀝니다. 엄마에게는 향수를, 아이에게는 웃음을 주는 그림책이에요.

○공중 목욕탕에서의 추억과 재미있는 일화를 담은 그림책○

장수탕 선녀님

백희나 글 · 그림 | 책읽는곰 | 2012

동네에서 오래된 목욕탕인 '장수탕'은 세련된 찜질방에 밀려 손님이 줄어들고 있어요. 주인공 소녀 덕지는 장수탕에 올 때마다 즐기는 냉탕 물놀이를 하다가 수상한 할머니를 만나게 됩니다. 선녀의 머리 모양에 화장까지 한 할머니는 자신이 날개옷을 잃어버린 선녀님이라고 말하는데요. 어딘지 이상하지만 선녀님 덕분에 더욱 즐거운 목욕을 즐기게 됩니다. 요구르트으로 상쾌한 마무리!

팔딱팔딱 목욕탕

정준후 글 · 그림 | 고래뱃속 | 2018

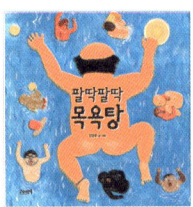

무더운 여름, 목욕탕을 찾은 아빠와 아들의 모습을 통해 남탕에서 벌어진 유쾌한 소동을 담은 그림책이에요. 아이는 엉뚱하게도 집에서 기르던 금붕어를 목욕탕에 데리고 갔고, 함께 놀자며 냉탕에 풀어놓습니다. 냉탕에서 헤엄치는 금붕어를 보고 깜짝 놀란 손님들이 금붕어를 잡기 시작하자 큰 소동이 일어나는데요. 처음에는 서로 모르는 사이였던 목욕탕의 손님들은 금붕어 생포 작전을 통해 나이와 인종마저 초월하며 서로 친구가 됩니다.

수크를 찾습니다

김은재 글·그림 | 책읽는곰 | 2014

어떤 책일까?

숟가락 엄마와 포크 아빠의 수크 찾기 대작전을 통해 부모님의 품을 벗어나 또래 생활을 준비하는 아이의 모습을 담고 있어요. 숟가락 엄마와 포크 아빠 사이에서 태어난 '수크'는 숟가락 끝에 작은 포크가 있어서 숟가락과 포크, 두 가지 모습을 모두 하고 있어요.

그런데 어느 날 갑자기 수크가 사라지는 사건이 발생합니다. 수크는 언제 사라진 것일까요? 바로 그릇들이 모두 함께 싱크대 설거지통에서 목욕을 한 후, 건조대로 줄지어 가고 있을 때였답니다. 다들 부모님의 손을 잡거나 형제자매와 함께였지요.

그런데 수크는 보이지 않았고, 수크의 실종에 크게 놀란 엄마와 아빠는 부엌 곳곳을 다니며 수크를 찾기 시작합니다. 그 과정에서 독자들은 부엌 곳곳에서 벌어지는 다양한 상황을 볼 수 있어요. 갓 지은 밥이 가득 담겨 있는 전기밥통의 모습, 따스한 햇살을 받으며 일광소독을 하고 있는 도마와 행주, 수세미가 보입니다. 깜깜하고 뜨뜻한 오븐을 찜질방 삼아 사우나를 즐기는 고구마들의 모습은 웃음을 자아내며 긴장을 풀어주는 역할도 합니다. 우여곡절을 겪으며 수크를 찾아다니지만 수크가 어디로 갔는지 알 길은 없고, 크게 좌절한 엄마 숟가락과 아빠 포크가 울다 지칠 무렵 수납장 밖에서 수크의 목소리가 들려옵니다. 수크는 실종된 것이 아니었는데요. 수크가 잠시 사라졌던 이유는 그림책을 통해 확인해보세요. 기쁨의 눈물을 흘리며 재회하게 된 수크 가족의 모습을 통해 가족의 사랑도 느낄 수 있습니다.

꿈책맘이 콕 짚어주는 이 책의 매력

등장인물, 아니 등장그릇들의 대사가 무척 아기자기한 재미를 줍니다. 주방 도구를 의인화한 점이 이 그림책의 가장 큰 매력 포인트에요. 또한 말풍선 속의 대화는 왁자지껄하고 분주한 부엌의 분위기를 잘 살려주고 있어요. 주방 도구들의 대화가 많아서 읽어주는 엄마는 힘들지만, 말풍선은 아이들이 무척 좋아하는 요소입니다. 평소에는 그저 무생물에 지나지 않았던 주변의 물건들이 살아 움직이는 모습만으로도 아이들의 흥미를 자극하기에 충분한 그림책이에요.

그림책으로 한 뼘 자라기

사라진 수크를 찾는 엄마와 아빠의 모습을 통해, 아이는 가족의 사랑에 대해 느낄 수 있어요. 그림책을 읽으며 가족은 서로의 일을 함께 걱정하고 염려하는 존재라는 것을 알게 됩니다. 가족의 사랑이 뒷받침되어야 스스로 독립하는 것도 가능하다는 생각이 들어요. 비록 자신이 실수를 하거나 힘든 상황이 있어도 언제든 달려와서 도와줄 가족이 있다는 사실만으로도 든든하기에 새로운 도전도 할 수 있게 됩니다.

엄마의 시선에서 그림책 바라보기

부모의 품을 떠나 홀로서기를 시도하는 아이 모습을 바라보면, 그 모습이 안타깝고 마음 아프기도 합니다. 유아기 때는 엄마 아빠와 떨어져서 유치원이나 어린이집에 가면 '밥은 잘 먹을까?' '화장실은 혼자서 잘 갈 수 있을까?' 하는 걱정부터 시작됩니다. 그리고 아이가 커도 걱정의 유형만 달라질 뿐, 아이에 대한 다양한 걱정이 사라지지는 않지요. 누구나 자라면서 겪는 과정인데도 우리 아이의 일이기에 초연하기는 쉽지 않습니다. 하지만 부모님의 사소한 걱정에 아이는 정말 큰일인 줄 알고 심각해지는 경우도 있으니 엄마가 오히려 담담하게 반응하고 응원해주세요. 부모님의 과거 경험을 이야기해주는 것이 큰 도움이 됩니다. 부모님도 어린 시절에는 여러 시행착오를 겪었으니까요. 사소한 대화일지라도 서로 나누고 감정을 교류하는 과정이 매우 중요합니다. 그런 의미에서 수크 외할머니인 밥주걱 할머니가 '엄마 숟가락을 옛날에 여섯 번이나 잃어버렸지만 늘 되찾으셨다'는 경험담은 그냥 지나가는 말씀이 아니라는 생각이 듭니다.

알콩달콩 그림책 대화

주방 도구들의 모습을 자세히 살펴보면 이야깃거리가 풍성합니다. 설거지가 끝난 뒤, 그릇들이 건조대로 들어가는 장면을 보며 이야기를 나누어 보세요.

- 그릇들이 줄을 서서 건조대로 가고 있네. 그릇들도 가족이 있나 봐. 우리 어떤 가족들이 있는지 찾아볼까?
- 엄마, 유리컵 가족인가 봐요.
- 컵들은 건조대가 높아서 올라가기 힘들겠다. 아빠 유리컵이 건조대에 올라가려고 버둥거리고 있어. 아가 유리컵이 "아빠 힘내요!" 하며 응원하고 있네.
- 엄마, 수저통에서 밥주걱 외할머니가 기다리고 있어요.
- 밥그릇들끼리 쌓기 놀이 하는 모습도 귀엽다. 간질간질 간지럽다고 웃고 있네.

숟가락과 포크 사이에서 수크를 찾아보세요.

- 큰일 났어. 수크가 사라졌대. 여기 숟가락과 포크가 엄청 많네.
- 엄마, 자동차 모양 포크도 있고, 기린 모양 포크도 있어요.
- 크기가 다른 숟가락이 고리에 함께 묶인 계량스푼도 보이네.
- 약 먹는 숟가락도 있어요. 저도 아파서 열이 날 때 이런 숟가락에 먹었잖아요.

일회용 숟가락과 포크로 수크네 가족 만들기

준비물 | 일회용 숟가락, 일회용 포크, 일회용 수크, 인형 눈, 빵 끈이나 원형 스티커, 글루건

○ 놀이 방법 ○

다양한 주방 도구를 보면서 명칭과 쓰임새에 대해 이야기 나누어 보세요.

일회용 숟가락과 포크, 수크에 인형 눈을 붙이거나 유성 사인펜으로 얼굴을 그려주세요.

입 모양은 빵 끈을 글루건으로 붙여 만들어도 되고, 동그라미 스티커를 반으로 잘라서 붙여도 됩니다. 아이의 취향에 따라 리본이나 스티커 장식을 붙여주어도 좋아요.

Tip 완성된 순가락과 포크 가족 인형으로 역할놀이를 해보세요. 수크를 집 안 어딘가에 숨겨두고 힌트를 주면서 '수크를 찾아라!' 게임을 해도 재미있습니다. 힌트는 스무고개 형식으로 아이가 질문을 하며 찾도록 해도 좋아요. 어린 친구들은 엄마가 단계적으로 힌트를 주는 방법이 좋습니다. 예를 들어 침대의 베개 밑에 숨겼다면 아래와 같은 힌트를 줍니다. '우리가 잘 때 꼭 필요한 물건이에요.→엄마는 푹신한 것을 좋아해요.→이것이 없으면 고개가 아파요.' 단계적 힌트를 주면서 아이가 수크가 숨은 장소가 베개 아래임을 유추하도록 하면 재미있는 놀이가 됩니다.

○주방 도구들이 살아 움직이는 그림책○

숟가락

에이미 크루즈 로젠탈 글 | 스콧 매군 그림 | 이승숙 옮김 | 지경사 | 2009

이 그림책에는 꼬마 숟가락이 주인공으로 등장합니다. 꼬마 숟가락이 보기에는 다른 주방 도구들의 능력이 훨씬 뛰어난 것 같았어요. 그 친구들은 모두 자신이 할 수 없는 일을 하고 있었거든요. 하지만 숟가락은 엄마 숟가락과의 대화를 통해 중요한 점을 깨닫습니다. 꼬마 숟가락 역시 다른 친구들 누구도 할 수 없는 멋진 일을 하고 있었거든요. 나를 사랑하고 소중히 여기는 '자존감'에 대해 이야기하는 귀여운 그림책이에요.

젓가락

에이미 크루즈 로젠탈 글 | 스콧 매군 그림
이승숙 옮김 | 지경사 | 2012

젓가락 한 쌍은 무엇이든 둘이서 늘 함께했어요. 하지만 불의의 사고로 젓가락 한 짝이 부러지고 맙니다. 남은 젓가락 한짝은 혼자 남겨진 두려움을 느끼지만 다친 젓가락의 응원에 힘을 얻어 홀로서기에 도전해봅니다. 혼자 남겨졌을 때 깨닫게 되는 짝꿍에 대한 소중함과 함께, 혼자서도 해낼 수 있다는 용기와 자신감에 대해 이야기하는 그림책이에요.

○주방 도구들이 살아 움직이는 그림책○

부엌칼의 최대 위기

미야니시 다쓰야 글·그림 | 김수희 옮김 | 미래아이(미래M&B) | 2018

즉석 조리 식품이라는 불청객에게 밀려 요리의 기회를 박탈당한 조리 도구들의 이야기예요. 특히나 불같은 성격의 부엌칼은 크게 화를 내며 즉석 조리 식품에게 달려들려고까지 하는데요. 사실 부엌에 즉석 조리 식품이 오게 된 데는 피치 못할 사정이 있었답니다. 요리를 다시 하고 싶어 하는 조리 도구들의 열망과 즉석 조리 식품의 대결 상황이 극적으로 해결되고, 주방에 다시 평화가 찾아오는 과정이 유머러스하고 따뜻하게 그려진 그림책이에요.

장갑나무

윤여림 글 | 이갑규 그림 | 웅진주니어 | 2014

어떤 책일까?

윤여림 작가님은 어린 시절 좋아했던 '장갑나무'라는 외국 동화를 모티브로 하여 이야기를 쓰셨다고 합니다. 그 동화는 외로운 할머니가 우연히 발견한 장갑 한 짝을 마당의 죽은 나뭇가지에 걸어둔 뒤에 더 이상 외롭지 않게 되었다는 내용이라고 해요. 여기에 작가님의 상상이 더해져서 나무에서 장갑이 열리는 재미있는 그림책으로 탄생했습니다. '장갑나무'에서는 오도동통 할머니가 중요한 역할을 합니다. 할머니는 커다란 보따리를 짊어지고 숲의 나무들이 노랗고 빨갛게 물든 가을의 숲길을 걸어가고 있어요. 빨간색 뾰족 모자를 쓰고 머리를 양 갈래로 땋은 머리끝에는 빨간 리본을 매고 있는데요. 할머니이지만 아이의 모습도 함께 지니고 있는 독특한 분위기입니다.

언덕에는 잎이 모두 떨어진 앙상한 모습의 나무 한 그루가 서 있습니다. 할머니는 커다란 보따리를 펼치고 그 안에 들어 있는 장갑을 꺼내어 나무에 매달기 시작해요. 오도동통 할머니는 흐뭇한 미소를 지으며 빈 보따리를 들고 다시 길을 떠나고, 진짜 이야기는 지금부터 시작됩니다. 나뭇가지에 걸친 장갑이 어떤 역할을 할지 기대하며 페이지를 넘기니 어디선가 재채기 소리가 들려옵니다.

어느새 겨울이 되어 찬바람이 불자 감기에 걸린 돼지 삼형제가 재채기를 하며 장갑나무를 찾아왔어요. 돼지 삼형제는 나무에 걸린 장갑을 하나씩 내려서 한 마리는 장갑을 머리에 쓰고, 한 마리는 목에 두르고, 또 한 마리는 코에 끼우더니 이제 따뜻해졌다며 좋아합니다. 그 다음에 찾아온 코뿔소는 자신의 부러진 뿔에 탄탄한 권투 장갑을 끼우는가 하면, 타조는 구멍이 난 기다란 장갑을 자신의 긴 목에 끼웠답니다. 장갑나무의 소문이 널리 퍼지자 동물들은 장갑을 받기 위해서 길게 줄을 서서 기다립니다. 온갖 동물들이 모여든 와글와글하고 시끌벅적한 행렬은 밤새 계속되었지요.

장갑이 모두 사라진다 해도 서운해 하지 마세요. 다시 돌아온 할머니는 장갑나무가 잘 지냈음을 알고 크게 웃으며 이번에도 커다란 보따리를 펼치거든요. 이번 보따리에도 아이들의 상상을 자극하는 물건이 들어 있어요. 새로운 물건을 나무에 가득 걸어놓고 떠난 할머니 덕분에 그림책이 끝난 이후에도 상상의 나래를 계속 펼칠 수 있는 그림책입니다.

꿈책맘이 콕 짚어주는 이 책의 매력

동물들의 움직임을 나타내는 재미있는 의성어와 의태어가 풍부한 그림책입니다. '쿵쿵쿵 코뿔소', '타다다 타조', '새침데기 사슴'과 같이 동물의 특징을 드러내는 재미있는 꾸밈말이 등장해요. 또한 동물의 신체적 특징에 따라 장갑을 끼우는 모습을 표현한 의태어도 '돌돌', '쓰윽', '쑤욱', '주욱'과 같이 다양합니다. 맛깔나는 표현을 통해 우리말의 언어 유희를 느낄 수 있도록 한 점도 눈에 띄는 그림책이에요.

그림책을 통해 아이에게 해주고픈 말

할머니 보따리에 들어 있던 장갑들은 짝을 잃거나 버려진 장갑이었어요. 양쪽이 모두 있어야 온전한 구실을 하는 장갑이지만, 이 그림책에서는 장갑 한 짝도 그 역할을 충분히 해냅니다. 모두 한데 모아 나뭇가지에 걸어두니 외롭고 앙상했던 겨울나무가 풍성해졌어요. 이러한 모습을 통해 짝이 없어서 버려진 물건들도 나름의 쓰임이 있다는 점과 나에게 필요 없는 물건이라도 누군가에게 유용하게 쓰일 수 있다는 것을 알려줍니다. 버려지고 보잘 것 없어 보이는 물건도 어떻게 사용하느냐에 따라 그 운명이 뒤바뀌는 법이지요.

엄마의 시선에서 그림책 바라보기

동물들이 장갑을 자신의 몸에 맞게 활용하듯이 우리 아이들도 어떤 물건이든 창의적으로 활용하는 경우가 있는데요. 아이들의 창의성이 제일 잘 발휘되는 순간이 바로 놀이 시간입니다. 엄마는 아이들이 창의성을 잘 발휘할 수 있도록 환경을 잘 조성하는 것이 중요한데요. 일상의 물건에 창의력을 더하면 훌륭한 놀잇감이 됩니다.

그림책에서도 고양이가 장갑을 둥글게 말아서 공놀이를 하고 있는 모습을 찾아볼 수 있어요. 일상의 물건이 다른 용도로 활용되는 것을 보면 아이의 흥미가 높아집니다. 바지를 머리에 쓰면 토끼가 될 수 있고, 손가락 장갑을 발에 끼우고 폴짝폴짝 뛰면서 개구리 흉내를 낼 수 있습니다.

장난감이 많아도 심심하다고 하는 아이가 있다면, 오히려 특별한 장난감이 아닌 일상의 재료를 이용해서 놀아보세요. 육아를 하려면 엄마 역시 창의력이 필요한 순간이 오는데요. 혼자서 고민하기보다는 아이도 적극적으로 참여하고 의견을 내도록 유도해보세요.

알콩달콩 그림책 대화

나무 위에 올라갈 수 없는 동물들에게 장갑을 건네주는 원숭이의 도우미 역할을 살펴보세요.

- 👧 원숭이가 동물 친구들에게 장갑을 나누어주고 있네.
- 👧 돼지랑 코뿔소는 나무에 올라갈 수 없잖아요. 하지만 원숭이는 올라갈 수 있어요.
- 👧 아, 그래서 원숭이가 동물 친구들을 도와주고 있구나.
- 👧 저도 예전에 유치원에서 친구 ○○가 블록 정리가 힘들다고 해서 도와줬어요.
- 👧 와! 우리 꿈책이는 정말 친절한 친구네.

오도동통 할머니가 나무에 컵을 걸어두고 간 장면을 보며, 동물들이 이번에는 컵을 어떻게 사용할지 그림책 이후의 이야기를 상상해보세요.

- 동물들은 컵을 어떻게 사용할까?
- 앞으로 여름이 다가오니까 목욕탕으로 쓸 것 같아요!
- 먹이 그릇으로도 쓸 수 있겠다.
- 음... 컵을 눕혀서 컵 안에서 낮잠을 자도 좋을 것 같아요.
- 오! 그것도 좋은데. 역시 꿈책이는 상상력이 풍부하네!

스마일 장갑 만들기

준비물 | 흰색 면 장갑, 유성 사인펜

○ **놀이 방법** ○

나뭇가지에 걸린 장갑들 중에서 시선을 끄는 장갑이 있어요. 장갑나무에서 일어나는 일을 흐뭇하게 바라보는 듯 웃고 있는 스마일 장갑이랍니다.

흰 장갑을 준비해서 유성 사인펜으로 표정을 그려주면 완성됩니다.

장갑을 끼고 손가락 모양을 다양하게 연출하면 장갑이 살아 움직이는 느낌을 주어서 재미있는 책놀이를 할 수 있습니다.

○ 상상의 세계에서 다양한 것들이 열매 맺는 나무 그림책 ○

신발이 열리는 나무

박혜선 글 | 김정선 그림 | 크레용하우스 | 2016

할머니는 시골에서 강아지 누렁이와 단 둘이 살고 계세요. 그런데 누렁이는 신발만 보면 집으로 물고 와서 여기저기에 숨기고 땅에 묻어 놓기도 합니다. 그러던 어느 날, 누렁이가 신발을 묻어놓은 자리에서 신발 모양 새싹이 돋아났어요. 새싹이 자라서 나무가 되자 나무에 신발이 열리는 놀라운 일이 벌어집니다. 덕분에 그동안 누렁이가 신발을 물고 가서 불편을 겪었던 동네 사람들은 모두 새 신발을 갖게 되었답니다.

○상상의 세계에서 다양한 것들이 열매 맺는 나무 그림책○

행복한 주스나무

요시 마아라비 글 | 샤하르 코베르 그림 |
공경희 옮김 | 찰리북 | 2011

나무에 달린 잎을 따서 물병에 넣기만 하면 '세상에서 가장 맛있는 주스'를 만들 수 있는 신기한 나무 이야기예요. 하지만 이 나무에는 규칙이 있었으니… 매주 한 사람이 나뭇잎 한 장씩만 딸 수 있다는 것이었지요. 그러나 사람들이 규칙을 어기기 시작하면서 문제가 발생합니다. 공동으로 사용하는 자원을 아끼고, 또 소중히 여겨야 한다는 가르침을 주는 그림책입니다.

신기한 씨앗 가게

미야니시 다쓰야 글·그림 |
김수희 옮김 | 미래아이(미래M&B) | 2016

어느 날 꼬마 돼지는 너구리 아저씨의 신기한 씨앗 가게에서 신기한 씨앗을 받습니다. 그 씨앗을 땅에 심고 너구리 아저씨가 주문을 외우자 나무에서는 신기한 것들이 열리기 시작하는데요. 재미있고 신기한 씨앗에서 자라나는 나무들의 모습이 기발해서 상상력을 자극합니다. 돼지를 잡아먹으려다가 호되게 당하는 늑대의 모습도 재미있는 그림책입니다.

가방 안에 든 게 뭐야?

김상근 글·그림 | 한림출판사 | 2015

어떤 책일까?

가방을 들고 어디론가 급히 뛰어가는 엄마 개구리의 모습이 궁금증을 불러일으킵니다. 엄마 개구리는 점점 말라가고 있는 작은 물웅덩이를 보고 "큰일 났다!"고 다급하게 외쳤어요. 엄마 개구리가 빨간 가방에 무언가를 담아서 달리기 시작했고, 이 모습을 다람쥐가 우연히 봅니다. 다람쥐는 가방 안에서 '왠지 도토리 냄새가 나는 것 같다'고 생각해요. 다람쥐는 도토리를 가지려는 욕심에 가방을 낚아채려고 했지만 엄마 개구리는 폴짝 뛰어오르며 위기를 벗어났지요. 이 모습을 본 토끼는 '빨간 가방 안에는 자신이 좋아하는 홍당무가 있을 것 같다'고 생각하며 엄마 개구리의 뒤를 쫓기

시작해요. 원숭이와 곰까지 각자 자기가 먹고 싶은 먹이가 가방에 들어 있을 것이라고 제멋대로 생각하고 엄마 개구리를 따라가면서 큰 소동이 벌어집니다. 엄마 개구리와 동물들의 추격전은 벼랑 끝까지 이어지고, 달리던 속도를 이기지 못해 낭떠러지 아래로 떨어지는데요. 엄마 개구리가 놓쳐 버린 가방 안에서는 예상 밖의 내용물이 쏟아져 나옵니다. 가방에 들어 있던 것은 동물들이 원한 먹이가 아니었어요. 그러나 운이 좋게도 낭떠러지 바로 아래에는 연못이 있었기에 뜻하지 않은 자유낙하 후에도 다치지 않고 무사할 수 있었답니다. 연못에 빠진 동물들과 엄마 개구리가 그려내는 훈훈한 결말도 눈여겨보세요.

꿈책맘이 콕 짚어주는 이 책의 매력

가방 속에 담긴 내용물을 모두 자신이 원하는 것이라고 상상하고 마음대로 판단해 버리는 동물들의 모습이 참으로 엉뚱합니다. 심지어는 가방에서 자신이 생각하는 내용물의 냄새가 난다는 착각까지 하니까요. 배가 고플 때는 판단력이 흐려질 수 있다고 인정하지만, 가방 속에 무엇이 들어 있는지 확인도 하지 않은 채 무턱대고 따라가는 모습은 우스꽝스럽기만 합니다. 무언가를 강하게 믿다 보면 그것이 정말 사실이라고 착각해버리는 오류에 빠질 수 있는데요. 간절하고 급한 마음이 빚어낸 소동을 속도감 있고 유머러스하게 풍자한 점이 돋보입니다.

그림책으로 한 뼘 자라기

엄마 개구리는 자신을 뒤쫓는 동물들에게 자신이 급히 가는 이유를 설명할 틈조차 없었습니다. 꼭 해야 할 일이 있었기 때문이지요. 요리조리 피하며 도망치던 엄마 개구리는 마지막 연못에 도착해서야 활짝 웃습니다. 모든 난관을 헤쳐나간 엄마 개구리의 모습을 통해 가족의 사랑을 느낄 수 있습니다. 모성은 강하다!

엄마의 시선에서 그림책 바라보기

사람의 심리는 보통 많은 사람들이 가는 곳으로 따라가려고 합니다. 그렇지 않으면 자신만 뒤처진다는 생각이 들지요. 그러나 육아에서는 다른 사람이 가는 대로 무턱대고 따라가는 경우를 제일 조심해야 합니다. 다른 아이에게는 좋은 방법일 수 있지만, 우리 아이에게도 잘 맞는 방법이라고 장담할 수는 없으니까요. 그림책 속 동물들은 빨간 가방에 무엇이 들어 있는지도 모른 채 따라가다가, 운이 좋게도 자신이 원하는 것을 얻긴 했어요. 하지만 현실에서도 그런 일이 있으리라는 법은 없습니다. 엄마 개구리가 주변의 방해 공작에도 굴하지 않고 '연못'이라는 목표를 향해 갔듯이, 육아에서 제일 중요한 것은 아이에게 맞는 방향을 설정하는 것입니다.

알콩달콩 그림책 대화

그림책의 내용을 떠올리며 서로 퀴즈를 내면 재미있습니다(정답을 한 번에 맞히지 말고 일부러 틀리는 것을 잊지 마세요.).

　다람쥐는 가방에 무엇이 들었다고 생각했었지?

　도토리요! 엄마, 토끼는 무엇이 들었다고 생각했는지 기억나세요?

👩 감자였나?

👦 아니에요. 당근이잖아요!

👩 아! 그렇구나. 엄마가 잠깐 헷갈렸어. 토끼 다음에는 거북이가 따라왔었나?

👦 엄마! 이건 토끼와 거북이 이야기가 아니라고요. 토끼 다음에는 원숭이가 나왔잖아요.

👩 꿈책이는 책 내용도 잘 기억하는구나! 엄마에게 잘 알려줘서 고마워!

종이컵으로 만든 개구리의 한살이

준비물 | 초록색 종이컵 2개(개구리용 1개, 올챙이용 1개), 포장용 에어캡, 초록색 색지, 분홍색 색지, 인형 눈, 풀, 가위, 유성 사인펜

○ 놀이 방법 ○

에어캡의 동그라미 부분 중앙에 유성 사인펜으로 점을 그리면 개구리 알이 완성됩니다. 볼록한 면은 울퉁불퉁해서 그리기 힘드니, 뒤집어서 편평한 면에 그려주세요.

초록색 색지에 개구리의 뒷다리와 앞다리를 그립니다. 뒷다리 안쪽에는 1cm 폭의 시접을 만들어주어야 종이컵에 붙이기 편합니다.

뒷다리와 앞다리 그림을 가위로 오려주세요. 뒷다리는 시접을 접은 후, 종이컵 양쪽에 풀로 붙여줍니다. 앞다리도 풀로 붙여주세요.

개구리의 눈을 표현하기 위해 초록 색지를 반원 모양으로 자르고 그 위에 인형 눈을 붙여주세요. 인형 눈을 붙인 반원 아래쪽에도 시접을 만들면 종이컵에 쉽게 붙일 수 있어요.

분홍 색지를 띠 모양으로 자른 후, 연필로 끝을 말아서 개구리의 혀를 만듭니다.

올챙이를 만들기 위해 종이컵을 반으로 잘라주세요. 연필로 미리 선을 표시하고 자르면 편합니다. 올챙이 꼬리를 만들기 위해 2cm 정도는 자르지 말고 남겨주세요. 남겨둔 부분 안쪽에 네임펜으로 꼬리 모양을 그리고 가위로 오려줍니다.

인형 눈을 붙이고 유성 사인펜으로 코와 입을 그려주세요.

'알→올챙이→개구리'로 변하는 한살이를 알아볼 수 있습니다.

○개구리의 한살이와 감동적인 모성을 담은 그림책○

엄마 얼굴

고은설 글 | 심문선 그림 | 청개구리(청동거울) | 2009

개구리는 알을 낳은 후 자신의 알을 돌볼 수 없는 것이 안타까워 그 자리를 떠나지 못했어요. 다행히 올챙이들은 건강한 모습으로 알에서 깨어났지만 엄마가 곁에 없어 아쉬웠고, 엄마를 찾기로 결심합니다. 여러 동물들을 만나 엄마에 대해서 물어봤지만 어디에서도 엄마를 찾을 수는 없었어요. 하지만 올챙이들은 누가 가르쳐주지 않아도 자연 속에서 경험을 통해 배우고 깨우치며 어엿한 개구리로 성장합니다. 그리고 어느 날 연못에 비치는 자신의 모습을 보고 큰 깨달음을 얻게 되어요. 이러한 개구리의 모습을 통해 내 안에 담긴 부모님의 모습을 떠올리게 하는 감동적인 그림책이에요. 수묵화로 담아낸 한국적인 일러스트도 아름답습니다.

외계인 친구

태미 사우어 글 | 고로 후지타 그림 | 김수현 옮김 | 씨드북 | 2016

어떤 책일까?

　지구에 불시착한 꼬마 외계인과 지구인 소년이 서로 친구가 되어 우정을 나누는 이야기입니다. 소년은 꼬마 외계인과 만난 것을 부모님께 알렸지요. 하지만 부모님은 아이가 외계인 인형을 보며 공상에 빠져 있다 생각해서 대수롭지 않게 여깁니다. 외계인에게도 지구는 신기하고 재미있었어요. 지구인 소년의 학교에까지 따라간 꼬마 외계인은 큰 소동을 일으킵니다. 물감 발자국을 교실 창문과 천정에 이르기까지 사방에 찍어놓고, 식수대에서는 물놀이를 즐겼어요. 지구인들이 할 수 없는 신비한 묘기도 선보입니다. 물론 선생님의 눈에도 띄었지만 선생님은 자신의 시력을 의심하

며 헛것을 봤다 생각하시네요. 수업이 끝난 후, 꼬마 외계인과 소년은 바깥 놀이를 하며 즐거운 시간을 보냅니다. 둘이 함께 하니 더 즐거운 시간이었지요. 새로운 친구와 함께 하는 시간은 마냥 즐거울 것 같았지만 밤이 되자 상황이 달라집니다. 외계인 친구의 표정이 급격히 우울해지기 시작하는데요. 소년은 자신의 포옹도 꼬마 외계인에게 위로가 되지 않는다는 것을 눈치 채고 친구를 돕기 위한 작전을 시작합니다. 친구와의 우정뿐만 아니라 가족의 사랑까지 담아낸 감동적인 그림책이에요.

꿈책맘이 콕 짚어주는 이 책의 매력

외계인이 존재한다는 것이 과학적으로 증명되지는 않았지만, 없다고 확신할 수도 없기에 끝없는 우주는 신비롭게만 느껴집니다. 외계인을 만난다는 상상만으로도 재미있는데 나와 친구가 된다는 것은 더욱 신나는 일입니다. 나에게는 익숙한 지구의 환경이 외계인 친구에게는 생소하고 신기한 장소로 느껴진다는 점도 재미있는데요. 이러한 모습을 통해 다양성에 대한 간접 경험을 할 수 있습니다. 어서와! 지구는 처음이지?

그림책으로 한 뼘 자라기

친구와 노는 것이 즐거워서 헤어지고 싶지 않아도 각자의 집으로 돌아가야 하는 순간은 찾아옵니다. 주인공 소년은 꼬마 외계인 친구를 떠나보내고 싶지 않았을 거예요. 가족을 그리워하는 친구의 마음은 이해했지만 가족의 그리움이 정확히 어떤 감정인지 몰랐다면 외계인 친구에게 계속 같이 지내자고 졸랐을 거예요. 하지만 소년은 가족을 그리워하는 꼬마 외계인의 마음을 알기에 친구를 도울 수 있는 방법을 찾습니다. 다른 이에게 도움을 주는 것은 그 사람의 어려운 상황을 공감하는 것에서 시작합니다. 어른들의 사회생활에서도 다른 이의 감정을 공감하지 못하면 눈치 없는 사람이 되기 십상입니다.

아이의 공감 능력 발달은 부모와의 정서적 교감에서 시작됩니다. 평소에 아이와 자주 눈을 맞추고 아이의 말을 잘 들어주고 맞장구쳐주는 과정이 중요한 이유입니다. 사회생활의 기본은 가족이기에 든든한 가족의 사랑이 뒷받침되어야 친구와의 관계도 건강하게 유지할 수 있어요.

엄마의 시선에서 그림책 바라보기

아이가 정말 외계인과 친구가 되었다고 상상해봅니다. 그림책이 아닌 현실의 상황이라면 어디에 신고해야 하는 건 아닌지 큰 걱정부터 앞설 거예요. 외계의 바이러스에 감염되지는 않을까 전전긍긍할 지도 모를 일입니다. 아이들은 잘 모르는 것에 대해서도 호기심을 품고 궁금해 합니다. 하지만 어른들은 불안해하고 두려워하는 마음이 더 큽니다. 그래서 현실의 상황에 만족하면서 익숙한 것만 찾게 되는데요.

개인의 발전을 위해서는 새로움에 대한 두려움이 없어야한다는 생각이 듭니다. 우리 아이에게 본보기가 되기 위해서라도 하고 싶은 것이 있다면 용기 있게 도전해보세요.

알콩달콩 그림책 대화

외계인 친구가 생긴다면 무엇을 하고 싶은지 이야기 나누어 보세요.

- 꿈책이는 외계인 친구가 생긴다면 어떤 놀이를 하고 싶어?
- 저는 외계인의 우주선이 어떻게 생겼는지 구경하고 싶어요.
- 그림책에서처럼 서로에게 선물을 만들어주어도 좋겠다.
- 그럼 저는 제가 가장 잘 하는 색종이 접기로 선물을 만들어줄 거예요.
- 정말 좋은 생각이네! 무엇을 만들어주고 싶어?
- 함께 찍은 사진을 넣을 액자가 좋겠어요.

재활용품으로 만드는 UFO

준비물 | 우주선 만들기: 일회용 접시, 테이크아웃 컵 뚜껑, 글루건, 투명 테이프, 스티커
외계인 만들기: 풀뚜껑(또는 클레이), 인형 눈, 모루, 빵 끈, 글루건,

○ 놀이 방법 ○

우주선 만들기

일회용 접시를 뒤집어 놓고, 접시 바닥에 테이크아웃 컵 뚜껑을 올린 후 위치를 잡아봅니다. 글루건으로 붙여서 고정해줄 수도 있어요. 하지만 아이들은 우주인을 태우고 내리며 조작하는 것을 좋아합니다. 화살표로 표시한 두 군데에 경첩을 만들어 붙여주려고 합니다.

코팅하고 남은 자투리 조각이나 OHP 필름 조각으로 경첩을 만들어줍니다. 1.5cm×4cm 크기의 직사각형 조각을 2개 준비합니다. 그 중 하나는 벨크로 테이프를 붙여서 여닫는 용도로 사용할 거예요.

벨크로를 붙이지 않은 조각 하나는 반으로 접어서 뚜껑과 접시를 고정하는 용도로 사용합니다. 테이프로만 붙여도 경첩 역할을 하지만 여러 번 조작하면 쉽게 떨어질 수 있습니다.(파란색 선: 플라스틱 조각, 빨간색 선: 투명 테이프)

2번에서 벨크로를 붙인 투명 필름 조각을 플라스틱 뚜껑에 투명 테이프로 붙여줍니다. 접시와 닿는 위치에는 벨크로 테이프를 붙여 열고 닫을 수 있게 만듭니다. 우주선 둘레는 스티커로 장식해 주세요.

꼬마 외계인 만들기

다 사용한 풀의 뚜껑을 재활용해도 되고, 클레이를 뭉쳐서 만들어도 됩니다. 글루건으로 모루를 붙여 팔을 만들고 머리에는 빵 끈을 붙여 더듬이를 만듭니다. 빵 끈은 반으로 접어서 V 모양으로 구부린 후에 붙이면 편합니다. 인형 눈을 붙이고 유성 사인펜으로 코와 입을 그려줍니다.

왼쪽 사진처럼 꼬마 외계인을 우주선에 태워주세요.

검정색 도화지에 크레파스로 그림을 그려서 우주 배경을 꾸며도 좋아요. 행성 장식은 스티로폼 공을 사인펜으로 칠한 후, 철사로 고정하여 만듭니다.

○ 재밌는 외계인이 등장하는 그림책 ○

왜요?

린제이 캠프 글 | 토니 로스 그림 | 한국프뢰벨(베틀북) | 2002

주인공 소녀 릴리는 호기심이 많아서 늘 "왜요?"를 입에 달고 삽니다. 릴리의 질문에 늘 친절하게 대답해주던 아빠의 인내심도 바닥이 날 무렵 엄청난 사건이 발생하는데요. 평화롭던 공원에 외계인의 우주선이 출몰한 것이지요. 지구를 침략하려는 외계인과 마주한 릴리는 자신만의 방법으로 지구를 지켜냅니다. 평소에 성가시게만 느껴졌던 아이의 "왜요?"가 큰 활약을 하는데요. 지구의 평화를 수호하기 위해서 꼭 필요한 것이었네요. 지구 평화를 위해서라도 아이의 "왜요?"라는 질문에 너그러워져보아요.

이봐요, 까망 씨!

데이비드 위즈너 글 · 그림 | 비룡소 | 2014

고양이 집사가 주는 어떠한 장난감에도 흥미를 보이지 않던 고양이 까망 씨 앞에 신기한 장난감이 등장합니다. 바로 지구에 불시착한 외계인의 우주선이었어요. 우주선은 까망 씨의 장난감으로 전락하는 운명에 처하고 외계인들은 까망 씨를 피해서 탈출하기 위한 작전을 세우기 시작합니다. 까망 씨의 집에 살고 있던 곤충들과 연합작전을 세우는 모습이 흥미진진한 그림책이에요.

으랏차차 꼬마 개미

미야니시 다쓰야 글·그림 | 크레용하우스 | 2014

어떤 책일까?

개미 중에서 자신이 가장 힘이 세다고 자부하는 꼬마 개미 '아리'의 이야기에요. 아리는 커다란 각설탕쯤은 한 손으로 가뿐하게 들어 옮겨요. 친구들이 힘을 써도 꼼짝 하지 않는 알사탕도 한 손에 하나씩 들고 옮기는 괴력의 소유자랍니다. 아리가 자신은 힘이 세다며 자랑을 늘어놓자 개미 친구들은 무언가를 수군거리기 시작합니다. 아무리 힘이 센 아리도 그건 못 들 것이라고 하는데요. 아리는 '도대체 그것이 무엇이냐며 자신은 뭐든 들 수 있다'고 큰소리를 쳤어요. 친구들을 따라가 보니 그곳에는 거대한 케이크가 놓여 있었답니다. 케이크의 크기에 압도된 아리는 순간 당황하였지만,

혼자서도 들 수 있다며 여전히 큰소리를 치고 친구들을 돌려보냅니다. 그러나 온 힘을 쏟고 몇 번이고 들어보려고 해도 꼼짝도 하지 않는 케이크! 아리는 집에 돌아가서 친구들에게 뭐라 이야기해야 할지 고민에 휩싸입니다. 하지만 우리의 예상과는 달리, 아리는 여유롭게 싱글벙글 웃으며 돌아오는데요. 그 이유가 압권입니다. 누구라도 옳게 여길 만한 이유였기에 아리의 허세가 밉지만은 않습니다. 아리의 이미지 관리는 센스 넘친답니다.

꿈책맘이 콕 짚어주는 이 책의 매력

미야니시 다쓰야 작가의 그림책은 귀여운 일러스트로 아이들의 시선을 사로잡는 작품이 많아요. 특히 이 작품에서는 개미의 눈동자를 만화풍으로 유머러스하게 표현한 점이 돋보입니다. 개미 아리가 케이크를 들어 올리려 힘을 쓰는 장면에서는 눈에 핏줄이 서는 것을 통해 얼마나 안간힘을 쓰는지 알 수 있어요. 얼굴 표정이 없는 곤충이 눈동자를 통해 표정을 갖게 되었으니 아이들은 그림책에 더 집중합니다. 귀엽고 재미있는 일러스트는 아이들이 그림책에 더 몰입할 수 있게 해줍니다.

그림책으로 한 뼘 자라기

어른들은 권선징악의 교훈을 주는 이야기 구조에 익숙합니다. 허세를 부리는 주인공은 결국 진실이 밝혀지며 망신을 당할 것이라고 예상하지요. 하지만 요즘의 그림책은 많이 다릅니다. 예상을 뒤엎는 결말이 오히려 재미있어요. 이 그림책의 주인공 아리가 하는 힘자랑은 허세인지 진실인지 알쏭달쏭합니다. 다른 개미들은 아리가 정말 힘이 센지 확인하고 싶어

했지요. 독자들 역시 확인하고 싶은 마음이 생기는데요. 아리는 이러한 위기를 재치 있게 넘깁니다. 남에게 피해를 주지 않는 범위에서 슬기롭게 위기를 넘기는 것도 필요한 덕목이라는 생각이 듭니다.

엄마의 시선에서 그림책 바라보기

엄마와 아빠가 어렸을 때는 뭐든 척척 잘 하는 어린이였다고 지나치게 강조하는 것은 아이의 사기를 떨어뜨릴 수 있습니다. 엄마, 아빠의 어린 시절을 자랑하고 싶어도 분위기를 봐가며 적절한 수위로 조정하는 것이 중요해요. 아이들은 의외로 엄마, 아빠의 실수담을 더 좋아합니다. 엄마 아빠도 한때는 자신처럼 실수투성이였다는 것에서 친밀감을 느끼기 때문이지요. 존경을 받는 것도 좋지만 공감이 더 큰 위력을 발휘할 때도 있음을 기억해주세요.

알콩달콩 그림책 대화

표지에서 아리가 들고 있는 꽃은 누구를 위한 선물인지 눈여겨보세요.

- 케이크의 주인인 아이의 옷에 '다쓰야'라고 쓰여 있네. 작가님 이름과 똑같다.
- 어? 정말요? 그런 거예요?
- 케이크에 초가 몇 개인지 세어볼까?
- 초가 다섯 개에요. 그럼 다섯 살 때 이야기인가 봐요.

서로 비슷해 보이는 개미 중에서 누가 아리인지 찾아보세요

🧒 개미 중에서 누가 아리일까? 비슷하게 생겨서 잘 모르겠다.
👦👧 여기 꽃을 든 개미가 아리에요.
🧒 와, 어떻게 알았어?
👦👧 아리는 빨간 스카프를 하고 있잖아요.
🧒 아, 그 점이 다르구나!

폼폼으로 개미 만들기

준비물 | 폼폼(지름 약 2cm), 빵 끈 여러 개, 인형 눈, 글루건

○ 놀이 방법 ○

글루건을 사용해서 폼폼 세 개를 나란히 붙여주세요. 개미의 머리, 가슴, 배가 됩니다.

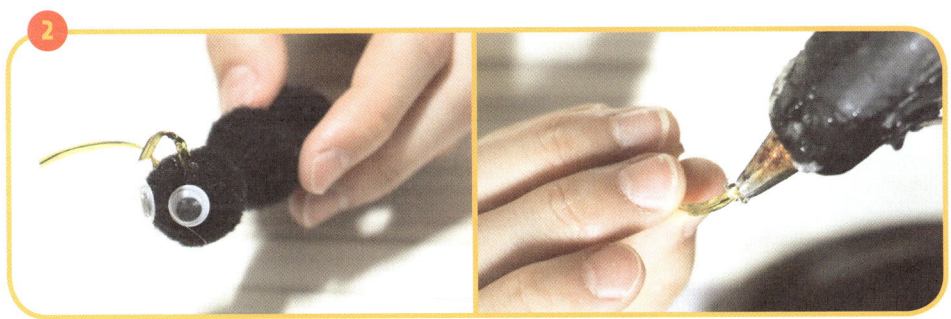

빵 끈을 3cm 길이로 잘라 더듬이를 만든 후 글루건으로 붙여주세요. 더듬이는 머리에 붙이기 전에 둥글게 구부려서 형태를 잡아주세요. 인형 눈도 글루건을 사용해서 붙여줍니다.(글루건은 폼폼에 쏘지 말고 빵 끈의 끝에 살짝 묻히는 것이 붙이기 편합니다.)

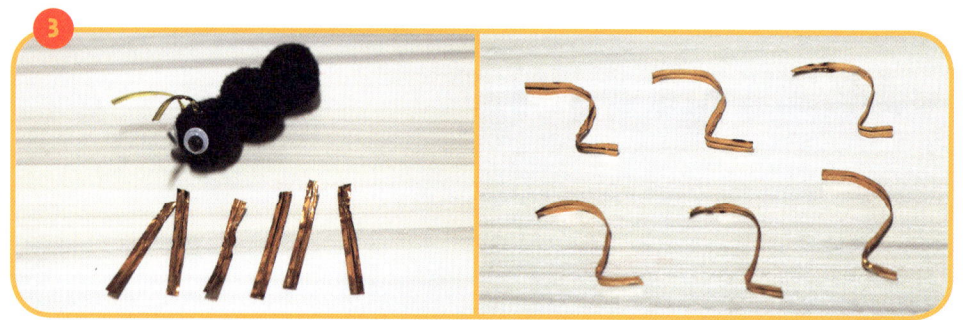

빵 끈을 4cm 길이로 잘라 다리를 만듭니다. 몸에 붙인 후에는 모양을 잡기 쉽지 않으니, 개미의 몸에 붙이기 전에 손으로 구부려 형태를 잡아주세요.

개미의 몸통 부분에 여섯 개의 다리를 붙여주세요. 소꿉놀이용 모형 음식이 있으면 개미가 음식을 옮기는 상황을 연출해도 재미있습니다. 모래놀이 교구가 있으면 모래놀이 교구와도 함께 놀이해보세요.

○ 부지런한 개미가 등장하는 그림책 ○

개미의 수박 파티

다무라 시게루 글·그림 | 서지연 옮김 | 비룡소 | 2017

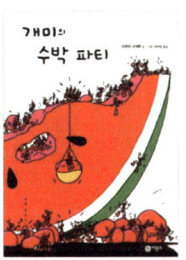

피크닉을 즐긴 가족이 떠나며 남긴 수박 한 조각을 발견한 개미들의 이야기에요. 수박이 커서 옮길 수 없자, 개미는 동료들을 불러 모읍니다. 힘을 모아서 개미굴로 수박을 옮긴 개미들은 남은 수박 껍질까지 알차게 활용합니다. 작은 개미들의 개성 있는 모습을 하나하나 살펴보면 이야깃거리가 많은 그림책입니다.

오! 나의 달님

김지영 글·그림 | 북극곰 | 2018

어떤 책일까?

달님은 아기별들의 엄마예요. 어린 왕자는 배가 고픈 아기별들을 달님에게 데려옵니다. 아기별들은 마음씨 좋고 포근한 엄마 달님의 품에서 쭈쭈를 먹어요. '꼴딱꼴딱~ 꼴딱꼴딱~' 소리를 내며 달님의 쭈쭈를 맛있게 먹은 아기별들은 별자리가 되어서 밤하늘로 올라갑니다. 처음에는 그저 작은 별이었는데 달님의 쭈쭈를 먹고 어엿한 별자리의 모습을 갖추더니 밤하늘의 게자리가 되고, 작은곰자리도 됩니다. 실제로는 존재하지 않지만 토끼자리와 기린자리도 등장합니다. 동물의 모습이 된 별자리들은 어린 왕자와 함께 신나는 놀이를 하네요. 그런데 아기별들이 쭈쭈를 먹을수록 달님

은 점점 작아집니다. 엄마 달님이 작아진 모습을 보고 별들은 놀라서 울기 시작해요. 엄마 달님은 점점 더 작아지다가 하늘에서 사라져버렸는데요. 빛을 잃은 달님에게 아빠 해님이 다가옵니다. 아빠 해님의 사랑으로 엄마 달님은 원래의 모습을 되찾게 됩니다. 서로 떠오르는 시간도 다르고 성질도 다른 해와 달이 부부의 연으로 서로를 보듬는 모습도 따뜻합니다.

꿈책맘이 콕 짚어주는 이 책의 매력

유아에게 달의 모양이 바뀌는 과학적 원리를 설명하기는 쉽지 않습니다. 그래서 따뜻한 동화 이야기가 더 효과적이지요. 하지만 어느 순간 동화적 상상력이 통하지 않는 순간은 찾아옵니다. 과학 책을 통해 달의 모양이 변하는 이유를 알고 있더라도, 그림책을 많이 읽은 아이들에게는 상상의 힘이 더해진 스토리가 여전히 매력적으로 다가옵니다.

그림책으로 한 뼘 자라기

해와 달과 별이 하늘에서 가족을 이루며 서로를 걱정하고 염려하는 모습을 통해 혈연관계가 아니어도 다양한 형태의 가족이 존재할 수 있음을 보여줍니다. 아기별들은 달님의 쭈쭈를 먹고 어엿한 별자리가 되고 달님을 '엄마'라고 부릅니다. 달님이 작아지자 울음을 터뜨리는 아기별들의 모습을 보면 엄마가 아플 때 옆에서 걱정하며 '호~' 하고 입으로 불어주고 걱정해주던 아이의 모습이 떠오릅니다. 가족의 아픔은 나에게도 마음이 아픈 일이라는 것을 공감하게 되는 것이지요. 혈연으로 엮이지 않아도 서로를 걱정하는 마음을 통해 가족 이상의 사랑을 느낄 수 있어요.

엄마의 시선에서 그림책 바라보기

처음에 아기별들은 혼자서 움직일 수 없었고 어린 왕자의 품에 안겨서 엄마 달님에게 왔어요. 엄마 달님의 쭈쭈를 충분히 먹자 혼자서 밤하늘을 날고 행성 놀이터에서 즐겁게 놀 수 있을 정도로 자라났지요. 쭈쭈를 주면서 점점 작아지는 달의 모습은 아기들을 위해 아낌없이 사랑을 주는 엄마의 모습이기에, 엄마는 더욱 공감하고 감정을 이입하게 됩니다. 저에게는 특히나 힘들었던 모유 수유의 기억을 소환하는 장면이기에 마음이 찡합니다.

알콩달콩 그림책 대화

모유 수유를 했던 사진이나 분유 수유를 하는 사진을 보며 대화를 나누어보세요.

- 꿈책이는 엄마 쭈쭈도 먹고 분유도 먹었어. 엄마 쭈쭈가 모자라서 꿈책이가 배고파했거든.
- 내가 엄마 쭈쭈를 먹어서 엄마도 작아지거나 아팠던 것은 아니지요?
- 절대 그렇지 않지. 꿈책이가 쭈쭈를 먹는 만큼 엄마도 영양가 있는 음식을 먹었지.
- 그러면 다행이에요. 저는 엄마도 달님처럼 작아질까 봐 걱정했어요.
- 엄마는 꿈책이 쭈쭈 주려고 많은 음식을 먹느라 오히려 몸이 커졌어. 하하하!

달의 모양이 바뀌는 조작 놀잇감 만들기

준비물 | 테이크아웃 투명 플라스틱 컵, 종이 홀더, 검정색 색지, 노란색 원형 견출 스티커(지름 2cm), 검정색 원형 견출 스티커(지름 2cm), 투명 테이프, 가위, 풀

○ 놀이 방법 ○

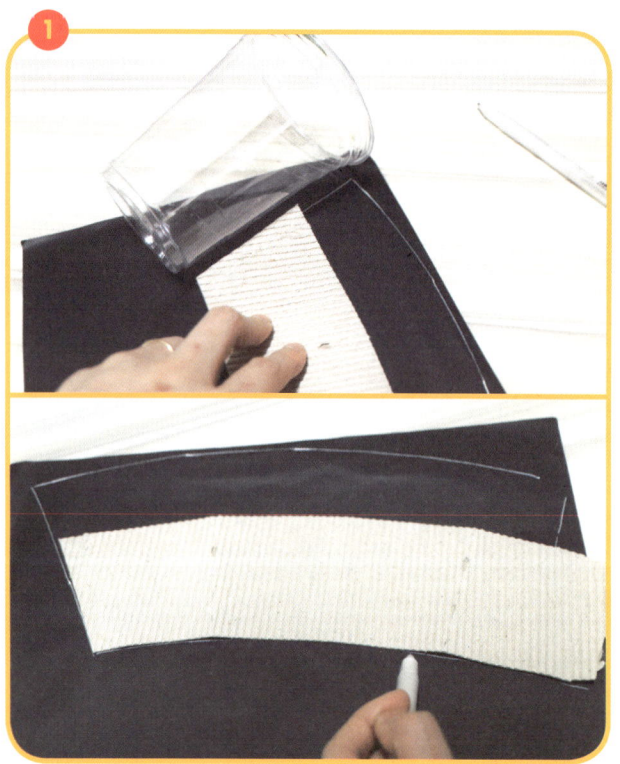

플라스틱 컵 안에 넣을 검정색 배경지를 만들기 위해 종이 홀더의 접착 부분을 떼어서 길게 펼칩니다. 펼친 홀더를 검정색 색지 위에 올리고 외곽선을 따라 그려줍니다. 배경지의 높이는 컵 높이와 맞춰서 그려주세요.

TIP 종이 홀더를 아래로 평행 이동하면 컵 높이에 맞는 크기의 배경지를 그릴 수 있습니다.

검정색 배경지를 컵 안에 넣어서 컵 안에서 돌아갈 수 있도록 크기와 모양을 맞춥니다. 이음새를 투명 테이프로 임시 고정한 후에 컵에서 꺼내고, 다시 이음새를 풀로 단단히 붙여줍니다.

검정색 배경지를 돌려줄 손잡이도 붙여줍니다. 컵 모양으로 만든 검정색 배경지를 꺼내서 노란색 원형 견출 스티커를 붙여줍니다. 견출 스티커를 화살표 모양으로 오려서 붙이면 아이들이 돌리는 방향을 쉽게 알 수 있습니다.

플라스틱 컵 겉에 검정색 스티커로 그림자를 만들어 붙여줍니다. 달이 변하는 모양에 따라 노란 스티커가 가려지도록 하는 형식입니다. 검정색 스티커를 붙일 때는 노란색 스티커와 위치가 동일해야 예쁘게 가려집니다.
3번의 검정색 배경지를 넣고 검정색 스티커의 위치를 잡으며 붙여주세요.

보름달과 삭의 위치를 정하고, 나머지 모양들은 간격을 적절히 띄어서 붙여주세요.
컵 안에 넣은 검정색 배경지를 돌리며 달의 모양이 변화하는 모습을 살펴보세요.
TIP 스티커 위치를 조정하고 싶을 때는 칼로 스티커 모서리를 살짝 들어서 뗀 후에 다시 붙이면 됩니다.

달의 모양 변화와 명칭

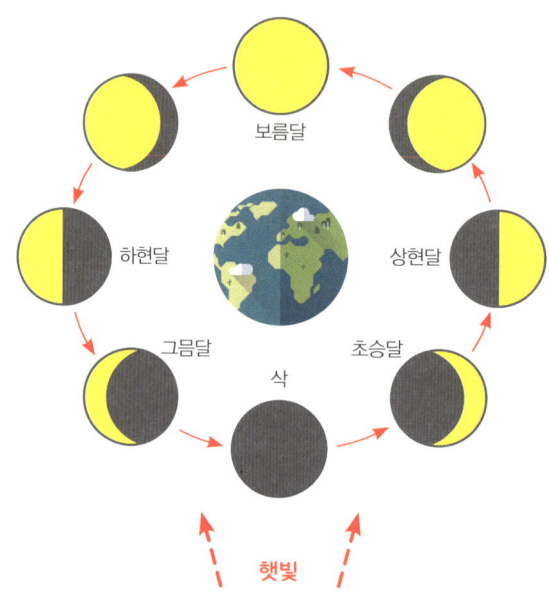

○달의 모양에 관한 흥미로운 그림책○

거울 속에 누구요?

조경숙 글 | 윤정주 그림 | 국민서관 | 2009

거울을 처음 본 옛 사람들의 모습을 담은 전래동화 그림책입니다. 숯을 팔러 한양의 장에 나가는 남편에게 색시는 반달을 닮은 머리빗을 사오라고 부탁했어요. 그러나 한양까지 가는 길은 무척 멀었고 한양에 당도했을 때 달의 모양은 보름달이 되었답니다. 남편은 보름달을 닮은 거울을 사왔고 거울을 처음 본 가족들은 거울 속 자신의 모습을 보며 크게 놀라는 소동이 벌어집니다. 풍자와 해학이 느껴지는 옛 이야기랍니다.

부릉부릉 치티가 간다!

신동준 글·그림 | 책읽는곰 | 2014

어떤 책일까?

자동차들이 모여 사는 카프리카 대륙, 부릉게티 초원이라는 가상의 공간에서 펼쳐지는 이야기가 흥미로워요.(자동차와 아프리카, 부릉부릉 의성어와 세렝게티를 합성해서 새로운 단어를 만든 작가님의 작명 센스도 돋보입니다.) 아프리카 동물들이 물 웅덩이를 찾아 모이듯, 야생의 자동차들은 식사 시간이 되면 기름 호수로 모여들었지요.

하지만 웬일인지 기름 호수는 말라 있었고, 자동차들은 얼마 남지 않은 기름을 서로 차지하려다가 뒤엉켜 다투기 시작합니다. 수천 년 만에 닥친 재앙을 극복하기 위해 촌장님의 주도로 열린 회의에서 자동차들은 새로운 기름 호수를 찾아 떠나기로 합니다. 하지만 남은 기름은 일주일 분량으로 한정되어 있었고, 새로운 호수를 찾을 수 있다는 보장도 없는 험난한 길이었어요. 자동차들은 굴하지 않고 그들 앞에 찾아오는 위기를 하나씩 극복하며 나아갑니다. 모두가 지쳐가고 기름도 얼마 남지 않은 때에 최고 난이도의 어려움이 등장하는데요. 길이 끊긴 낭떠러지 앞에서 발이 묶여버린 것이지요.

하지만 바로 앞에 기름 호수가 보이는데 여기서 포기할 수는 없었어요. 마지막까지 힘을 모아 문제를 해결하는 자동차들의 모습이 인상적입니다. 개인의 특기도 중요하지만 적당한 때와 장소에서 자신의 특기를 효과적으로 발휘하는 협업의 중요성을 이야기하는 그림책이에요.

꿈책맘이 콕 짚어주는 이 책의 매력

자동차를 좋아하는 아이들의 취향에 더할 나위 없이 딱 맞아떨어지는 그림책입니다. 자동차마다 각자의 특징을 반영한 이름을 가지고 있기에 더욱 재미있습니다. 날쌘 치타를 닮은 주인공 자동차는 치타와 비슷한 어감의 '치티'라는 이름을 가지고 있어요. 그림책 마지막 페이지에는 그림책에 등장하는 자동차들의 이름과 특징, 특기, 취미까지 일목요연하게 정리되어 있습니다. 어려움이 닥칠 때마다 활약하는 자동차들의 모습을 통해 자동차의 다양한 용도도 자연스럽게 익힐 수 있어요. 일상생활의 공사 현장에서 그림책 속 자동차를 만난다면 더욱 반갑게 이름을 부를 수 있겠지요?

그림책으로 한 뼘 자라기

　치티는 빨리 달리는 자신의 특기가 자랑스러운 나머지, 처음에는 다른 친구들을 배려하지 않고 본인의 능력만 뽐내고 싶어 했어요. 우리 아이들도 유아기에는 가족의 무한 칭찬과 사랑 속에서 생활하며 무엇이든 자신이 최고라고 생각합니다. 그러나 점차 어린이집과 유치원을 다니며 나름의 사회생활을 시작하게 되면 상황이 조금씩 달라지는데요. 또래 친구 사이에서 자신보다 뛰어난 능력을 가진 친구들을 보면서 때로는 시샘하기도 하고 부러워하기도 하지요. 그러나 그 친구 역시 서툰 부분이 있고 자신의 도움을 필요로 할 때도 있다는 것을 알며 점차 성장합니다. 누구나 완벽하지 않기에 서로 도우며 살아가는 것이니까요.

엄마의 시선에서 그림책 바라보기

　치티는 속력이 빠르긴 했지만, 그 능력이 어떤 상황에서 도움이 되는지 잘 몰랐기에, 섣불리 속력을 뽐내려다가 진흙에 빠져 웃음거리만 되었어요. 치티의 조급한 마음은 자존감 하락을 가져왔지요. 이런 모습을 본 털털 촌장님은 연륜이 담긴 조언을 해줍니다. '세상에 쓸모없는 자동차는 없다'는 것이었어요. 친구들이 활약하는 모습을 보며 자신의 스피드는 큰 도움이 안 된다는 생각에 자존감이 하락되어 있던 치티는 촌장님의 말씀을 듣고 용기를 냅니다. 아이가 가진 능력을 잘 발휘할 수 있도록 시기적절하게 조언을 해주고 기회를 잡도록 도와주는 것도 부모의 역할입니다.

알콩달콩 그림책 대화

부릉게티 초원 마을의 모습을 살펴보며 이야기를 나누어보세요.

- 자동차들이 사는 마을은 참 재미있는 모습이다. 여기는 목욕탕이라고 쓰여 있네.
- 자동차 목욕탕은 아빠랑 갔던 주유소의 자동 세차장과 똑같아요.
- 마을 회관도 있고 학교도 있고, 슈퍼도 있고 없는 것이 없다.
- 엄마, 부릉게티의 동물들은 모두 자동차처럼 바퀴가 달렸어요. 무당벌레도 바퀴가 있어요!
- 바퀴가 없던 물건에 바퀴가 생기면 어떤 일이 일어날까?
- 침대에 바퀴가 있으면 꿈나라로 여행갈 수 있을 거예요.

재활용 페트병으로 만든 자동차

준비물 | 페트병, 다양한 플라스틱 뚜껑, 플라스틱 손잡이, 코르크 마개, 유성 사인펜, 글루건, 스티커
(자동차에 붙이는 재활용품 장식은 취향에 따라 다양하게 사용하면 됩니다.)

○ 놀이 방법 ○

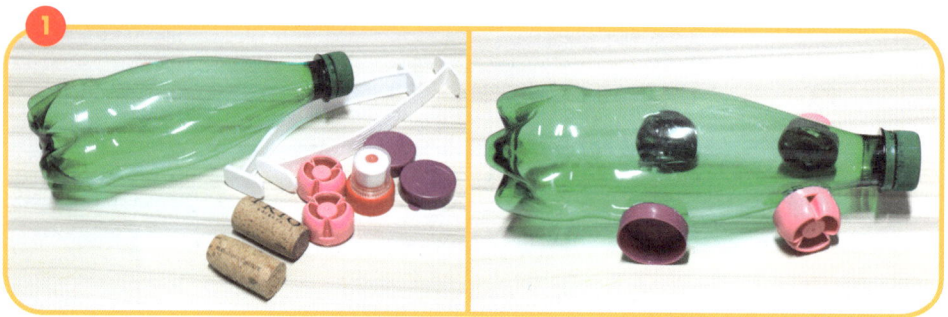

글루건으로 플라스틱 뚜껑을 페트병에 붙여 바퀴를 만들어주세요.

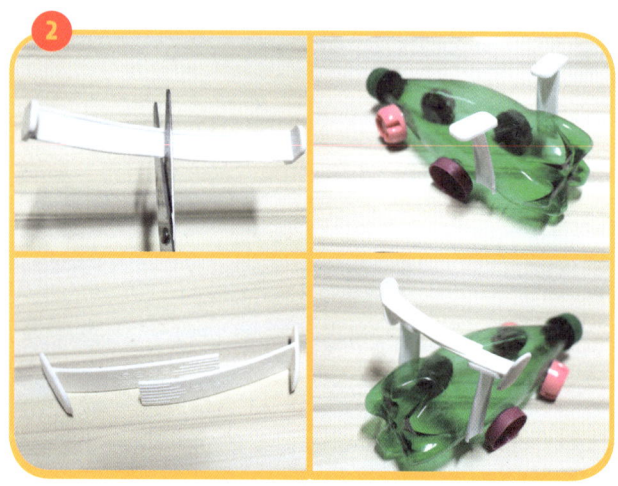

플라스틱 손잡이를 반으로 자른 후, 글루건으로 붙이면 장식용 날개가 됩니다.(플라스틱 손잡이는 선물세트나 한약 포장 상자에 있는 것을 모아두었어요.)

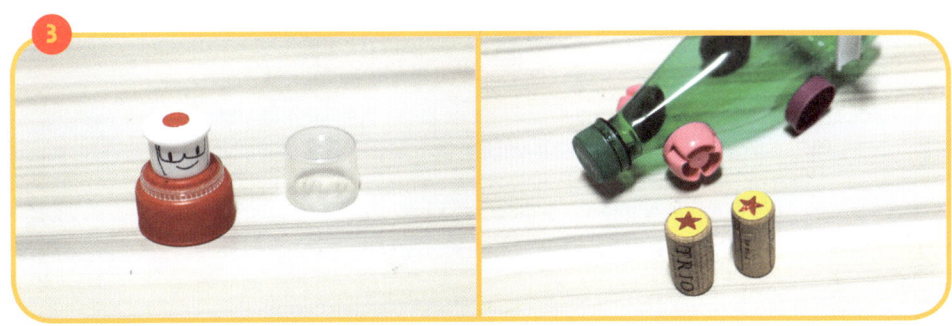

유성 사인펜으로 플라스틱 뚜껑 위에 운전사의 얼굴을 그려주세요.
코르크 마개는 스티커로 장식해주세요.(코르크 마개 재질의 특성상 스티커가 붙지 않는 경우 글루건으로 붙여주세요.)

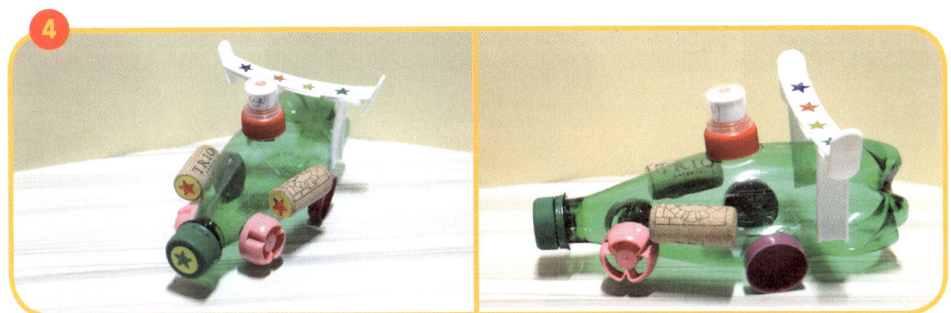

운전사 얼굴을 그린 뚜껑과 코르크 마개를 페트병에 붙여주세요.
날개 장식과 페트병 뚜껑은 스티커를 붙여 장식해주세요.

○ 부릉부릉 자동차 그림책 ○

네가 일등이야!

그렉 피졸리 글·그림 | 김경연 옮김 | 토토북 | 2016

주인공 강아지는 뭐든 일등이었어요. 자동차 경주에서도 늘 일등을 했지요. 그러나 어느 날 친구에게 밀려 이등을 한 후 실의에 빠집니다. 다시 일등의 자리를 되찾으려는 생각으로 경주에 참가하지만 또 다른 난관에 부딪히는데요. 뭐든 일등을 하고 싶어 하는 아이들에게 진정한 일등의 의미가 무엇인지 알려주는 그림책입니다.

버스야 다 모여!

석철원 글·그림 | 여유당 | 2018

다양한 버스가 총 출동하는 그림책입니다. 색깔과 크기가 다양한 버스뿐만 아니라 재미있는 채소 버스도 등장해서 아이들의 상상력을 자극합니다. 이런 버스들을 모두 볼 수 있는 버스 정류장이 있다면 꼭 가보고 싶은 생각이 저절로 듭니다.

바퀴야 다 모여!

석철원 글·그림 | 여유당 | 2019

바퀴 모양만으로 어떤 자동차의 바퀴인지 예측해보는 재미가 있습니다. 바퀴의 주인을 맞추는 것은 쉽기도 하고 제법 어렵기도 합니다. 바퀴에서 드러나는 자동차의 특징을 잘 살렸기에 누구 바퀴인지 맞추는 과정이 더욱 흥미롭습니다.

500원

차재혁 글 | 최은영 그림 | 후즈갓마이테일 | 2017

어떤 책일까?

500원 동전으로 무엇이든 살 수 있다고 생각하는 아이의 마음이 귀여운 그림책입니다. 가족 모두가 저마다의 일로 바쁜 아침 시간, 주인공 소년은 한가로이 소파에 앉아 콧구멍 청소를 하고 있어요. 무엇을 하고 놀지 궁리를 하던 아이는 슈퍼 영웅 놀이를 시작합니다. 놀이를 하던 중 거실 탁자 아래에 떨어져 있던 500원 동전 하나를 우연히 발견하는데요. 500원 동전을 줍고 신이 난 아이는 무엇을 사면 좋을지 궁리하기 시작합니다. 엄마 구두를 사드릴까요? 아빠 노트북을 사드릴까요? 자동차를 사도 멋질 것 같았어요. 할아버지, 할머니, 누나와 형에게 선물하고픈 것들을 차례로 떠올려보았어요. 아이는 무엇을 사면 좋을지 결정을 내리지 못했지만, 일단 500원을 손에 꼭 쥐고 의기양양하게 집을 나섭니다. 길을 가다가 아빠를 위한 선물이 생각난 듯 고개를 갸웃거리며 자동차를 바라보기도 하고, 엄마를 위한 선물이 있는 옷가게 쇼윈도 안을 까치발을 하고 유심히 바라보기도 합니다. 물론 집에서 미리 생각해 두었던 노트북도 구경했고요. 자신의 반려견을 위해 반려동물 용품점의 쇼윈도를 살피는 것도 잊지 않았답니다.

  가족에게 선물하고 싶은 물건들을 차례로 둘러본 아이는 비로소 깨닫게 됩니다. 500원은 이러한 물건들을 사기에는 턱없이 부족한 돈이라는 점을요. 결국 아이는 500원으로 최대의 행복을 누릴 수 있는 것을 구입합니다. 주인공 아이가 구입한 가성비 최고 아이템을 보면 엄마 마음으로 웃음 짓게 되실 거예요.

꿈책맘이 콕 짚어주는 이 책의 매력

  화폐가 지닌 가치를 정확히 알지 못한 아이는 500원으로 모든 물건을 살 수 있을 것이라 생각하는데요. 이러한 아이의 마음이 무척이나 귀엽습니다. 500원으로 옷이며, 자동차와 노트북을 산다니 가당치 않지요. 하지만 본인이 갖고 싶은 것보다는 가족에게 필요한 것이 무엇인지 먼저 떠올린 아이의 마음에 집중하게 됩니다. 500원 동전에 담은 가족에 대한 사랑은 순수함 그 자체이기에 예쁘게 느껴집니다. 가족을 위한 선물은 사지 못했지만 앞으로 기회는 언제든지 있을 테니까요.

그림책으로 한 뼘 자라기

아마 가족 중의 누군가가 "500원으로는 그 비싼 물건을 살 수 없어."라고 말했다면 아이의 실망이 컸겠지요. 그러나 아이는 상점을 돌아보면서 물가를 직접 체감합니다. 그랬기에 자신이 생각했던 물건들을 사기에 500원이 턱없이 부족한 돈이라는 사실에도 실망하지 않았어요. 스스럼없이 원하는 것을 구입하는 현명한 소비를 했기에 더욱 뿌듯했지요. 아이의 눈높이로 결정한 합리적인 소비가 귀엽기만 합니다.

엄마의 시선에서 그림책 바라보기

100원짜리 하나만 있어도 행복했던 어린 시절이 떠오릅니다. 무조건 개수가 많으면 큰 줄 알고, 만 원짜리 한 장보다 100원 동전 열 개를 더 좋아한 시절도 있었지요. 점차 화폐의 가치를 알게 되고, 집에 오신 손님이 용돈으로 천 원이라도 주시면 정말 큰돈으로 느껴졌어요. 용돈을 모아 어버이날에 선물을 사드리기도 하고, 친구 생일 선물을 사기도 했지요. 돈을 차곡차곡 모으면 꼭 필요할 때 사용할 수 있다는 것을 아이에게 알려주세요. 또한 소득 내에서 일정 부분은 기부를 하며 돈은 무언가를 사는 것에만 쓰는 것이 아니라 누군가를 돕는 데에도 사용된다는 것을 보여주는 것도 중요합니다. 부모님이 먼저 모범을 보여주세요.

알콩달콩 그림책 대화

나에게 500원 동전이 생긴다면? 아이와 함께 문구점에 가서 500원으로 살 수 있는 물건을 찾아보는 것도 좋아요.

- 꿈책이는 500원이 있으면 무엇을 사고 싶어?
- 500원으로 스티커를 사고 싶어요.
- 우리 같이 문구점에 가서 스티커를 살 수 있는지 한 번 살펴볼까?
- 제가 사고 싶은 스티커가 500원이 넘으면 어떻게 하지요?
- 그럼 저금통에 넣으면서 더 많은 돈을 모으면 돼.

재활용 페트병으로
돼지 저금통 만들기

준비물 | 500ml 빈 페트병, 분홍색 색지, 플라스틱 뚜껑 4개, 사인펜, 풀, 글루건, 칼, 가위, 동그라미 스티커, 투명 테이프

○ 놀이 방법 ○

① 페트병에 비닐 상표가 붙어 있던 부분을 색지로 감싸주세요.

② 모루를 연필에 감아 돼지 꼬리 모양으로 꼬불꼬불하게 만들어 테이프로 붙입니다.

④ 플라스틱 뚜껑 4개를 글루건으로 붙여서 다리를 만들고, 뚜껑에는 원형 스티커 두 개를 붙여 돼지 코를 연출해줍니다.

색지를 귀 모양으로 오린 후에 풀로 붙여주세요. 페트병 둘레를 감싼 색지 위에 귀를 붙이면 풀로도 잘 붙습니다.

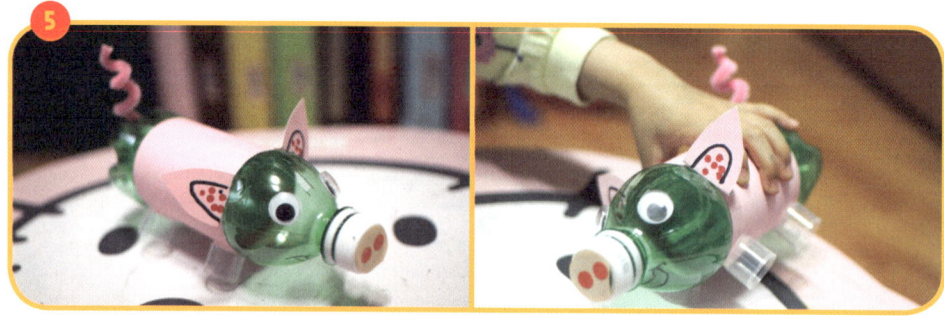

인형 눈을 붙이고 사인펜으로 입을 그려주세요. 칼을 사용해서 동전을 넣을 수 있는 세로 방향의 구멍도 뚫어주세요.

○화폐의 개념을 익힐 수 있는 그림책○

사탕

차재혁 글 | 최은영 그림 | 노란상상 | 2018

그림책 《500원》 그 후의 이야기로 함께 읽으면 좋답니다. 비가 오는 날, 밖에 나갈 수 없어 지루해진 아이는 막대 사탕 하나를 입에 물고 어슬렁어슬렁 집 안을 배회합니다. 아이는 바닥에 떨어져 있던 파란 크레파스를 발견하고 무엇을 그릴지 잠시 고민하는데요. 이를 어쩌나요? 아이는 크레파스로 벽에 기다란 선을 그리기 시작해요. 벽에 선을 그리며 온 집 안을 순회하는 아이의 모습을 보면 혼날까봐 조마조마한 마음에 긴장을 늦출 수 없지만 묘한 대리만족도 생깁니다. 주인공 아이를 따라 구경하는 집 안의 모습은 마치 롱테이크 영화를 보는 듯한 느낌이 들어서 더욱 재미있답니다.

100원짜리만 받는 과자 가게

반하다 글·그림 |
보린 글 | 위즈덤하우스 | 2018

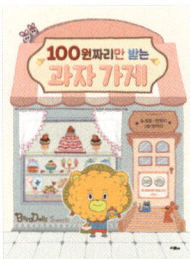

아이들이 화폐의 개념을 재미있게 익힐 수 있도록 도와주는 그림책이에요. 주인공 빵야는 맛있는 간식을 사기 위해 가게에 들어가는데요. 모든 가게는 100원 동전만 받습니다. 100원짜리 동전만 내면 되니, 복잡하지 않게 계산할 수 있어요. 그림책 제일 뒷페이지에는 놀이 딱지판이 들어 있는데요. 동전과 지갑, 그리고 물건들을 딱지판에서 떼어서 바로 가게 놀이를 할 수 있어요.

부록
책육아를 하면서 부딪히는
여러 가지 고민 Q&A

Q 단행본이 좋을까요 전집이 좋을까요?
A 전집과 단행본 어느 것이 더 좋은지 판단하기보다는 각각의 장점을 취해 주세요.

전집과 단행본을 함께 조화롭게 연계하면서 활용하면 가장 이상적입니다. 전집이 많은 가정이라면, 집에 가지고 있는 전집과 같은 주제의 그림책을 도서관에서 단행본으로 찾아 함께 읽는 방법을 추천합니다. 반대로 집에 보유한 책들이 단행본 위주라면 도서관에서 전집을 찾아서 보면 좋아요. (어린이 전집 대출 서비스를 시행하는 도서관도 있으며, 유료로 정해진 기간 동안 전집을 대여해주는 도서 대여 전문업체도 있습니다.) 특히 사회와 과학은 유아기에 책을 통해 배경 지식을 많이 쌓아두면 초등 교과 과정을 따라가기 수월합니다. 사회와 과학 등의 비문학 장르는 재미있는 전집과 단행본 그림책들을 골고루 섞어서 서로의 부족한 점을 보완할 수 있게 해주세요.

	전집	단행본
가격	한꺼번에 목돈이 지출되지만 권당 가격을 생각해보면 단행본에 비해 저렴한 경우가 많습니다.	목돈이 한꺼번에 지출되지는 않지만 여러 권 구입하는 것이 부담스러운 것도 사실이에요. 중고서점을 이용하는 것도 좋은 방법입니다.
활용도	대박 전집이라 해도 전 권을 알차게 읽고 활용하기는 쉽지 않아요. 심지어 전집 중에서 단 몇 권만을 마르고 닳도록 읽고 나머지는 표지를 열지 않는 상황도 발생해요.	서점이나 도서관에서 미리 보고 구입할 수 있어서 비교적 흥행도가 높습니다.
소재	과학, 수학, 다문화, 인물, 역사처럼 같은 영역의 주제를 다루고 있으므로 전집을 들이면 같은 분야에 대해서 모아 읽기가 가능한 장점이 있습니다. 호불호가 갈리지 않는 평이한 소재를 담는 경우가 많습니다. 취향을 타지 않는 보편적인 내용이어야 어느 집에서나 사랑 받을 수 있겠지요.	전집에 비해서 작가님 특유의 개성이 강하게 담겨 있는 작품들이 많습니다. 강한 여운을 주는 작품도 많고 생각할 거리를 던져주는 독특한 작품도 만날 수 있어요.

Q 정독과 다독 어느 것이 좋을까요?
A 정독과 다독은 아이의 연령에 따라 그 형태가 다양하게 나타납니다. 아이의 나이와 성향을 우선으로 생각해주세요.

유아기

반복을 좋아해서 자신이 좋아하는 책은 읽고 또 읽고, 페이지가 헤지도록 읽습니다. 엄마는 내용을 다 외워버릴 정도로 지겨운데도 아이는 또 읽어달라고 합니다. 하지만 이도 넓은 의미에서 보면 '정독'이라고 부를 수 있습니다. 왜 그런지는 다시 말씀해드릴게요.

6~7세 무렵

아이들마다 차이는 있겠으나, 이 시기에는 한 번 읽은 그림책은 절대 다시 읽지 않고 새로운 이야기를 찾기 시작합니다. 엄마가 도서관에 비치된 다양한 책들을 본격적으로 보여줄 수 있는 '다독'의 시기가 되는 것입니다. (다독이 '시작'되고 주를 이루는 것이지, 다독만 하는 것은 아닙니다.)

초등학교 입학 후

유아기 때 잡아왔던 독서 습관이 순조롭게 정착되어야 하는 시기이며, 이때는 다독과 정독이 복합적으로 나타납니다. 새로운 이야기를 좋아해서 다양한 책을 읽는 다독을 하지만, 그중에서 재미있게 읽고 기억에 남은 책은 반복해서 읽기도 하는데요. 아이는 전에 읽었던 책을 학교 도서실에서 발견하고 다시 빌려오기도 합니다. 엄마는 이런 아이의 행동을 이해하지 못하고 '이미 읽은 책을 왜 또 빌려오느냐'고 묻습니다. 정독을 하랄 때는 언제고 말이지요.

읽은 책을 다시 빌려와서 읽는데 이것이 왜 정독이냐고요? 한 권의 책에 오랜 시간을 투자해서 곱씹으며 읽어야만 정독인가요? 자신이 재미있다고 느낀 책을 ==시간차를 두고 반복해서 읽는 것도 정독의 범주에 넣어야 한다고 생각합니다.== 제가 유아기의 반복 읽기가 '넓은 의미의 정독'이라고 말한 것도 같은 맥락입니다. 시간차를 두고 다시 읽었을 때 기억에 제일 오래 남습니다. 어른이 되어서 재미있게 읽은 책들도 책 속에서 일어난 굵직한 사건들만 기억에 남고 오랜 시간이 지난 후에 다시 읽어보면, 이미 읽은 책인데도 책 속의 문장들이 새롭게 느껴지는 경험을 해본 적이 있으실 거예요. 좋은 책은 또 읽어도 즐거움과 감동을 줍니다.

아이 스스로 재미있다고 느낀 책은 강요하지 않아도 다시 찾아서 읽게 마련입니다. 기억에 남은 책은 '그 책은 정말 재미있었다'며 도서관에서 다시 대출하고 싶다고 엄마에게 부탁하기도 하고, 앞에서 말했던 것처럼 학교 도서실에서 스스로 대출해오기도 합니다. 어느 저명한 기관에서 추천한 도서라는 이유로, 혹은 엄마의 강요에 의해서 정독을 해서는 안 된다고 생각합니다. 이 경우 아이가 독서의 순수한 즐거움을 느끼기 힘들고 독서에 대한 흥미도 잃게 될 수 있어요.

전문가들은 다독보다는 정독을 더 권하기도 하고 그러한 견해를 많이 들어왔기에 저에게도 다독과 정독은 늘 고민이 되는 부분이었습니다. '내 아이는 다독을 더 좋아하는데 어쩌란 말이지?' 하면서요. 하지만 제가 내린 결론은 '정독과 다독, 어느 쪽을 택해서 책을 읽을지는 아이 스스로 정하도록 하자'는 것이었어요. '정독 혹은 반복 읽기를 가능하게 하는 원동력은 무엇일까?' 생각해봅니다. 그 원동력은 바로 재미있는 책! '아! 그 책 정말 재미있었는데, 자세한 내용이 떠오르지 않아 다시 읽고 싶어!'라는 생각이 들어야 아이는 같은 책을 다시 읽습니다. 결국 아이들 책은 '재미있어야 한다'는 결론이 나옵니다.

Q 특정한 주제만 좋아해서 편독이 걱정됩니다. 다양하게 읽어주어야 할까요?
A 걱정하지 않아도 됩니다. 유아에게 편독이라는 표현은 어울리지 않습니다.

엄마들이 흔히 부딪히는 고민은 아이가 특정한 주제의 책만 좋아한다는 것입니다. 어떤 아이는 자동차 책만 좋아하기도 하고, 공룡 책만 찾아보기도 합니다. 여자 아이들은 공주 책에 빠져드는 시기를 거쳐 가기도 하지요. 저는 아이가 좋아하는 주제가 있는 것은 매우 바람직하다고 생각합니다. 혹시 아이가 책에 흥미가 없는 것이 고민이라면, 일부러 좋아하는 주제의 책을 찾아서 보여주라는 조언을 드립니다. 아이가 좋아하는 주제는 나이에 따라서 바뀌기도 합니다. 그렇게 좋아하던 공주 책도 유치하다며 거들떠보지도 않는 시기가 오더군요. 좋아하는 주제는 수시로 바뀌어갑니다.

어른도 좋아하는 분야에 대해서는 깊이 파고드는데 아이라고 다를까요? 아이가 좋아하는 주제가 있다는 것은 집중력이 있다는 것이니 아이가 원하는 만큼 충분히 보여주길 바랍니다. ==단, 중요한 것은 유아기에는 좋아하는 책을 마음껏 보여주되 6~7세 무렵에는 점점 다양한 분야의 책을 읽을 수 있도록 하는 엄마의 노력이 필요하다는 점입니다.==

Q 독서 기록 필요할까요?
A 꼭 필요하지는 않지만, 해두면 도움이 됩니다.

독서 기록을 하는 가장 큰 이유는 아이에게 다양한 분야의 책을 골고루 보여주기 위함입니다. 다양하고 폭넓은 책읽기를 하고 싶다면 유아기에는 엄마가 열심히 도서관에서 다양한 분야의 재미있는 책을 섞어서 대출해오는 노력이 필요하긴 합니다. 엄마가 먼저 도서관과 친해지면 좋지요.

독서 기록은 손으로 쓰며 기록할 수도 있지만, 요즘은 스마트폰 앱으로 독서 기록을 관리하는 편리한 방법도 있습니다. 또한 도서관 홈페이지에서는 대출한 책의 기록을 엑셀 문서로 다운로드 받을 수 있는 서비스를 제공하므로 손쉽게 독서 이력을 저장할 수 있습니다. 아이가 글자를 쓸 수 있는 시기가 되면 독서통장을 만들어 직접 적어보도록 하는 것도 좋은 방법입니다. 제목과 지은이, 출판사 정도만 적도록 하며 아이가 부담스럽게 느끼지 않는 수준으로 시작해보세요.

아이 7세 초반에 만들어준 엄마표 독서 통장

읽은 책을 기록할 수 있는 간단한 표를 만들어 A4 용지에 출력한 후 반으로 접고 중앙을 스테이플러로 고정합니다. 아이가 직접 통장 표지를 꾸미고 내용을 적어 넣었어요. 확인란에 스탬프를 찍는 것도 무척 좋아했습니다.

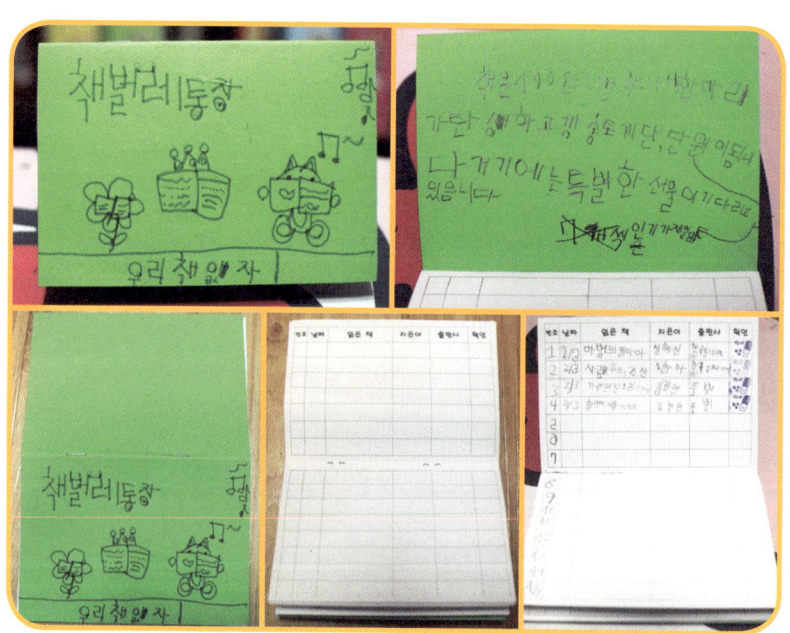

Q 학습 만화만 읽어서 고민이에요.
A 학습 만화도 지혜롭게 이용하면 큰 도움이 됩니다.

초등 아이를 둔 학부모들의 공통적인 고민이 아이가 학습 만화만 좋아한다는 점이에요. 도서관에서도 학습 만화 서가에만 아이들이 바글바글할 정도니까요. 어른들 중에서 학창 시절에 만화를 안 읽어본 분이 있을까요? 어른이 읽어도 재미있는데 아이들은 오죽할까 싶어요. 7세 무렵이 되면 아이들은 슬슬 만화를 좋아하기 시작합니다. 특히 독립 읽기가 시작되면 더더욱 그러하지요. 처음에 아이가 학습 만화를 볼 때는 글자를 스스로 읽고 즐거움을 느끼는 모습에 기특한 마음이 가득합니다. 스스로 책을 읽는다는 사실만으로도 대견한 현상이니까요. 그러나 학습 만화만 보는 모습이 지속되면 슬슬 불안해지기 시작합니다. 그나마 '학습'이 붙은 건전하고 유익한 만화라는 점이 위안이 되지만, 줄글책을 넣어주고 싶은 마음이 슬그머니 들기 시작하지요. '줄글책도 만화책처럼 스스로 읽으면 얼마나 좋을까?'

만화책을 혼자서도 잘 읽으니 줄글책도 독립해서 스스로 읽어보라고 섣부르게 강요하는 것은 금물입니다. 재미있는 만화는 혼자 읽는 것이 가능해도 줄글책은 또 다른 도전이니까요. 스스로 읽는 것은 '만화'였기에 가능했다는 점을 잊지 마세요. 아이가 독립 읽기에 익숙해질 때까지는 엄마가 읽어주는 방법을 병행해주셔야 합니다.

저는 학습 만화가 나쁘지 않다고 생각해요. 특히 아이들이 어렵고 생소하게 느낄 수 있는 과학, 수학, 역사, 예술 분야는 학습 만화로 시작하며 흥미를 갖게 해주는 것도 좋은 방법이에요. 저 역시 아이에게 학습 만화를 보여주며 효과를 보았어요. 단, 재미만을 강조한 나머지 내용이 부실한 학습 만화를 선별하는 엄마의 지혜가 필요합니다. 엄마가 먼저 읽어보고 권해주면 학습 만화도 충분히 제 기능을 해낼 수 있습니다. 또한 학습 만화를 읽어도 줄글책을 꾸준히 읽어야 내용의 확장이 가능하니, 같은 주제의 그림책 혹은 줄글책을 함께 빌려서 엄마와 함께 읽는 것이 필요합니다. 꼭 동시에 읽지 않더라도 시간차를 두고 보완해서 읽을 수 있도록 해주세요.

또 한 가지 중요한 점은 학습 만화를 접하기 이전에 그림책과 줄글책을 꾸준히 읽어 독서력을 키워두어야 한다는 것이에요. 줄글책의 재미를 알고 있어야 학습 만화에 빠져 있어도 다시 줄글책으로 돌아와 몰입하여 읽는 것이 가능합니다. 또한 줄글책도 만화책처럼 키득키득 웃으며 읽을 수 있는 책이 많으니 그러한 책을 접해주게 하는 엄마의 노력도 중요해요. 줄글책도 충분히 재미있다는 것을 아이 스스로 느껴야 하는 것이지요. 만화를 무턱대고 못 보게 할 것이 아니라, 엄마가 관심을 갖고 좋은 방향으로 이끌어주면 됩니다. 학습 만화와 줄글책, 두 책의 균형을 맞추려는 노력이 중요합니다.

Q 유아 누리과정 연계 독서는 어떻게 하나요?
A 유치원과 어린이집의 주간 계획안을 참조하면 됩니다.

'누리과정'은 우리나라 만 3세에서 5세 어린이에게 공정한 교육 기회를 보장하기 위해 국가가 제공하는 공통적인 교육 과정입니다. 어린이집과 유치원의 구분 없이 동일한 내용을 배우므로, 가정으로 보내주는 주간 계획안을 눈여겨보고 관련 도서를 찾아 읽어주면 연계 독서가 가능합니다. 가정보육을 하는 경우에는 검색창에서 '누리과정 연간 계획안'을 입력하여 자료를 찾아볼 수 있습니다. 물론 계획안의 주제에 따라 도서관에서 책을 찾아야 하는 수고는 해야 하지요. 몇몇 그림책 출판사 홈페이지에서는 누리과정 연계독서 목록을 제공하고 있으니 참고하면 좋습니다.

보리 출판사 | https://blog.boribook.com/blogs/923

사파리 출판사 | http://www.safaribook.co.kr/book/nuri.asp

《3~5세 연령별 누리과정 5개 영역과 세부 내용》
- 신체운동, 건강: 신체 조절과 기본 운동, 신체 활동, 건강과 안전 등
- 의사소통: 듣기, 말하기, 읽기, 쓰기

- 사회관계: 나와 다른 사람의 감정 알고 존중하기, 가족 소중히 여기기, 더불어 생활하기 등
- 예술경험: 미술과 음악을 통해 아름다움 찾아보기, 예술적 표현하기, 예술 감상하기 등
- 자연탐구: 탐구하는 태도 기르기, 수학적 탐구하기, 과학적 탐구하기 등

출처 | 교육부 홈페이지(https://www.moe.go.kr)

Q 권장도서 꼭 읽어야 할까요?
A 권장도서는 읽으면 좋지만, 필독서는 아닙니다.

　권장도서 목록을 보고 제가 먼저 도서관에서 찾아본 적이 있습니다. 권장도서 목록에 있는 책들이 모두 좋은 책인 것은 분명하지만 출간일이 오랜 된 책일 경우 아이들의 흥미를 끌기 어렵다는 한계가 있었어요. '권장도서'는 권장도서일 뿐 필독서는 아니라는 것을 말씀드리고 싶어요.

　그런데 권장도서가 재미없다고 건너뛰자니 엄마는 슬금슬금 불안해지기 시작합니다. '다른 아이들은 다 읽을 텐데 우리 아이만 안 읽었으면 어쩌지?' 하는 생각이 들고 저 역시 이러한 걱정을 한 평범한 엄마입니다. 아이가 쉽사리 읽으려 하지 않는 책을 보게 하는 저의 방법은, 아이가 일찍 자기 싫다며 갑자기 책을 읽겠다고 하는 순간에 슬쩍 권해보는 것이었어요. 일단 책장을 펼치게 하는 것이 중요한데요. 아이는 엄마와의 거래가 성사되면 일단 책장을 열고 책을 읽기 시작해요. 그리고 그 책이 재미있어서 아이가 계속해서 읽으면 더 할 나위 없이 좋지요. 만약 그래도 아이가

재미없다고 하면, 슬프게도 그 책과는 정말 인연이 없는 것으로 인정해야 합니다. 권장도서라 할지라도 아이의 취향과 맞지 않으면 굳이 읽으라고 강요하지 않았어요.

어려서부터 책과 친해지는 환경을 조성해서 꾸준히 독서를 할 수 있도록 큰 그림을 그리는 것이 더욱 중요합니다. 엄마의 욕심으로 아이들에게서 책 읽는 즐거움을 빼앗지 말고, 장기적인 안목으로 책육아를 진행해보세요.

Q 아직 어린데 글밥 많은 책을 읽어달라고 해요.
A 간추려서 읽어주거나, 그림 중심으로 이야기해주세요.

아이는 자신이 좋아하는 주제라면 본인의 수준보다 높은 책도 읽고 싶어 하는 경우가 있습니다. 그럴 때는 어려운 책이니 읽을 수 없다고 말하기보다는, 책 내용을 적절히 생략하며 읽어주면 됩니다. 아이가 좋아하는 주제의 책은 글밥을 늘릴 수 있는 고마운 기회라는 점도 기억해주세요.

★ 꿈꾸는 아이를 위한 그림책 및 책놀이 목록

No	메인 그림책	책놀이	재료
1	펭귄 랄랄라(반달/킨더랜드/2015)	휴지심으로 만든 엄마 펭귄과 아기 펭귄	휴지심
2	칙칙폭폭 동물 기차(북극곰/2017)	휴지심 동물 기차 만들기	휴지심
3	아 진짜(어린이아현/2018)	표정이 변하는 얼굴	휴지심
4	작은 물고기(한림출판사/2016)	물고기 먹이사슬 만들기	휴지심
5	박물관을 나온 긴손가락사우르스(씨드북/2016)	찰흙으로 화석 모형 만들기	찰흙
6	똥친구(길벗어린이/2017)	찰흙으로 만든 똥친구와 휴지심 변기	찰흙
7	고슴도치 X(문학동네/2014)	찰흙으로 만든 뾰족뾰족 고슴도치	찰흙
8	닥터 브라우니(주니어김영사/2017)	초콜릿 빵으로 닥터 브라우니 만들기	식재료
9	맛있는 구름 콩(국민서관/2011)	두부 촉감놀이	식재료
10	빵 공장이 들썩들썩(책읽는곰/2015)	식빵으로 야옹이 얼굴 꾸미기	식재료
11	간질간질(사계절/2017)	분신 종이 인형 만들기	종이
12	곰돌이 팬티(북극곰/2014)	알록달록 편지 봉투 팬티 만들기	종이
13	달이 좋아요(창비/2016)	손바닥 모양 색지 올빼미	종이
14	달토끼, 거북이, 오징어(반달/킨더랜드/2016)	색지 오징어 만들기	종이
15	메리(사계절/2017)	편지 봉투로 메리 손인형 만들기	종이
16	문장부호(고래뱃속/2016)	색종이로 만든 입체 나비와 제비꽃	종이
17	슈퍼 거북(책읽는곰/2014)	색종이 모자이크 거북이	종이
18	머리하는 날(사계절/2018)	꼬불꼬불 색종이 머리카락	종이
19	양배추 행성 동물도감(예림당/2018)	채소와 과일 사진으로 나만의 동물 만들기	종이
20	커다란 구름이(반달/킨더랜드/2015)	바람에 흘러가는 구름 만들기	종이
21	우리 가족 납치 사건(책읽는곰/2015)	발바닥 물감 찍기로 만든 비치 샌들	물감놀이
22	청소부 토끼(반달/킨더랜드/2015)	에어캡 물감 찍기로 만든 지구 사랑 포스터	물감놀이
23	백 번째 양 두두(책고래출판사/2017)	손바닥 물감 찍기로 양 만들기	물감놀이
24	오늘 해님이 안 나온다면(뜨인돌어린이/2018)	이글이글 불타는 해님 만들기	물감놀이
25	소방관 고양이 초이(머스트비/2016)	손바닥 물감 찍기로 소방관 만들기	물감놀이
26	감귤 기차(재능교육/2016)	귤껍질로 다양한 모양 만들기	자연물
27	나뭇잎 손님과 애벌레 미용사(한울림어린이/2015)	낙엽으로 만든 나뭇잎 손님	자연물
28	숲 속 재봉사(창비/2010)	콜라주 기법으로 만든 꽃잎 드레스	자연물
29	딩동거미(한림출판사/2017)	일회용 접시에 거미줄이 짠!	재활용품
30	문어 목욕탕(노란상상/2018)	말랑말랑 스펀지 문어 만들기	재활용품
31	수크를 찾습니다(책읽는곰/2014)	일회용 숟가락과 포크로 수크네 가족 만들기	재활용품
32	장갑나무(웅진주니어/2014)	스마일 장갑 만들기	재활용품
33	가방 안에 든 게 뭐야?(한림출판사/2015)	종이컵으로 만든 개구리의 한살이	재활용품
34	외계인 친구(씨드북/2016)	재활용품으로 만드는 UFO	재활용품
35	으랏차차 꼬마 개미(크레용하우스/2014)	폼폼으로 개미 만들기	재활용품
36	오! 나의 달님(북극곰/2018)	달의 모양이 바뀌는 조작 놀잇감 만들기	재활용품
37	부릉부릉 치타가 간다!(책읽는곰/2014)	재활용 페트병으로 만든 자동차	재활용품
38	500원(후즈갓마이테일/2017)	재활용 페트병으로 돼지 저금통 만들기	재활용품

함께 읽으면 좋은 그림책 1	함께 읽으면 좋은 그림책 2	함께 읽으면 좋은 그림책 3
난 남달라!(국민서관/2012)	쩌저적(북극곰/2018)	
꿈틀꿈틀 애벌레 기차(북스토리아이/2014)	기차를 타요(펭귄 남매랑 시리즈)(책읽는곰/2018)	
재미있는 내 얼굴(보물창고/2014)	기분을 말해 봐(보물창고/2016)	
개구리의 낮잠(시공주니어/2002)	뛰어라 메뚜기(보림/2000)	
세상에서 가장 큰 뼈(사파리/2017)	공룡 엑스레이(한림출판사/2017)	
아이스크림 똥(살림어린이/2013)	똥호박(책읽는곰/2014)	
고슴도치의 알(북극곰/2013)		
닥터 브라우니가 작아졌어요!(주니어김영사/2018)	앗! 따끔!(시공주니어/2009)	
인절미 시집가는 날(국민서관/2013)		
우당탕탕 야옹이 시리즈 2 〈기차가 덜컹덜컹〉 우당탕탕 야옹이 시리즈 3 〈초밥이 빙글빙글〉 우당탕탕 야옹이 시리즈 4 〈비행기가 부웅부웅〉 우당탕탕 야옹이 시리즈 5 〈아이스크림이 꽁꽁〉 우당탕탕 야옹이 시리즈 6 〈오싹오싹 도깨비 숲〉		
눈물바다(사계절/2009)	커졌다!(사계절/2012)	
채소들이 팬티를 입었어!(어썸키즈/2017)	오싹오싹 팬티!(토토북/2018)	
분홍 토끼의 추석(비룡소/2011)	찌코 빠코 시리즈 떡 하나 주면 안 잡아먹지/주물럭 주물럭 마술 떡	
내가 세상에서 제일 커!(어린이작가정신/2009)		
수박 수영장(창비/2015)	할머니의 여름휴가(창비/2016)	왜냐면…(책읽는곰/2017)
사과와 나비(보림/2003)	제비꽃과 개미(한림출판사/2004)	
거북이 나라의 금방(현암주니어/2017)	나씨의 아침 식사(웅진주니어/2017)	
줄무늬 미용실(북극곰/2017)	우주 미용실(리젬/2014)	
맛있는 그림책(보림/2000)		
구름(바우솔/2013)	나의 특별한 구름(국민서관/2013)	
여름휴가(국민서관/ 2010)		
강아지가 수상해(한솔수북/ 2017)	고사리손 환경책(웅진주니어/2009)	
많은 많은 많은 양(노란우산/2016)		
해님의 휴가(보림/2018)	태양을 꺼버린 소년(미세기/2017)	
천하무적 조선 소방관(책읽는곰/2009)		
뒤로 가는 기차(한림출판사/2016)	할머니와 걷는 길(노란상상/2018)	
낙엽이 속닥속닥(예림당/2013)	꼬마 여우(여유당/2018)	
숲 속 재봉사와 털뭉치 괴물(창비/2013)	숲 속 재봉사의 꽃잎 드레스(창비/2016)	
내 친구의 다리를 돌려 줘!(뜨인돌어린이/2013)	프랭크, 다리가 일곱 개인 거미(도서출판 나린글/2018)	
지옥탕(책읽는곰/2011)	장수탕 선녀님(책읽는곰/2012)	팔딱팔딱 목욕탕(고래뱃속/2018)
숟가락(지경사/2009)	젓가락(지경사/2012)	부엌칼의 최대 위기(미래아이/미래M&B/2018)
신발이 열리는 나무(크레용하우스/2016)	행복한 주스나무(찰리북/2011)	신기한 씨앗 가게(미래아이/미래M&B/2016)
엄마 얼굴(청개구리/청동거울/2009)		
왜요?(한국프뢰벨/베틀북/2002)	이봐요, 까망씨!(비룡소/2014)	
개미의 수박 파티(비룡소/2017)		
거울 속에 누구요?(국민서관/2009)		
네가 일등이야!(토토북/2016)	버스야 다 모여!(여유당/2018)	바퀴야 다 모여!(여유당/2019)
사탕(노란상상/2018)	100원짜리만 받는 과자 가게(스콜라/2018)	

바른 교육 시리즈 ❹
생각하는 힘과 창의력이 쑥쑥 자라는 엄마표 책육아 가이드
꿈꾸는 아이의 그림책 놀이

초판 1쇄 발행 2019년 11월 15일
초판 4쇄 발행 2023년 6월 12일

지은이 우기윤

대표 장선희　**총괄** 이영철
기획편집 현미나, 한이슬, 정시아
디자인 김효숙, 최아영　**외주디자인** 조성미
마케팅 최의범, 임지윤, 김현진, 이동희
경영관리 이지현

펴낸곳 서사원　**출판등록** 제2021-000194호
주소 서울시 영등포구 당산로 54길 11 상가 301호
전화 02-898-8778　**팩스** 02-6008-1673
이메일 cr@seosawon.com
네이버 포스트 post.naver.com/seosawon
페이스북 www.facebook.com/seosawon
인스타그램 www.instagram.com/seosawon

ⓒ 우기윤, 2019

ISBN 979-11-90179-08-9　03370

- 이 책은 저작권법에 따라 보호를 받는 저작물이므로 무단 전재와 무단 복제를 금지합니다.
- 이 책 내용의 전부 또는 일부를 이용하려면 반드시 저작권자와 서사원 주식회사의 서면 동의를 받아야 합니다.
- 잘못된 책은 구입하신 서점에서 바꿔드립니다.
- 책값은 뒤표지에 있습니다.

서사원은 독자 여러분의 책에 관한 아이디어와 원고 투고를 설레는 마음으로 기다리고 있습니다. 책으로 엮기를 원하는 아이디어가 있는 분은 이메일 cr@seosawon.com으로 간단한 개요와 취지, 연락처 등을 보내주세요. 고민을 멈추고 실행해 보세요. 꿈이 이루어집니다.